"十三五"国家重点出版物出版规划项目

中国社会科学院世界文明比较研究中心组织编写
青少年世界文明教育文库

汝 信 主编

波斯文明
高原上的蔷薇
The Persian Civilization
Roses on the Iranian Plateau

王 锋◎著

云南大学出版社
YUNNAN UNIVERSITY PRESS

图书在版编目（CIP）数据

波斯文明：高原上的蔷薇 / 王锋著. — 昆明：云
南大学出版社，2018
（青少年世界文明教育文库 / 汝信主编）
ISBN 978-7-5482-3600-9

Ⅰ. ①波… Ⅱ.①王… Ⅲ.①文化史—波斯帝国—青
少年读物 Ⅳ.①K124.4-49

中国版本图书馆CIP数据核字（2018）第300728号

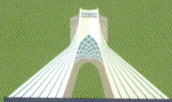

波斯文明
高原上的蔷薇
The Persian Civilization
Roses on the Iranian Plateau

王 锋◎著

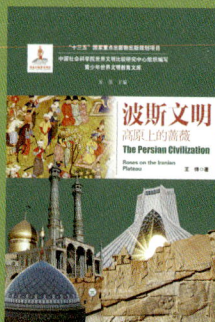

出 品 人：施海涛
策　　划：王翌沣
责任编辑：王 磊
装帧设计：刘 雨

出版发行：云南大学出版社
印　　装：云南康龙彩印包装有限公司
开　　本：787mm×1092mm　1/16
印　　张：17.75
字　　数：279千
版　　次：2018年12月第1版
印　　次：2018年12月第1次印刷
书　　号：ISBN 978-7-5482-3600-9
定　　价：49.80元

社　　址：云南省昆明市一二一大街182号（云南大学东陆校区英华园内）
邮　　编：650091
电　　话：（0871）65033244　65031071
网　　址：http://www.ynup.com
E - m a i l：market@ynup.com

主编　汝信

主编简介

汝信，男，教授，汉族，1931年出生，江苏吴江人，1949年毕业于上海圣约翰大学，1956年师从著名学者贺麟先生，攻读黑格尔哲学专业研究生，毕业后留中国社会科学院哲学所从事研究工作，1978年晋升研究员，任哲学所副所长，1981—1982年，美国哈佛大学访问学者，1982—1998年先后任中国社会科学院副院长，并曾兼任哲学所所长，国务院学位委员会副主任。现任中国社会科学院学部委员、咨询委员会顾问。在国内外学术机构中曾担任的主要职务有：中华全国美学学会会长、中国政治学会会长以及国际哲学与人文科学理事会副主席、东德科学院外籍院士、韩国启明大学名誉哲学博士等。主要从事西方哲学史特别是德国古典哲学、美学的研究。主要著作有《黑格尔范畴论批判》（与姜丕之合著，1961年上海人民出版社），《西方美学史论丛》（1963年上海人民出版社）及《西方美学史论丛续编》（1963年上海人民出版社），《西方的哲学和美学》（1978年山西人民出版社），《美的找寻》（1992年中国社会科学出版社），《看哪，克尔凯郭尔这个人》（2008年河南大学出版社），《西方美学史》（2008年中国社会科学出版社）。此外还有译著多种，并主编《西方著名哲学家评传》（10卷）、《世界文明大系》（12卷）和《当代韩国》（季刊）等。

目　录

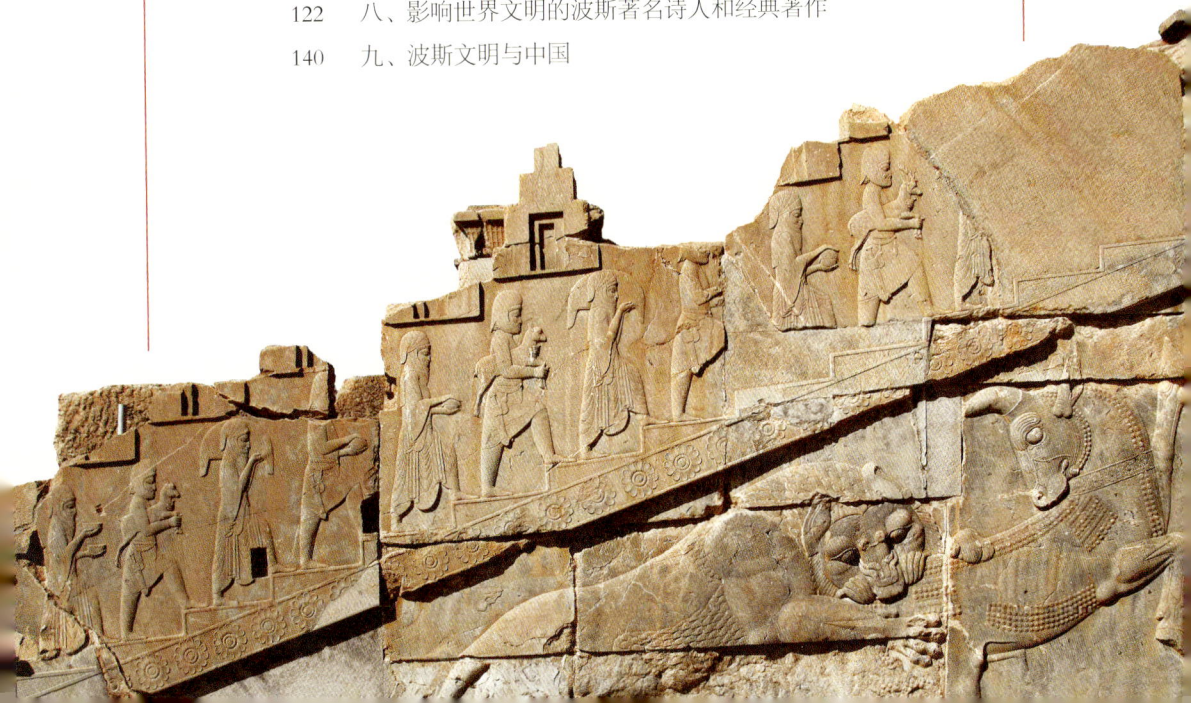

总　序

　　"青少年世界文明教育文库"开始和读者见面了。由中国社会科学院组织编写，云南大学出版社出版的这一套读物主要目的是向中国当代的年轻朋友们介绍自古至今世界上一些主要文明的历史发展概况，普及不同文明的基本知识。

　　习近平同志在党的十九大报告中指出："中国特色社会主义进入了新时代。"在新时代，我国人民正热火朝天地努力建设中国特色社会主义，为实现中华民族伟大复兴的"中国梦"而奋斗着。在全面深化改革和向全世界开放的形势下，增进中国当代的年轻人对世界上各种文明的认识和了解具有十分重要的意义。随着经济全球化趋势的加速进行和科学技术的迅猛发展，世界正变得越来越小，成为名副其实的"地球村"。各个国家都在政治、经济、文化、教育等领域进行着广泛的交流合作，现代信息技术的广泛应用更是把世界的各个角落联结成关系密切、相互依赖的整体，形成了一个庞大的网络。当代社会的快速发展，也产生了一系列全球性的问题，如贫富差距、环境污染等，这些问题都关系各国人民的切身利益，需要人们加强合作，共同协力应对。在这样的国际形势下，开展不同文明之间的对话与交流，增强各国人民和各民族的相互理解和友谊，显得尤为必要。我们希望，这套"青少年世界文明教育文库"能对此有裨益。

　　近年来，我们对世界文明进行了深入研究，得出几点基本看法，愿与读者朋友们分享。

　　第一，纵观人类历史，世界上出现的各种文明都是特定的人群在不同的环境和具体历史条件下的活动的创造物，都有其自身的产生和演变的过程，都有其自身的特点和优缺点，在不同的历史时期起着不同的作用，因此必须充分肯定文明的多样性。一切文明成就都是对全人类文明做出的宝贵贡献，都应得到同样的尊重和承认。各国人民有权自主选择符合自己国情的发展道路，保持自己的传统和价值观，去创造和发展自己的文明。有人抱着"西方中心论"的观点，总以为西方文明天生优越、高人一等，以西方文明的价值和标准去评判其他文明，甚至妄图以此一统天下，这种文化霸权主义是一种完全错误的历史观。

第二，世界文明发展的历史告诉我们，不同文明之间需要经常交流互鉴，乃至相互吸收和交融，一种文明要不断从另一种文明获得和补充营养，取得新的活力，才能茁壮成长。一种文明不管曾经多么辉煌，一旦把自己封闭起来与世隔绝，就会逐渐丧失创新和前进的动力而走向衰落。因此对文明本身的发展来说，相互间的对话和交流是必不可少的。可是西方却有人宣扬所谓"文明冲突论"，把不同的文明说成彼此无法沟通、相互敌对的力量，断言文明之间的差异必然导致激烈的对抗和冲突，并把其他文明看作对西方文明的威胁。这种错误的理论不仅违反历史事实，而且危害当代世界和平。

第三，面向世界上丰富多样的不同的文明，应如何正确对待呢？我们认为，中国传统哲学所崇尚的"和而不同"的思想，诠释后可以作为处理不同文明相互关系的基本原则。所谓"和而不同"，首先是要充分承认和尊重世界上不同事物的存在，肯定和允许不同文明之间的差异、区别和分歧，求同存异，使它们之间的矛盾和分歧得到调和，避免对抗和冲突，在和平共处的基础上努力促进不同文明间的对话和交流，加深相互理解，互相宽容，平等相待，尊重对方，彼此借鉴，共谋发展，使世界文明更加绚丽多彩。

我们学习和了解世界文明，归根到底是为建设中国特色社会主义文明服务。我们不仅要了解和弘扬中华文明的光辉成就，而且也需要了解有关于世界上其他文明的知识，这样才能进行比较研究，通过对话和交流充分借鉴和吸收世界文明的一切积极成果，使中华文明更加发扬光大。

汝　信

2018年6月8日

序　一

　　王锋教授是我主持高校人文社会科学重点研究基地重大项目"'一带一路'不同类型国家教育制度与政策研究"时结识的一位回族学者。我在承担"一带一路"国家教育政策研究项目的时候，首先就想到伊朗的教育。伊朗是丝绸之路上的国家之一，与中国的关系较为密切。我们研究"一带一路"国家的教育，伊朗是不可或缺的。但是，比较教育学领域至今没有人研究伊朗教育。很幸运的是，宁夏大学王锋教授曾留学伊朗，著述颇多。知道这个消息后，2016年趁着宁夏大学召开国际会议之际，我拜访了他，请他负责我们的子课题"'一带一路'不同类型国家教育制度与政策研究（伊朗卷）"。他欣然答应。我们谈得很投机。他送我他的著作《走进伊朗——波斯历史文化与伊朗穆斯林风情礼仪》，使我对伊朗有了初步了解。他具有养育他的宁夏山川的真诚与朴实的性格和严谨治学态度，我们成了忘年之交。从他日常谈吐所显现出的犀利目光、超前的思维和独特的学术品格，我感到他是一位在学术上颇具个性的回族学者。中国儒家说"道德文章"，西方学者说"风格即人格"，所谓"文如其人""表里如一"，正是说明了文格与人格的一致性和不可分割性。作家和学者的人格境界决定了他的写作态度与学术品格。正是在这个意义上，我邀请他承担子课题"'一带一路'不同类型国家教育制度与政策研究（伊朗卷）"的研究任务，他勇肩此任，卓然有成。现在呈现在读者面前的这本透视波斯古文明与伊朗社会现象的拓荒之作《波斯文明　高原上的蔷薇》，是他继《走进伊朗——波斯历史文化与伊朗穆斯林风情礼仪》《解读波斯——一位中国学者的伊朗之旅》之后的第三部伊朗学专著。

通览全书可以发现，他从自己的亲身感受出发，站在21世纪人类文化走向的大背景中，解析了波斯文明对世界的影响，全面考证了伊朗的历史和现状，并侧重对鲜为人知的一些伊朗社会现象作了多角度、多层面的综合考察和研究。全书语言朴实精要，内容系统完整，分类新颖有法，脉络清晰有致，从"波斯的伊朗、伊朗的波斯"交相辉映的特定文化背景来解读今天的伊朗，在较为开阔的多元文化参照中，对"波斯的伊朗、伊朗的波斯"进行新的探讨与审视，廓清了多年来围绕伊朗学研究的盲区与误点。其中有不少新观点、新发现第一次与读者见面，令人耳目一新，显示出王锋教授丰厚的学识、独到的眼光和情怀。

我们喜爱这部书，是来自我们阅读时所感受到的深深激动和激动之后的冷静审视。这审视不只是分析这部学术专著本身所具有的意义和特色，而且是在更广更高的参照系中把握它的价值。该书分为上、下两编。上编"波斯文明之影响"，对波斯文明产生的历史渊源、发展过程、主要内容和特点等方面进行了比较深入的研究，其中的一些主要观点和结论符合历史与现实的实际情况。下编"揭开伊朗神秘的面纱"，呈现在读者面前的是一幅幅伊朗现代社会绚丽多彩的生活，以及历史悠久的民族风俗画卷。如环境、交通、国民教育、妇女现状、衣食住行、伦理道德、人际关系等。从人到物、由动至静，无一不描写细微，高度概括了伊朗社会的经济、贸易、文化、宗教、民俗等方面的情况。在本书中作者从伊朗社会发展的现状出发，向中国乃至世界介绍了伊朗自1979年伊斯兰革命以来，国家发展所取得的各项进步与现存的不足，为世界人民认识伊朗，促进中东和平与地区稳定提供了事实的依据。在这里，作者通过"揭开伊朗神秘的面纱"，揭开了伊朗其实并不神秘，只要你敢于了解；通过"走读在德黑兰大学"，透视了伊朗的高等教育体制与状况；通过"难忘他乡之旅"，看到了伊朗热情豪放的国民，淳朴友善的国民性格特征。

写书以经世致用为要。居今之世，志古之道，善治者，必鉴于史，有为者，必重于史。人类的文明更具"存史、资治、教化、科研"之功效。目前，伊朗学研究已成为一个世界关注的话题。从这意义上讲，王锋教授的这部力作，对推动中伊两国之间的文化学术交流，增进中国当代的年轻人对世界上各种文明的认识和了解具有十分重要的现实意义。

今天，在王锋教授书稿付梓出版之际，特缀数语，以至贺忱！

北京师范大学国际教育比较研究院　顾明远

2017年7月

顾明远，我国著名教育家，北京师范大学资深教授、博士生导师，国家教育咨询委员会委员，中国教育学会名誉会长。曾任北京师范大学副校长、研究生院院长，中国教育学会会长、世界比较学会联合会副主席，出版《中国教育路在何方？》等学术专著60余部，发表论文600余篇，培养中外硕士博士60余名，许多著作对中国教育理论和政策有着巨大的影响力。

序 二

　　我很高兴，尊敬的教授和亲爱的朋友王锋先生出版了他的新作《波斯文明　高原上的蔷薇》一书。在宁夏大学，王锋先生长期致力于了解与研究伊朗文化和伊朗文明，以及当代伊朗的发展。他以一名伊朗学专家的身份，把伊朗伊斯兰共和国介绍给了中国人民，特别是中国的社会精英和学者。一直以来，他以切实的、科学的研究方式对伊朗社会和伊朗文化进行了阐释。王锋教授是直接了解与研究伊朗的学者之一，为此，他多次前往伊朗并与伊朗人民进行了各种交流，参加有伊朗教授出席的各种学术研讨会，并通过观察和体验丰富了自己的学术和科学研究。伊朗文明和中国文明在西亚和东亚有着悠久的历史，而且在几个世纪以来，伊中之间在科学、文化、艺术和商业等领域的交流，对双方友好关系的建立产生了很大的影响。今天，这两个国家的人民需要对对方进行更多的认识与了解，像王锋教授一样的诸多学者和思想家们努力通过自己的研究与发现，尽量加深两国之间相互熟悉的程度，并让两国人民感受到相互之间的友谊，为保持两国之间有价值的、有影响力的和持久的友好关系做出了伟大的贡献。

　　在此，我希望该书的作者——尊敬的王锋先生一切顺利，祝愿伊中两国在各方面的合作顺利，并希望成功、骄傲、和平与安宁永远伴随伊中两国！

伊朗驻华使馆文化参赞　穆罕默德·热苏力·阿勒玛斯叶

2017年9月27日

自　序

　　有人生来似乎就是为了行走，我把这些人称为行者。他们行走，是为了生存，为了寻找。寻找什么？也许是寻找心之所依，也许是寻找魂之所系。

　　1999年春夏之交，完全是由于造物主的安排，我走进了伊朗。回忆从那时至今，我如一粒风中的尘埃，飘进了伊朗，而且落在了它的腹心地带——德黑兰。

　　初到德黑兰时，城市的环境污染和建筑对我的视觉形成了巨大冲击。这些建筑高大、坚实、宏伟，笨拙中透出凛然，最具代表性的当属以德黑兰自由广场纪念塔、外交部和自由饭店等独具风格的大型建筑。站在这些建筑物面前，仰望滚滚烟雾擦楼而过，我深切体会到德黑兰是一个让人心疼、让人感动，却又让人很麻木、很无奈的城市。你曾经十分向往她，对她充满了无穷无尽的幻想，就像一个男孩偷偷暗恋着一个姑娘一样，每天每夜都生活在恋爱的激情中。后来，当你久居伊朗，就会发现德黑兰并不是你梦想中的恋爱对

本书作者在伊朗大不里士古遗址瞭望波斯古文明

本书作者夫妇与好友伊卜拉欣米在中国

象，突然间，你想回家了，却又迷失了方向。德黑兰有时候甚至会给人一种风霜感，飘忽不定。她像一个坠入风尘却又不愿体验风尘生活的人一样，对每一个匆匆来往的过客都抛一个媚眼。德黑兰的高傲，有时让人只能见到遥远的神秘和深不可测。或许是与东方、西方世界的靠近，飘忽不定，但在它的身上重新崛起的力量从未消失过。德黑兰更是一个全动感的城市，身处其中，生命的经历完全与信仰有关。德黑兰俗，真正的俗，不过德黑兰俗得坦坦荡荡，不像别的城市，俗得藏首缩尾，一脸小家子气。德黑兰是出硬骨头的地方，像霍梅尼、哈梅内伊、内贾德、鲁哈尼等人。

在这里，我结识了人生真正的挚友：侯赛因、苏来曼、伊布拉欣米、拉苏勒、塔纳瓦、伊扎迪、阿里、拉希米扬、苏图德、汉尼、孟娜，中国驻伊朗大使馆前大使孙比干、刘振堂……他们好像是受真主的安排在德黑兰等待着我。在我的祖国，我先后结识了伊朗驻华大使贾瓦德·曼苏里、萨法里、阿里·爱斯卡·哈吉，伊朗驻华大使文化参赞萨贝提、萨贝基、阿高杰利、阿部法兹尔·欧拉马埃，经济参赞阿迪比，我国著名波斯语专家张鸿年、叶亦良、穆宏燕、王一丹、程彤、时光，伊朗学专家彭树智、李铁匠、刘迎胜、宋岘、黄民兴、冀开运、姚继德、范鸿达、王泽壮、吴成、陆瑾……此刻，我开始动笔写这本书时，清晰地感受到了他们的目光。正如《文心雕龙·神思》所言："文之思也，其神远矣。故寂然凝虑，思接千载；悄焉动容，视通万里；吟咏之间，吐纳珠玉之声；眉睫之前，卷舒风云之色；其思理之致！"

因为做伊朗研究，在伊朗、在我的祖国，我自然接触了很多中外伊朗学学者，交了许多留学生和伊朗朋友，拉苏勒就是我在伊朗留学期间结识的一位朋友。记得那是我到伊朗后的第一个新春佳节，和友人利用假期前往大不里士旅行，在参观市郊烈士陵园时，结识了拉苏勒先生。他是一位身材高大的波斯青年，红润的肤色被热情的微笑和伊朗特有的宽大衬衫衬托出健康的光泽，一头卷发让人立刻联想到古波斯人特有的外貌特征。他主动引导我们参观，他的讲解不但翔实，而且带有浓烈的感情色彩，给人一种心灵上的震撼。当他从随身携带的大挎包里取出有关两伊战争的画册，并递给我们时，我才恍然：原来，他就是两伊战争的幸存者。画册上有18岁的他穿着装甲兵服的照片。照片中，他的目光里透出那个时代青年人共有的向往神情，那向往是纯洁、美好、热情而富有感召力的。可惜，就在这张照片拍摄后不久，这双年轻的眼睛就看到了8年两伊战争及其给两国人民带来的巨大创伤。战争结束后，拉苏勒先生成了一位军旅作家和新闻工作者，写出了不少有关那场战争悲剧的文章。他说，他这一生的责任就是要让更多的人了解两伊战争的真实面貌，了解军人，了解战争与和平。前不久，我重返德黑兰，当我问及他对核问题的态度时，他说："由于西方媒体长期'妖魔化'伊朗，对于我们来说，那不会比战争时期的状况更糟，我们经历了8年这样的日子，无论势态怎样发展，我们都做好了准备。"

　　回国前，拉苏勒先生还特地设家宴为我送行。记得那是一个雨后初霁的傍晚，蒙蒙天空中仍然飘着细细的雨丝，与天边黛红的晚霞及大道中流线般疾驰的轿车所映照的灯光交织，混合成一团彩色的迷雾。走进他家前，我们压根就没有想到他竟然准备了这么丰盛、这么正式的一次晚宴。整个晚上，他拿出存放在案头几年前我送给他的那本《走进伊朗——波斯历史文化与伊朗穆斯林风情礼仪》，不停地向来宾介绍，他天真可爱的孩子曼苏黎依偎在我的身边问这问那。告别前，他以波斯人的方式与我拥抱作别，他的儿子拽着我的衣襟不让离开，一向快言快语的我竟然无语凝噎。

　　回国后，我陆续收到了拉苏勒先生的几封来信和照片，其主题都表达了他对中国的向往、祝福和关注，他说等有了条件，首先就和太太到中国来，看看真正的东方华夏文化，看看这个伟大而又文明的国家。记得不久前他曾写信给我，希望我到德黑兰时，能给他带一块绘制有万里长城的手帕。在拉苏勒先生的眼中，我成了他在远方的亲人，家里新添了什么艺术品，花园里什么花开了，他都会来信告诉我，还将拍下的照片寄来，让我分享那份欢乐。

　　我和拉苏勒先生的通信的内容，一般都是用汉语和波斯文混杂而写成的。他说，大家学好了对方的语言，交流会更方便。每当我看到夹杂在波斯文中的那些笔画笨拙而认真的方块字，尽管有些明显是在照葫芦画瓢，然而一笔一画中透出坦诚。他渴望人与人之间的友好交往，更珍惜我们之间的那段友情。

拉苏勒先生仅是我所认识的众多伊朗朋友中的一个。而大多数伊朗人都像他一样，初一接触就能感受到他们诚恳、友善的民族性格；仔细静观，更会发现他们尊重自己的历史，珍爱自己的传统文化，提倡一种成熟而厚重的民族文化意识和各民族间的真诚对话。在伊朗，人们说出的话永远蕴涵着一种郑重的允诺；他们言谈中交流的不仅仅是信息，还有其他东西，那是一种内心的交流。这种交流在最普通的日常生活中随处可见：在德黑兰地铁售票口，如果工作人员得知你是中国人，就会微笑着将你送进站台；在公共汽车上或是在地铁中，如果你的鞋带脱开了，会有人主动地弯下腰说："年轻人……"正是源自这些点滴与细微的观察，使我更加理解并喜爱"波斯的伊朗，伊朗的波斯"。

2007年10月，我还记得，当我的《21世纪中伊关系的发展前景和走向刍议》《风起云涌论伊朗》在《中国民族》发表后，我的挚友伊布拉欣米正巧到中国进行学术考察，他被我作为第一贵宾介绍给一些朋友，席间他自始至终一动不动地端坐在那里，不喝一滴酒，仿佛在经受着严峻考验。

他一个人便平衡了我的世界，我仿佛"灵魂也得到了一场圣雪的洗礼"。

我总是在独自一人时，凝眸对着混沌的世界。久而久之，我产生了一种奢望，企图捕捉住伊朗人的本质特征。于是我怀着敬畏、喜悦的心情，多次行走于广袤的伊朗高原，一遍遍地让伊朗高原粗粝的旱风抚摸我的肌肤，心灵总是充满感动。

我访问了伊朗部分城市的民众，请教了许许多多学者和专家。当侯赛因、苏来曼把我介绍给他们以后，一张张粗糙黑红的脸庞就有了形形色色的表情，争先恐后地向我诉说。我喜悦地感觉着自己的蜕变，新生的自我如今是坚定而沉默的。

他们深深地吸引着我，感动着我。那最初的时刻降临时，我毫无悟性——我并没有察觉：万能的造物之主为我人生转折安排的瞬间已经实现了。

他们如幻影在我两眼里闪烁，他们如波涛浮载着我。他们生动活泼，憨直淳朴，单是想想他们已经是一种享受。他们在波斯语中有一个集体名字——多斯达尼。这个词是中国穆斯林常用的"多斯梯——朋友"的复数；对于我，多斯达尼就是不畏牺牲、坚守心灵的人民。

我在周围看到的一切证实了自己长时间以来所持有的对伊朗人性格的认识。伊朗人不但在生与死中恪守伊斯兰教义，而且在日常生活中也是如此。相信"只有一个真主，只承认他的统治并顺从他的意志"，相信"基于《古兰经》公正治国的古老信念"，是伊朗人的典型特征。这种性格特征在今天美国"先发制人"威慑情势下显得尤为突出。当你从"阿舒拉"等重要宗教节日的悲壮场面哀思声中看到伊朗人独特的民族精神气质时，这些或许也是波斯民族精神传承情结的一种表现。

强权势力要想真的明白德黑兰为什么敢"玩心跳"，首先要清楚的是，伊朗并非是一个"邪恶轴心"的国家，而是一个有着强烈的历史荣誉感和民族自豪心，经历了8年残酷战争洗礼，向着现代化转型的国家。内贾德作为这片土地上成长起来的政治家，对于他来说，核问题在伊朗国内不只关乎民族自豪感，还关系到民族的生死存亡。的确，伊朗和美国之间的外交坚冰结得实在太厚了，尽管伊朗近年来在国际社会中的形象已经得到很大改善，但美国等西方国家并没有放弃"伊朗威胁论"，战争风险依然存在。

当然，在此不是说伊朗和伊朗人什么都好，伊朗也有宗教极端分子，也有拦路抢劫之徒和形形色色的犯罪活动。

在春夏之际，德黑兰南部诸多地方一片泥泞，道路难行。我感到不可理解的是，伊朗人为什么一定要迈入那片沼泽般的土地。我不能忍受这些水洼，遇到它们一定会绕着走，可他们却不这样。为什么？这是了解伊朗这个国家的一个要素：在水洼中行走，是一种抵抗，是一种伊朗式的自我保护感。

伊朗有着不幸的历史，与其他国家不同的是，在它的身上重新崛起的力量从未消失过。

仔细静观当代伊朗人的所有鲜明而独特的民族品格，除了友善和乐于助人、文明和富有教养、诚恳和善于交流，还会发现他们十分尊重自己的民族历史，珍爱自己的传统文化，提倡一种成熟而厚重的民族文化意识和各民族间的真诚对话，这也是伊朗给予我的启示。因此，我神往德黑兰，是为了感受她丰厚的波斯伊斯兰文化和现代化气息。这样的都市，出现伟大时一定气宇轩昂，蒙受灾难时一定众志成城，处于改革与开放时一定步履艰难。它本身没有太大的主调，但它却充满了重新崛起的力量！

文化与经济、文学与艺术、学问与知识，我独自把这些概念推溯到它们的初衷，苦苦询问着它们的原初含义。"文"最早见于商代甲骨文，是个象形字，表示的是一个身有花纹、袒胸而立之人，本义是纹理。《说文解字》解释为"错画也"，即各色交错的纹理。后世引申为文物典籍、礼乐制度、文德教化等。"化"则是个会意字，出现稍晚，本义是教化。《说文解字》解释为"教行也"，即通过教育改变人们的言行。"化"字从"人"从"匕"，《说文解字》曰："匕，变也，从倒人。"可以看出，"化"由一正一倒的两个人组成，要使两人和谐融洽，相顺而不悖，就需要迁善、感化和教化。后世引申为改易、变化、生成等。

当我找到文化的原始含义时，我为自己的理解而激动，让自己的真诚升华成信仰，让自己的行为采取多斯达尼的形式——我为自己获得的这一切激动不已。

我下定了最终的决心，踏上了我的终旅。不会再有更具意义的奋斗，不会再有更好的契机。我的民族把具有宗教意味的决定叫作"举意"或者"举乜贴"。我举意，这是最初的，也是最终的乜贴："你应当奉你的创造主的名义而宣读，他曾用血块创造人。你应当宣读，你的主是最尊严的，他曾教人用笔写字，他曾教人知道自己所不知道的东西。"（《古兰经》第96章1～5节）做一支穆斯林学者的笔，写一部心灵史、信仰史和人格史。

我还记得，当我有生以来第一次乘飞机前往伊朗首都德黑兰访学时，曾写过："高飞始觉瀛寰阔，远去方知故里亲。"过了这么多年，随着我去过的地方越来越多，对伊朗也有了越来越强的依恋。当我回首，想起在这座素有

"洁净""暖城"之称的西亚大都市度过的988个不平凡的日日夜夜，泪水情不自禁地从腮边滑落。近年来，我又多次应邀到伊朗访学和参加学术会议，目睹了伊朗伊斯兰共和国翻天覆地的变化和取得的举世瞩目的伟大成就，也见证了伊朗伊斯兰共和国成长过程中的风风雨雨。

我想，一个人，一个民族，不能匍匐爬行，更不能跪着求生。只有站起来，昂首挺胸地站起来，才能感受到人的尊严、民族的尊严，才能发挥创造力。我相信，怀有这种感情的绝不止我一个人，世界上一切爱好和平与发展的人们，一定也都怀有同样的感情。

今天，面对经济全球化、文化多元化、信息技术网络化的挑战，如何促使中伊友好合作关系持续稳步发展，如何发挥"一带一路"与两国历史文化联系的优势，是摆在我们面前的现实问题。

当我们沿着历史的大河溯流而上时，就会发现：中国和伊朗作为亚洲东部和西部的两个正在崛起的发展中国家，它们都有各自光辉而又灿烂的古代文明，对人类的进步和发展、对人类文化都产生过重大的影响。2000多年前，"功不在禹下"的张骞正是以筚路蓝缕，以启山林的精神，奉命向西方"凿空"，使中伊两国得以互通信息。继之，贯穿伊朗境内的丝绸之路和穿越波斯湾的南方航道，进一步促进了中伊两国之间在政治、经济和文化诸多方面的交流。从此，两国之间的因缘日益绵密。迄今在我国新疆、宁夏、陕西、福建、广东等省区和伊朗的伊斯法罕、大不里士等地均保留着大量的有关这种关系的遗迹。诸如绘画、音乐、木刻、铜雕、陶瓷、钱币，以及其他手工艺产品，尤其是从中国西安开始经伊朗连接地中海的丝绸之路，更是两国关系友好和久远的标志。

就当前中伊友好关系来看，我认为两国关系必须建立在坚实的经济合作基础上，才有旺盛生命力。加强文化交流是建立全面合作伙伴关系、促进两国人民相互理解与友谊的重要环节。今天，全球化和信息化打破了文化在时空上的限制，文化已成为谋求国家利益的重要手段。这就需要两国政府和民间有更多的学术性交流和在科技创新能力上的合作。研究主题要多样化，如两国信仰

本书作者与伊朗前大使贾瓦德·曼苏里（博士）

本书作者与中国驻伊朗前大使刘振堂先生

伊斯兰教各民族不同文化交流关系等，在过去没有得到应有重视，需要进一步研究。这样既可以缩小两国因科技创新体制的不同和学者立场和观点的差异而造成的双方观念的差异，也可以解决因交流时间和深度不足而造成的对两国当代政治、经济、社会文化的相互认识和理解的问题，我想这也是加强两国人民的相互理解和信任的最关键的因素。同时，地区研究如中国学和伊朗学，以及双边关系问题，两国学术界可以从"它山之石，可以攻玉"的角度加以研究。

因此，在展望"一带一路"中伊关系的走向时，除去人们所特别关注的经济关系和政治关系外，如果能更多地关注彼此间的文化关系，在现代多元化发展中开展更加广泛的文化交流和文明对话，我想中伊关系将会步入一个辉煌时期。

在此，我作为一名中国学者，祝愿伊朗早日走上繁荣富强之路，祝愿中伊两国通过多层次的合作与交流，进一步增进两国人民业已存在的传统友谊。无论我走到天涯海角，我将永远祝福伟大的伊朗国富民安、繁荣昌盛、更加强大！我也永远系念伊朗的亲朋好友们，珍惜这段不平凡的生活。

穆萨·王锋

2017年7月12日

上编　　波斯文明之影响

　　当我从伊朗访学回到中国，亲朋好友纷纷问我伊朗之行的感受，并且想知道现在伊朗人的生活与中国人有什么不同，西方为什么要将伊朗定为"邪恶轴心""无赖国家"。起初我不敢造次回答。然而，久居德黑兰，才知道伊朗更注重传统文化、信仰基础。伊朗诸多保存完好、至今熠熠生辉、招引全世界瞩目的名胜古迹，大多与我国许多引以为骄傲的古建筑的历史年代相仿。在首都德黑兰，古老的波斯伊斯兰建筑与摩天大楼兼容并蓄，地毯手工业作坊和现代化纺织、石油提炼、汽车装配等共存，"巴扎尔"和超级市场同样繁荣，色彩鲜明、遍布大街小巷的花园与游乐场令人流连忘返。在历史文化名城伊斯法罕、花园城市设拉子和宗教圣城马什哈德，风景如画，美女如云，阳光可以随时映照一切，人走在里边就像走在菲尔多西的《王书》和萨迪的《真境花园》中的梦境里。人在这里不仅可以和自然对话，还可以和历史、和宗教、和圣洁的心灵对话。厄尔布士山冰雪的积层下面和广袤的伊朗高原上或许随时可以翻耕出雅利安人的种子、居鲁士波斯帝国和萨珊王朝鼎盛时期的遗迹、波斯伊斯兰辉煌的建筑象征饰物，以及汉代张骞出使西域时馈赠的华夏丝绸陶瓷珍品。谁能否认它当时的强大与发展无不与陆路、海上"丝绸之路"有着千丝万缕的联系？然而，在这片神奇的土地上，那挥之不去的历史风云，总使它有一丝山雨欲来风满楼的沉重，却又带着一种高深莫测的微笑，令人神往。而伊朗古老的波斯文明，独特的地缘优势，丰富的石油资源，贯通亚、欧、非的"空中门户"和陆上、海上"丝绸之路"，更彰显了它在国际战略中的重要地位和作用。

一、自然地理环境与波斯文明之起源

伊朗国旗

伊朗位于亚洲西南部，北邻亚美尼亚、阿塞拜疆、土库曼斯坦，西与土耳其和伊拉克接壤，东面与巴基斯坦和阿富汗相连，南面濒临波斯湾和阿曼湾。它是一个历史悠

伊朗的国花——蔷薇

久的文明古国。波斯为伊朗南方一地区名，波斯人是伊朗的主要民族。我们通常所说的波斯语即达里波斯语，又称近代波斯语，目前仍是伊朗的通用语，也是阿富汗的两种通用语之一。在不同的历史时期，达里波斯语流行的地域包括中亚地区和阿塞拜疆、两河流域、小亚细亚、印度北部、阿富汗以及中国新疆西部某些地区，以上地区在历史上或曾属伊朗版图，或处于波斯文明影响之下。

波斯文明历来为世人所称道，著名的东方学大师季羡林先生把"波斯—阿拉伯伊斯兰文化体系"列为世界四大文化体系之一，并将其与埃及、巴比伦文化作了对比，指出埃及和巴比伦文化也是非常古老而有影响的，但是这两种文化久已中断，而波斯文化则是世界上屈指可数的从古至今持续发展并具有世界影响的文化之一。波斯文化之能够经受住历史动乱及多次外族入侵与统治而绵延至今，其原因固然是多方面的，但高度发达的波斯文学无疑是这一文化具有强韧生命力的重要基石。

◆ 自然地理环境、气候和人口

在世界地图上，伊朗是非常醒目的，其面积为164.5万平方千米，相当于德国、法国、英国、意大利、比利时和荷兰六国面积的总和。它是一个高原与山

远眺厄尔布尔士山脉

厄尔布尔士山达马万德峰

扎格罗斯山脉

地相间的国家，大部分地区海拔在900～1500米之间，山地占国土面积的50%以上。北部有绵延不断、高耸入云的厄尔布尔士山脉，主峰达马万德峰海拔5671米，为伊朗最高峰。西部和西南部有层峦起伏的扎格罗斯山脉，东部是干燥的盆地，形成许多沙漠。中部山脉主要有德黑兰和大不里士之间的加费兰库赫山、卡尚南部的克尔科斯山、亚兹德的什尔库赫山等。北部里海和南部波斯湾、阿曼湾沿岸一带为冲积平原。主要河流有卡隆河（伊朗第一大河）、塞菲德路德河、卡尔里河等7大内河。里海是世界最大的咸水湖，属于伊朗的海域约占里海总面积的36%。最大的盆地为雷扎耶湖盆地，雷扎耶湖面积约5000平方千米，为伊朗第一大湖。伊朗中央高原及其边缘山地和南部沿海一带为亚热带干燥气候，年降水量约在200毫米以下。卡维尔沙漠、鲁特沙漠地带则低于100毫米，为全国降水量最少的山区。北部和南部山地为亚热带半干旱气候，而波斯湾和阿曼湾沿岸则属于热带沙漠气候。里海沿岸和厄尔布尔士山脉北坡一带降水量超过1000毫米，为

伊朗第一大河——卡隆河

卡维尔沙漠

全国降水量最多的地区，属亚热带湿润气候。伊朗夏季雨量少，异常干燥，而冬季全境降雨较多，属地中海气候。夏季除里海沿岸一带以外，绝大部分地区得不到海洋季风的调剂，气候干燥炎热，平均温度在28°C以上，有的地区则更高；而冬季伊朗大部分地区处在西伯利亚寒流的影响之下，常常大雪纷飞，北风凛冽，寒气袭人。加之地处中东干旱地区，水资源具有重要意义，至今伊朗许多农村和居民点的名字都同"水"字联系在一起。目前，石油是伊朗的经济命脉，森林是伊朗仅次于石油的第二大天然资源，面积达1800万公顷。伊朗水产丰富，鱼子酱举世闻名。每年平均利用雨雪的水量达4000亿立方米。由于南北东西地理和气候条件的差异，这里一年四季呈现多姿多彩的人文和自然景观，人们冬季可以在波斯湾暖水中游泳，在西部和北部则可进行滑雪运动，而在里海南部还能观赏到山顶白雪皑皑，山腰黄叶和山脚绿茵的奇景，美不胜收。

伊朗现有人口7800万，其中波斯人占66%，阿塞拜疆人占25%，库尔德人

里海风光

占5%，其余为土库曼人和阿拉伯人等。居民中约99%的人信奉伊斯兰教，其中什叶派穆斯林占总人数的94%，逊尼派为5%；此外，基督教徒占0.5%，犹太教徒占0.3%，琐罗亚斯德教徒占0.1%，信奉其他宗教者为0.1%。官方语言为波斯语，伊斯兰教为国教。1935年3月21日改国名波斯为伊朗。目前全国划分为30个省：德黑兰、中央、吉兰、马赞达兰、东阿塞拜疆、西阿塞拜疆、克尔曼沙汗、胡齐斯坦、法尔斯、克尔曼、霍拉桑、北霍拉桑、南霍拉桑、伊斯法罕、锡斯坦－俾路支斯坦、库尔德斯坦、哈马丹、恰哈马哈勒－巴赫蒂亚里、洛雷斯坦、伊拉姆、科吉卢耶－博韦艾哈迈德、布什尔、赞詹、塞姆南、亚兹德、霍尔木兹甘、阿尔达比勒、加兹温、库姆、戈勒斯坦。

◆波斯古文明之起源

伊朗有记载的历史始于公元前2700年，史称波斯，我国汉代史书中称安息。公元前2000年末叶，有4个游牧部落和6个农耕部落从中亚草原迁至伊朗高原西南部的法尔斯地区。外来部落与当地居民混合杂居，形成了"雅利安人"，他们的国家即"雅利安人的国家"。目前大部分伊朗学专家学者均认为"伊朗"国名即由"雅利安人国家"演变而来。笔者在伊朗留学期间居住的光明广场花园街，途经的地方爱丽耀山（波斯语称为"雅利安人的家园"），就是一个明证。

"雅利安人"一词，始见于史书是在公元前10世纪与前9世纪之际，如希罗多德《历史》所记载的米底（米提亚，Media）王国，即是伊朗最古老的社会组织，它统治着与其同源的波斯人，并在公元前605年灭亡亚述帝国，占领两河地区北部，接着征服乌拉尔图（亚美尼亚），侵入小亚细亚，势力臻于极盛。

◆ 波斯文明的核心内容与基本特征

当我们沿着伊朗历史发展的大河溯流而上，就会发现：波斯文明是世界

米提亚军队

文明的一个重要组成部分，它对希腊文明、埃及文明、印度文明与阿拉伯伊斯兰文明均产生过重要影响，对阿拉伯政治制度、科学文化的影响尤为突出。在政治制度方面，波斯人为阿拉伯帝国提供了一整套比较完善的行政机构、管理模式和管理人才，"特别是阿拔斯王朝时期，帝国行政机构就是萨珊王朝行政机构的翻版"。在科学文化方面，萨珊王朝建立的坎迪·沙普尔大学，为历代哈里发培养了许多著名御医，阿拉伯文学名著《卡里米与迪木乃》与《一千零一夜》就是通过波斯人用中古波斯语翻译成阿拉伯语介绍给阿拉伯人的。因此"波斯帝国的重要性主要在于它导致了近东诸文化的整合，包括波斯本身、美索不达米亚、小亚细亚、叙利亚—巴勒斯坦沿海岸以及埃及的文化"。波斯帝国的政治、社会、经济与文化等方面的特征不仅嵌入了此后其他王朝的统治中，也影响了其他国家的治国理念和生活方式。特别是"君主们的征服手段和管理方式成为后来开疆拓土的希腊人和罗马人效仿的榜样；他们的宗教信仰影响了其他的宗教模式；他们的铭文、纪念碑和毁坏城市给历史学家以启发，给考古学家留下了难题"。

◆波斯古文明的三个重要发展阶段

波斯的古代文明大致可以划分为三个大的发展阶段。第一阶段是"上古时期"或称"史前时期"；波斯人所建立的波斯阿契美尼德王朝（或译为波斯帝国）和它的文明，影响了中亚、西亚历史六七百年；第二个阶段是古代与中古时期（即萨珊王朝时期，亦称作新波斯帝国时期），在公元3—7世纪；第三阶段是波斯伊斯兰文化鼎盛时期。

1. 上古时期

上古时期是波斯文明的孕育期，它是波斯人种的形成与原始氏族部落的发展时期和波斯上古文明

波斯帝国（古波斯帝国，即阿契美尼德王朝时期，公元前550—前330年；新波斯帝国，也被称作萨珊波斯帝国，公元224—651年）是人类历史上第一个世界性帝国，并成为后来许多帝国统治世界效仿的模式。波斯帝国曾影响和改变过世界历史的进程，波斯文明也曾对世界文明产生过重要影响。

共性特征的初步形成时期。伊朗和西方考古学家在伊朗克尔曼地区的古遗址发掘的文物证明，早在距今约10万年的旧石器时代中期，便有人类居住在伊朗西部高原地区。就像中国是东亚文化的发源地一样，伊朗也是西亚地区文明的摇篮。公元前9000年至前7000年伊朗一些部落居住在里海的南岸地区。科学家们曾推断，这里是世界上少有的几个避开了冰川期的地区之一。生活在这里的人们可能是人类历史上首批从事农业和动物饲养的群落，是他们和其他一些部落沿着中部伊朗的扎格罗斯山脉群居，后散居到其他地区建立起最初的文明中心。

这一时期，人们已由猎取食物进入农耕阶段，先民们已逐渐走出洞穴开始聚居，建造了初级的房舍，形成了村落。制陶工艺和建筑艺术已经出现，在各种陶制器皿上已经出现简单的几何图案。与此同时，在伊朗最早出现的国家是埃兰人在公元前2500年前后建立的埃兰王国（公元前3千纪上半期—前639年）埃兰人居住在伊朗高原西南部卡伦河流域，他们是伊朗高原的土著人。公元前3千纪上半期，埃兰人建立了国家。公元前1176年，埃兰国攻陷巴比伦。埃兰王国于公元前639年被亚述人所灭亡。公元前二千年代，中亚雅利安人的一支南迁至伊朗高原，并逐渐与土著居民融合、同化，形成了伊朗人的主体。公元前9世纪以后米底人兴起，建立了米底王国（前639—前550年）。公元前7世纪中叶，米底部落击败周围其他部落，建立了伊朗历史上第一个统一的雅利安人国家（建都赫格玛塔纳，即今伊朗西部的哈马丹）。公元前7世纪初，米底部落征服伊朗西南部的波斯部落，并灭亚述帝国，其疆域扩至现土耳其安纳托利亚东部，现伊朗西部、东部和西南部。公元前550年，米底国被波斯帝国居鲁士所灭。居鲁士在伊朗建立了第一个波斯大帝国阿契美尼德王朝。

阿契美尼德王朝（前550—前330年）是波斯帝国第一个辉煌的历史时期。波斯部落最初居住在伊朗高原西南部，后经过数十年开疆拓土，遂在公元前550年建立了波斯帝国，定都苏萨（Susa，埃兰古城，今伊朗胡齐斯坦省）。

波斯帝国的建立，标志着伊朗历史开始了新的纪元。自此以后，波斯无论是在文化上还是在地理上和体制上都形成了一个独立的国家民族实体。它"创造了辉煌的物质文明、精神文明和制度文明，帝国境内各地区的政治、经

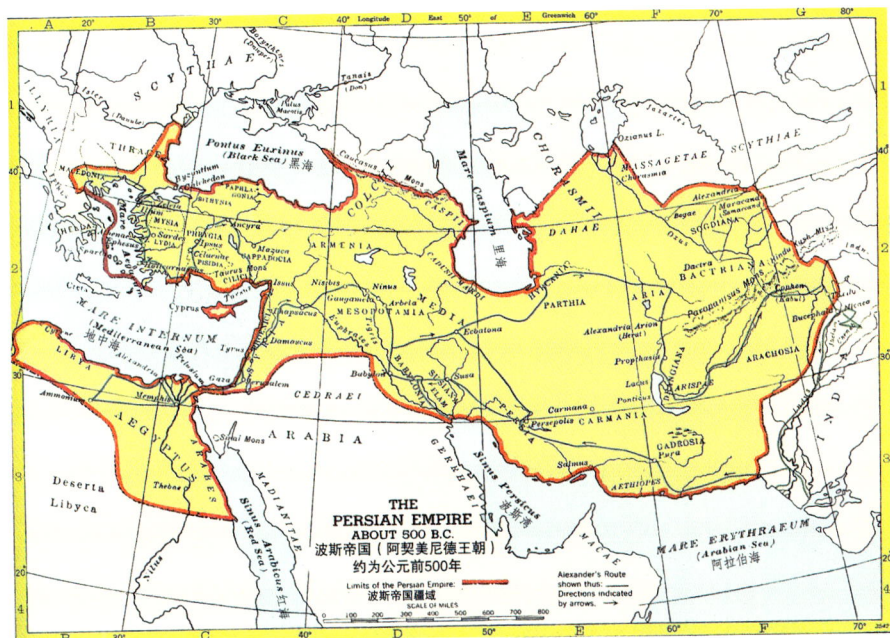

阿契美尼德王朝疆域图

济、文化都得到了不同程度的共同发展"。

　　国王大流士一世执政期（前522—前486年）是波斯帝国的全盛时期，形成一个东起印度河流域，西至巴尔干半岛，北起亚美尼亚，南抵埃塞俄比亚、阿拉伯半岛的辽阔疆域。他把波斯帝国划为23个郡，实行相对独立的政策。当时包括70个民族，5000万人口，占有近700万平方千米的土地，成为世界上第一个地跨亚、非、欧三大洲的帝国。

　　为了建立中央与地方快捷的联系，波斯帝国时期修建成了纵横交错的御道，建立起快速的邮递，成为世界上最早创立邮差制度的国家。一条最长的大通道从当时的波斯帝国中心苏萨直达爱琴海湾，全长2500千米。其快捷程度令后人难以置信。据载，从爱琴海边至波斯王宫只需三天时间。难怪人们传诵"波斯帝王远住巴比伦，爱琴海鲜鱼送上门"。这条通道不仅具有军事上的意义，同时也为东西方的经贸文化交流创造了条件。据史书记载，在大流士一世统治时期，他

大流士画像

于公元前517年派兵占领了印度西北部地区，将其置为印度行省，并通过克什米尔和北印度与我国西藏地区发生联系。为了把印度洋和地中海连接起来，在红海和尼罗河之间修建了一条大运河。伊朗也是世界上最早利用马来进行交通运输的古代民族之一。

在大流士一世时期，波斯帝国统一了全国的货币，规定了铸造货币的制度，即中央政府有权铸造金币，地方各郡铸造银币，而郡以下地方当局铸造铜币。这是中央控制全国经济贸易的有效措施。他还整顿和健全了全国的税收制度，以货币和实物两种形式纳税。设置行省与总督，建立常备军驻守重地，修御道，置驿站。

进而向外扩张，东据印度河流域，西侵西徐亚人（斯基泰人）之地（黑海北岸）。在这一时期，波斯地毯、刺绣、纺织等手工艺，以及化学、矿物的利用均得到很大发展。金属工艺、建筑、雕塑等领域均已达到高超水平。如今，在中央

大流士时期铸造的金币

大流士石雕像

和地方的博物馆可以看到大量属于这一时期的珍贵文物——《阿维斯塔》（又译作《阿维斯陀》）。这部被后人称为"波斯古经"的典籍，据载是用金汁书写在牛皮上，含有大量的诗歌、传说和民间故事。这是一部经不同时期数代人陆续补充、书写而成的卷帙浩繁的巨著，内容丰富，有许多富有价值的篇章。它告诫人们要掌握知识，造福社会，追求善良、真诚和纯洁，远离邪恶、虚伪和污秽。这部经典在伊朗文学史上产生了深远的影响。

　　阿契美尼德人利用埃兰文字、阿拉米文字创造了波斯楔形文字，留下了珍贵的典籍。他们吸收了巴比伦的天文学、医学，腓尼基的航海技术，以及乌拉尔地区民族的建筑艺术。阿契美尼德人在国家管理方面充分吸收了埃兰和阿拉米等民族的经验。尽管政权和军队的核心是由波斯人构成的，但他们对于臣属于自己的其他民族的文化采取了宽容、开明的政策，吸收、利用它们的长处，从而形成一种复合文明。这主要体现在波斯帝国不仅以其强大的军事势力闻名，而且以其繁荣的文化事业著称于世。波斯帝国的文化是在波斯人本

埃兰金字形神塔上楔形文字泥砖

楔形文字

族文化基础上，广泛吸收两河流域地区的灿烂文化而形成的。两河流域的楔形文字为阿契美尼德王朝所继承，著名的比希斯通（一译作贝希敦）岩石上的大流士记功铭文，用的即是这种楔形文字。中亚地区的各民族，如大夏人、花剌子模人、粟特人和塞种人等，在创造阿契

美尼德王朝辉煌文化的过程中，都发挥了巨大的作用。巴比伦王国在农业、手工业、建筑、宗教、艺术和文字等方面的卓越成就，成为阿契美尼德王朝汲取文化营养的肥沃土壤。唯其如此，波斯帝国的文化才是多彩多姿的和灿烂繁荣

大流士一世墓岩石上的楔形文字

阿契美尼德王朝时期大流士宫里用釉面砖拼贴的墙面

阿契美尼德王朝时期金质圆形饰品

阿契美尼德王朝时期刻有楔形文字的金质槽形碗

阿契美尼德王朝时期金质狮形容器

的。正如苏联学者加富罗夫所说："中亚诸民族的文化给予西伊朗诸民族以重大的影响。因此，人们通常所称的阿契美尼德时期文化，不仅是由波斯人创造的，而且是由许多民族共同创造的，其包括巴克特里亚人、粟特人、花剌子模人和塞种人。"同样，这些人的文化也是波斯帝国文化的组成部分。

波斯帝国在公元前492年希（腊）波（斯）战争后逐渐由鼎盛走向衰落。公元前334年，马其顿国王亚历山大三世东侵，征服波斯全境。

波斯帝国瓦解后，波斯人先后经历亚历山大帝国、塞流西亚王国和阿萨希斯王朝（Parthia）（即安息或帕提亚）的统治。

亚历山大三世在波斯积极推行"希腊化"的殖民统治。公元前323年，亚历山大三世死后，他所建的帝国分裂，其部将塞琉古（马其顿人）夺得帝国东部广大地区，并于公元前312年称王，以叙利亚为中心建立塞琉西王国，中国古史称之条枝。塞琉西王国全盛时，疆域包括小亚细亚、叙利亚、两河流域、波斯和中亚的部分地区。至公元前247年波斯的帕尔尼部族打败塞琉西王国军

希波战争

亚历山大大帝——马赛克拼贴画

塞琉古雕像

队，在波斯本土建立了阿萨希斯王朝，即帕提亚王朝，中国古代称为安息王朝，西方史学家称为帕提亚王朝。安息王朝由于同罗马的长期战争和朝廷的内讧，从1世纪以后逐渐衰落。至224年，安息王朝被萨珊王朝推翻。

2.古代与中古时期

从公元3—7世纪（224—651年）是萨珊王朝时期（史学界称之为新波斯帝国时期）。公元3世纪，波斯萨珊王朝建立以后，定都泰西丰（Ctesiphon，在今伊拉克巴格达附近）。琐罗亚斯德教重新兴盛起来，再次取得国教地位。萨珊王朝诸王有的兼任教主，自称阿胡拉·玛兹达的祭祀长和灵魂的救世主，主张教会和国家产生于同一母体。这样，琐罗亚斯德教即成为新波斯帝国的精神支柱，并且影响到它的整个文化面貌。

琐罗亚斯德教的经典是《阿维斯塔》，它是由不同时代的该教经典汇集而成的。其中最古老的经文——"伽泰"（波斯文作Gathas，意为"神歌"），见于《阿维斯塔》主集——耶斯那（赞歌和祷词集），形成于阿契美尼德王朝建立以前，用古波斯文（赞德文，或称阿维斯塔）写成，与"吠陀"所用的古印地文极为相近。晚期诸部分经文，即"温迪达特"（Vendidad，Vendidat，祭祀仪轨典籍）、"亚什特"（Yasht，赞歌、祷词）、"维斯普拉特"（Visprat，对尊长的祷词）等，用中古波斯文（巴列维文）写成。《阿维斯塔》中形成最晚的经文是"班达希什"（Bandhish），是该教创始人查拉图什特拉（即琐罗亚斯德）的生平事迹和关于世界末日的预言。

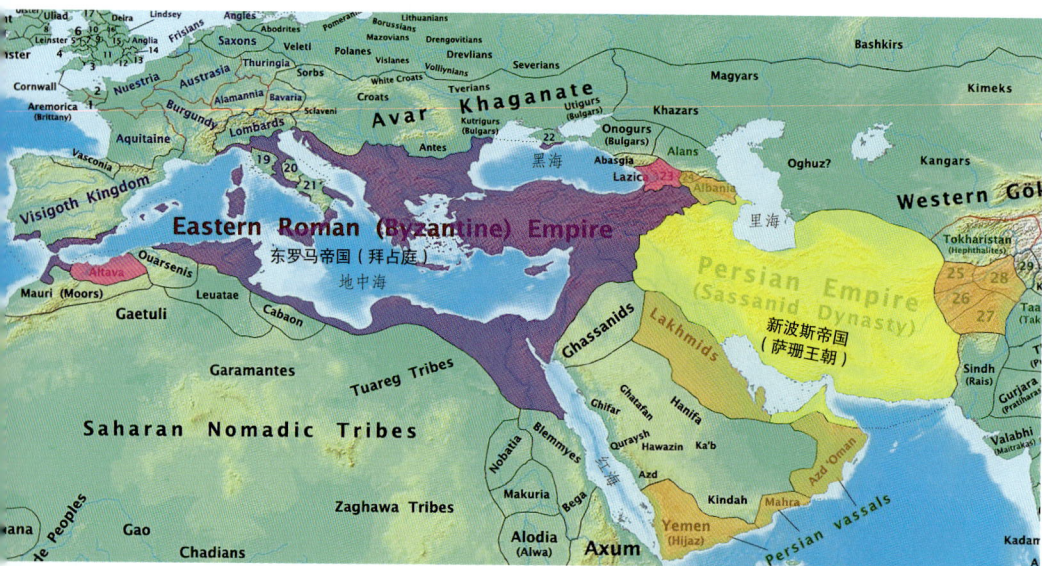

萨珊王朝与东罗马帝国（拜占庭）疆域图

泰西丰（今伊拉克境内）

萨珊王朝定都泰西丰（图为王宫电脑复原图）

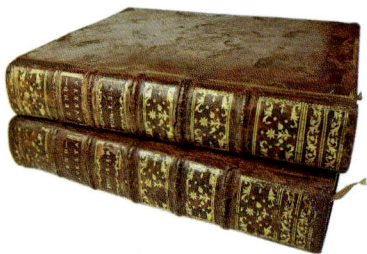

《阿维斯塔》

萨珊王朝时期的镀金银角杯

萨珊王朝时期的银碟

在这一时期，波斯帝国不仅以其强大的军事势力闻名，而且以其繁荣的文化事业著称。波斯帝国的文化是在波斯人本族文化基础上，广泛吸收两河流域地区的灿烂文化而形成的。尤其以农业、手工业、建筑、宗教、艺术和文字等方面的卓越成就驰名世界。

当时生产力得到空前发展，在金属工艺、建筑、纺织业等领域均达到高超水平，精美的艺术品、陶器、编织品远近闻名。出现了更多丰富的文学、音乐、美术作品。萨珊王朝还把一些被征服国家的能工巧匠、专业人士迁到波斯，以发展和提高本国的手工艺水平。与此同时，萨珊王朝在胡齐斯坦建立了闻名于世的砍迪·沙普尔大学。这是一所综合性的高等学府，设立了哲学、文学、工程学、医学、动植物学等学科。这所大学尤其重视医学，建立了一所附属医院，供学生实习。学校还聘请了希腊、印度等国的教师任教，开展了翻译和学术研究工作。据记载，在萨珊王朝时期，共有70种包括天文学、医学、哲学等方面的著作被翻译成希腊文和吉普蒂文。学校吸引了外国留学生前来学习。这所大学一直延续到10世纪，在伊朗的科学教育史上写下了光辉的一页。萨珊王朝时期还用巴列维文写成了许多经典著作和文学作品，整理出24卷本《阿维斯塔》，丰富了波斯文明的宝库。但随着阿拉伯人入侵设拉子，许多珍贵的文化典籍被扔到河里，这部波斯古经遭劫，现仅存80000余字的版本。如今，在许多历史遗址仍能看到萨珊时代的壁画、浮雕。

3. 波斯伊斯兰鼎盛时期

波斯被征服后，随着伊斯兰教的传入，人们的信仰和社会观念发生了深刻变化。一方面，阿拉伯人统治波斯后，琐罗亚斯德教在本土逐渐衰落，但在印度的波斯移民帕尔西族（parsiism）中仍很盛行。该教有关世界末日、终世判决等内容均对犹太教和基督教产生了巨大的影响。另一方面，由于新的民族压迫出现，逐渐兴起了一种反对异族占领和统治的思潮，这种思潮上升到伊玛尼就是一种维护民族尊严、捍卫民族独立和民族文化传统的爱国主义思潮。从而导致了两种文明、两种文化的碰撞和融合，最终伊斯兰教取代了琐罗亚斯德教，成为伊朗人的主要信仰。

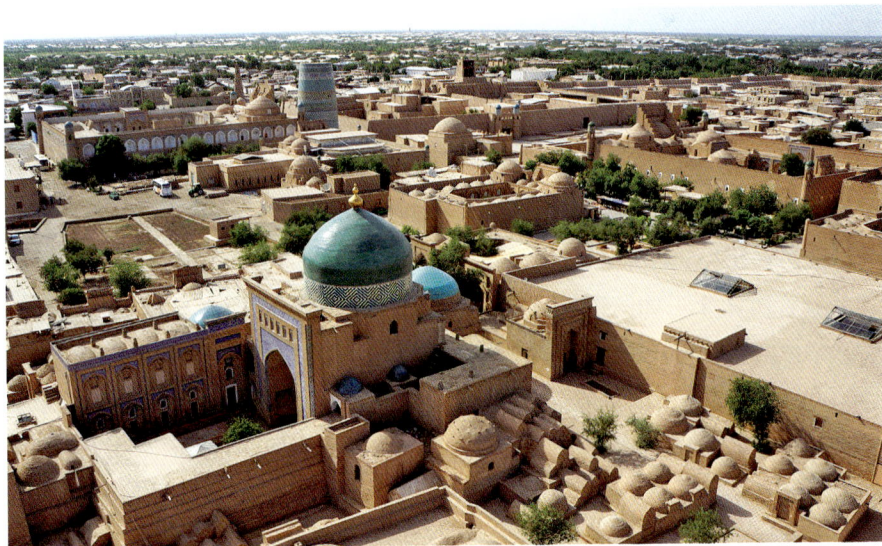

今天乌兹别克斯坦的希瓦是中亚保存最完整的一座丝绸之路上的历史名城，曾是花剌子模汗国的都城

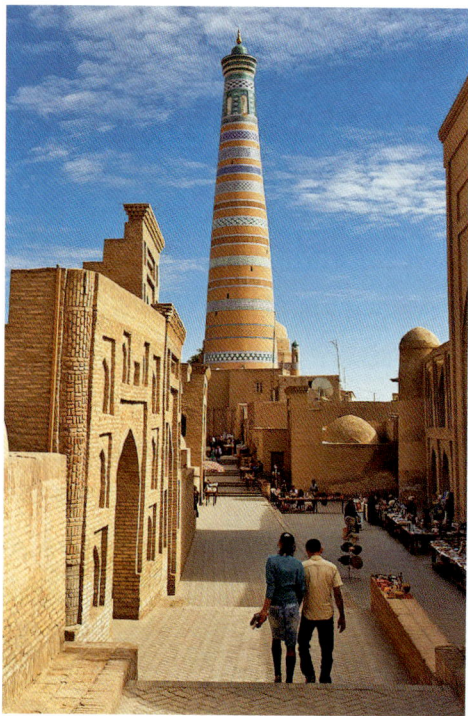
希瓦古城

661年—11世纪初，阿拉伯帝国先后经历了伍麦叶王朝和阿拔斯王朝，波斯成为这两个王朝的一部分。

11世纪初，塞尔柱突厥人由中亚兴起，先后征服巴格达、叙利亚、拜占庭帝国，建立起一个东起中亚，西至博斯普鲁斯海峡，包括伊朗在内的塞尔柱帝国，但帝国不久即告分裂。12世纪末，花剌子模王国（在今乌兹别克斯坦境内）占领伊朗东北部，公元13世纪初占领伊朗全境。它统治的疆域还包括伊拉克、阿富汗等地区。继之，成吉思汗于1219年率军西侵，先后征服了花剌子模、中亚、亚美尼亚、阿塞拜疆等地，杀死花剌子模国王，掠夺大量财物后返回蒙古本土。1229年成吉思汗的儿子窝阔台二次讨伐花剌子模，杀死国王后返朝。1260年，成吉思汗之孙旭烈兀再次率兵占据伊朗并建立以伊朗为中心的伊儿汗王朝。此后，这支蒙古人逐渐接受了伊斯兰教，并任用伊朗人为行政官吏。

随着伊儿汗王朝的逐渐衰落，当时的伊朗又陷入地方封建王朝割据之中。蒙古西察合台汗国的国王帖木儿（1336—1405年）在夺取中亚地区后于1380—1393年征服伊朗全境，继而侵占美索不达米亚，并入侵印度。1405年，帖木儿死后他的帝国迅速瓦解，统治范围只限于河中地区和伊朗东部。伊朗再次陷入各地方封建王朝的纷争割据之中。

这期间，萨法维王朝（1502—1722年）建立后，一直向外扩张，极盛时版图包括阿富汗的坎大哈、赫拉特。萨法维王朝与奥斯曼帝国曾长期进行战争。萨

希瓦古城墙

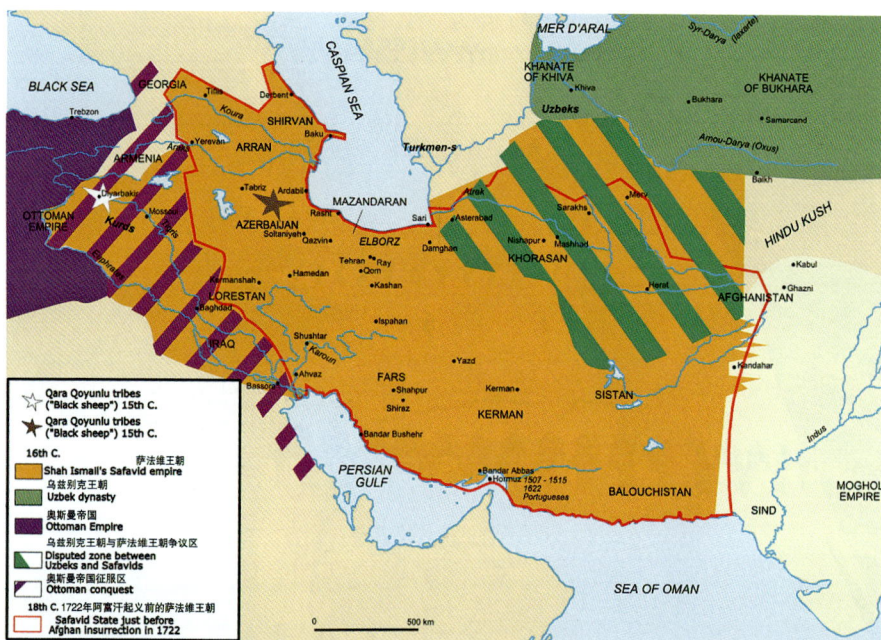

萨法维王朝疆域图

法维王朝是伊朗历史上第一个以什叶派伊斯兰教为国教的朝代，对什叶派在波斯的发展起了重要作用。17世纪末萨法维王朝日渐衰落。1722年阿富汗的吉尔扎部落在马赫默德的领导下，攻占萨法维王朝国都伊斯法罕，并自立为波斯国王。

1736年，来自波斯霍拉桑地区的部落首领纳迪尔率军把阿富汗人逐出波斯并以马什哈德为中心建立阿夫沙尔王朝。经过数年战争，阿夫沙尔王朝版图一度东至阿富汗和印度北部，西至巴格达，北接里海，南濒波斯湾。1747年，纳迪尔国王死后，其儿孙为争夺王位而爆发内战，各路诸侯纷纷称王，其中凯历姆汗（1749—1779年在位）以设拉子为首都建立了曾德王朝。经过多年战争，曾德王朝占据了除霍拉桑及以东地区以外的阿夫沙尔王朝的土地。1779年凯历姆汗死后，曾德王朝分裂。1792年和1796年，曾德王朝和阿夫沙尔王朝先后被凯伽王朝所灭。

凯伽王朝建于
1779年，首次定都
德黑兰。凯伽王朝
初期，西方列强加
紧在伊朗的争夺。
1801年俄国兼并格
鲁吉亚、英国同波
斯的三次战争导致
波斯割地赔款及承
认阿富汗独立。此
后法国、奥地利、

英波战争

美国等相继强迫伊朗订立了不平等条约。19世纪下半叶，英、俄攫取了在伊采矿、筑路、设立银行、训练军队等特权。1907年，英、俄两国相互勾结划分了在伊的势力范围：北部属俄国，南部属英国，中部为缓冲区。

俄波战争图，现存于俄罗斯冬宫博物馆

穆罕默德·礼萨·巴列维

从19世纪下半叶至20世纪初，随着欧洲列强的侵入，波斯逐渐沦为半殖民地国家，社会经济衰落，封建统治专横残暴，多次发生人民起义。1921年2月，军官礼萨·汗发动政变，夺取政权，建立巴列维王朝。后传位于其长子穆罕默德·礼萨·巴列维。

这期间，从7世纪至15世纪，是波斯科学文化发展史上继萨珊王朝之后又一个鼎盛时期，在伊朗几千年的文明史上占有重要的地位。在这一时期，科学文化领域发生了许多重大变化。阿拉伯语成为官方语言，人们把它视为《古兰经》的语言、神圣的语言。在自然科学领域出现了一批杰出的数学家、天文学家和医学家，出现了伊斯兰高等学府，建立了学术馆，发展了图书馆事业。在社会科学领域，出现了一批卓越的哲学家、史学家、文学家。在200多年的发展过程中，许多种科学、技术、哲学著作从希腊文、梵文、巴列维文译成阿拉伯文，丰富了伊斯兰文明的宝库。在公元8世纪造纸术从中国传入伊朗之前，儿童主要是接受家庭教育，孩子们在石板、泥板或是兽皮上练习写字。在教育的高级阶段主要是学习文书、法律、计算、天文、哲学、文学、神学和建筑等科目。体育教育也是一个重要方面，体

这件藏品是仅存的信仰基督教的拜占庭和萨珊王朝的波斯人使用的银质品之一

育教育的主要科目有骑马、射箭、马球、游泳、狩猎、投镖等。马球后来也传入了中国，成为人们喜欢的项目之一。

在10世纪萨曼王朝时期，由于重视恢复和弘扬古代波斯文化传统，提倡波斯文学创作，因而在这一领域取得了显著的成绩，使当时的布哈拉和霍拉桑成为文人荟萃和文化氛围浓厚的文化中心。这时，达里波斯语已取代巴列维语，成为伊朗人民通用的语言。在以后的几个世纪里，出现了一批用波斯文进行创作的大诗人和作家，他们的成果享誉世界。

在13～14世纪伊尔汗王朝时期，科学文化备受重视，取得了新的发展。1254年，在京城大不里士建造了一个规模巨大的天文台和一个大图书馆，藏书40余万册，编纂了《伊尔汗——科学宝库》，是一项有重要价值的科学成果。在这一时期，东西方在科学、文化、艺术，以及商贸领域的交流呈现出异常活跃的局面，而大不里士便成了丝绸之路上一个繁华的纽带城市。

大不里士

　　萨法维王朝时期在伊斯法罕Chehel Sotoun宫天花板上的壁画，壁画表现了为招待外国政要而举行的宴会

伊斯法罕，清真寺遍布全城

在萨法维王朝阿巴斯一世统治时期（1587—1629年），伊朗的绘画、建筑、音乐，以及各种手工工艺均达到高超的水平，首都伊斯法罕建立了160余座清真寺，48所经学院，波斯语言成为伊斯兰世界第二大语言。

◆ 波斯波利斯：波斯文明的象征

波斯波利斯（希腊语意为"波斯之都"）曾是波斯帝国的首都，位于设拉子东北约60千米处。作为伊朗第一个世界文化遗产，她之于伊朗，就如同长城之于中国。作为波斯帝国中心，波斯波利斯是阿契美尼德王朝的礼仪之都，这座雄伟的宫殿是皇帝们的夏宫，也是举行正式仪式的场所。波斯波利斯的设计虽然是历代君主分别在不同统治时期完成的，但整体建筑风格还是浑然一体，从万国门到行军道，到阿帕达纳宫和阶梯，再到百柱宫，最后到宝库都还保留着些许当年波斯帝国的历史与建筑精华。

这座雄伟的宫殿背靠崎岖不平的山峰，矗立在能欣赏落日余晖的宽广台地

波斯波利斯古迹
波斯波利斯为古波斯帝国的首都。唐代以前，许多中国人通过陆上丝绸之路来到这里。当中国船通过海上丝绸之路进入波斯湾以后，又有许多人从海上登陆来到了这里。

波斯波利斯古迹

波斯波利斯古迹，波斯波利斯始建于公元前522年，即大流士一世开始其统治的时候，前后共花费了60年的时间，历经三个朝代才得以完成。它是象征着阿契美尼德帝国辉煌文明的伟大城邦。

上，俯视着辽阔富饶的平原地带。这里也是波斯帝王举行正式仪式的场所，从大流士大帝统治时期开始到后来的历任皇帝修建了150年。整体建筑的设计虽然是历代君主分别在其统治时期完成的，但建筑和风格还是浑然一体。这体现在各宫殿彼此相关联，从设计和雕刻上可以略见一斑。它与先后兴建的建筑墙面是对称的，整个台地面积长450米，宽300米，墙面均用砖建成，一部分用彩饰砖瓦贴面，台地建筑群布局讲究、建筑精美。台地下面的地下管道总长度超过1.5千米，其宽度足以让两人并排通行。在台地外面"万国门"前的两座翼殿则起着保护主殿和通道的作用。这里建筑与众不同的地方还在于主要宫殿的地基、台阶、窗户、门厅和柱子等均是石制的，屋顶均为木制的。所以即便没有发生火灾，我们也很难想象这么多不同建筑材料构成的宫殿是怎样完好无损地保留至今的。

当我走进这里，仿佛进入了波斯帝国的心脏。看到它仍以气势恢宏的姿态傲视它的波斯臣民。那巍峨的建筑遗址和精美的浮雕艺术，那巨石和高柱上承载的古代文明的印痕，虽经2000多年风雨琢磨，依然在向后人讲述着昔日的辉煌和说不尽的典故。尤其引人注目的是在这座雄伟壮观的宫殿墙壁上刻有

"八方来朝、举世欢愉"的铭文：

> 我，大流士，伟大的王，诸王之王，各藩属国的王中之王，阿契美尼德族维什塔什卜之子，承神圣阿胡拉的恩典，靠波斯军队征服了这些国家。这些国家害怕我，给我送来了王冠，它们是：胡齐斯坦、米底、巴比伦、阿拉伯、亚述、埃及、亚美尼亚、卡帕杜基亚、萨尔德、希腊、萨卡提、帕尔特、扎尔卡、赫拉特、巴赫塔尔、索格特、花剌子模、鲁赫吉、岗达尔、萨尔、马那……长期以来统治着一个辽阔无边的世界。

> 大流士祈求阿胡拉和诸神保佑，使这个国家、这片土地不受仇恨、敌人、谎言和干旱之害。

如今这里已成为著名的游览胜地，1979年被联合国教科文组织列为世界文化遗产。

波斯波利斯建筑上精美的石雕是阿契美尼德艺术的巅峰之作

波斯波利斯建筑上精美的石雕

波斯波利斯建筑上精美的石雕

波斯波利斯建筑上精美的石雕

在每年的努鲁兹（即伊朗新年，3月21日）时，波斯帝国的属民代表聚集波斯波利斯向"王中之王"表示敬意及奉献贡品

二、不同宗教对波斯与伊朗社会发展之影响

　　伊朗最主要的宗教是琐罗亚斯德教和伊斯兰教。前者产生于伊朗本土，后者由境外（公元7世纪中叶—651年阿拉伯人占领波斯后）传入。这两种宗教千百年来相互辉映，对伊朗社会经济的发展和人民的日常生活都产生着深远的影响。

◆琐罗亚斯德教：波斯帝国的国教

　　在波斯帝国的文化中，最具特色和影响的是宗教——琐罗亚斯德教或称拜火教、祆教、波斯教。相传它的创立者是古波斯人琐罗亚斯德（Zoroaster，约公元前628—前551年）。关于他的出生地，有两种说法，即"西部说"和

"东部说"。前者认为他诞生在伊朗东部的巴尔赫。但是，前说也认为他虽然诞生在阿塞拜疆，却在"神主"的启示下来到东部伊朗的巴尔赫，说服国王维斯塔巴，弘扬了祆教教义。琐罗亚斯德所传宗教的发达之地，是大夏（Bactria）王国的首都巴尔赫（一译作巴里赫或巴尔黑，Balkh或Bahlika，即今阿富汗北境马扎里沙里夫以西的巴尔赫）和东部伊朗的锡斯坦。琐罗亚斯德在备受官方神权代表麻葛（magus、magoi，即祭祀阶层）迫害的情况下，来到了中亚的大夏王朝，并受到国王维斯塔巴的礼遇，大夏的大臣还娶了他的女儿为妻。在国王、大臣的带领下，琐罗亚斯德教迅速传播开来，进而由波斯东部向西部拓展。公元前6世纪后期，大流士一世定琐罗亚斯德教为波斯帝国国教，并独尊该教主神阿胡拉·玛兹达。在大流士一世的纳克希·鲁斯坦铭文、苏萨铭文中，均有"伟大的神阿胡拉·玛兹达，他创造了这大地、天空。他创造了人类和人类的幸福。创立大流士为王，使之为众（王）之王，众（号令者）之号令者。"他的儿子薛西斯一世的波斯波利斯铭文，也仿而效之，谓："伟大的神阿胡拉·玛兹达，他创造了这大地、天空，他创造了人类、人类的幸福。他立薛西斯为王，唯一的王，唯一的号令者。"根据帕拉维语文献，如《扎特斯帕拉姆文选》等和伊斯兰时期学者阿布·里罕比鲁尼的说法，琐罗亚斯德的生卒年代应该为公元前660—前583年，这个也是伊朗学者的传统观点。如果此说不误，那么该教兴起后，在前波斯帝国时期也流行了150余年之久。公元前4世纪，希腊马其顿亚国山大征服波斯，开始了希腊化时代，琐罗亚斯德教受到沉重打击，但依然曲折地发展着。

公元3世纪，波斯萨珊王朝建立以后，琐罗亚斯德教重新兴盛起来，再次取得国教地位。萨珊王朝诸王或者兼任教主，自称阿胡拉·玛兹达的祭祀长和灵魂的救世主。主张教会和国家产生于同一母体。这样，琐罗亚斯德教即成为新波斯帝国的精神支柱，并且影响到它的整个文化面貌。公元7世纪，萨珊王朝为阿拉伯人所灭亡，琐罗亚斯德教信徒也被强迫改宗伊斯兰教。但是，该教并未消失，至今在伊朗南部的耶斯德和格尔孟等地以及印度西海岸的孟买等地，依然存在由琐罗亚斯德教信仰组成的社会集团。琐罗亚斯德教的经典是《阿维斯塔》，它是由不同时代的该教经典汇集而成的。其中最古

位于伊朗中部城市亚兹德的琐罗亚斯德教庙宇

老的经文——"伽泰"（波斯文作
Gathas，意为"神歌"），见于《阿
维斯塔》主集——耶斯那（赞歌和祷
词集）。

　　波斯古经《阿维斯塔》大约成书
于公元前7—前6世纪。相传古波斯人
曾用金汁将其抄写在牛皮上，珍藏于
宝库之中。公元前4世纪希腊马其顿的
亚历山大入侵，将其焚毁。公元3世纪
时，安息国王巴拉什一世曾下令收集
残经。公元3世纪时，萨珊国王阿尔达
希尔一世（226—240年在位）再次广

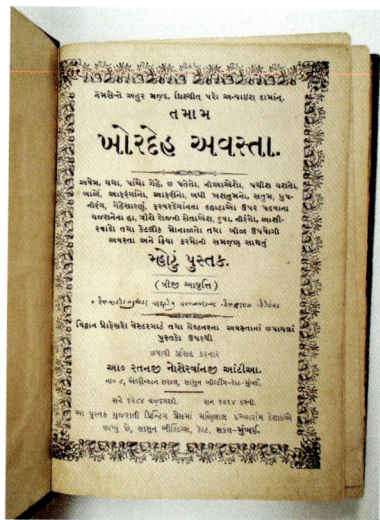

古帕拉维语版《阿维斯塔》

泛收集整理，由琐罗亚斯德祭司编订成有21卷的帕拉维语《阿维斯塔》，计345700字。公元7世纪中叶，信奉伊斯兰教的阿拉伯人入主伊朗，灭亡波斯萨珊王朝，该经书再遭遇厄运，终被《古兰经》替代。

《阿维斯塔》的主旨，是确认有关世间光明与黑暗两种本源针锋相对的二元论。前者的化身是光明、善之神——众阿胡拉·玛兹达；后者的化身是黑暗、恶之神——众提婆。居于众光明神之首的是阿胡拉·玛兹达。与之相对，居于众恶神之首的是安格拉·曼纽。这两大神祇，同为世界万物之创造者。阿胡拉·玛兹达创造了光明、洁净、理智、肥田沃土、家禽家畜；而安格拉·曼纽创造了不洁、邪恶、贫瘠荒漠、凶禽猛兽、毒蛇、害虫。洁净自然的元素土、水，特别是火，由阿胡拉·玛兹达创造；而疾病、死亡、不育则出自安格拉·曼纽的发明。双方争斗不息。《阿维斯塔》号召人们皈依诸光明神灵，敬拜阿胡拉·玛兹达，并与众提婆及其所创造的一切进行对抗。在后期琐罗亚斯德教的神话中，除了大天使、小天使之外，为了斗争的需要，阿胡拉·玛兹达的诸僚神、守护神也被创造出来，既包括日、月、火、土、风、星、空等，也包括忠直、公正、信约、胜利、宽大、贞节、安宁、智慧、真言、教法等。牛象征着善思，火象征着天则与正义，金属象征着王国与理想境界，水象征着完善，植物象征着不朽。

琐罗亚斯德教传入中国后，唐王朝便在京城长安及其附近建立教堂，它无疑也对古代中国人的精神生活产生了一定的影响。目前，经笔者考证，琐罗亚斯德教传入我国西藏地区的时间，要比传入中原的时间（南北朝时说）早。

十分有趣的是，在波斯帝国和新波斯帝国（萨珊王朝时期），最突出的文化现

公元8世纪，中国唐朝时期穿戴有独特帽子和面巾琐罗亚斯德教教士雕塑，现藏于意大利都灵东方艺术博物馆

象莫过于琐罗亚斯德教，它是前后两个波斯帝国的国教，它的影响值得深入考察和进一步探究。

◆ 什叶派兴起的历史、信仰和制度

什叶派是伊斯兰教主要学派之一。"什叶"阿拉伯语意为"党人""派别""追随者"。以拥护先知穆罕默德的堂弟、女婿阿里及其圣裔担任伊玛目（穆斯林的领袖）为其主要特征。后因内部主张分歧，又相继分化出十二伊玛目派、伊斯玛仪派、宰德派和支系。目前什叶派主要分布在西亚和南亚地区的伊朗、伊拉克、黎巴嫩等国。

什叶派的独特信仰是对伊玛目的信仰。什叶派规定，在宗教的"基本信仰"（宗教的渊源）上，主要包括五大基本信仰：真主独一、先知、末世、伊玛目与公正。有的什叶派学者将上述五大基本信仰分为两类：普遍的信仰与特殊的信仰。普遍的信仰包括真主独一、先知和末世，公正被视为真主独一中的一项重要原则；特殊的信仰即伊玛目信仰。

什叶派的基本宗教功修课包括：礼拜、斋戒、天课、伍一税、朝觐、圣战和劝善戒恶。除此之外，还有三项独特的规定：晋谒圣墓、谨防和临时婚姻，其中较为重要的是前两项。晋谒圣墓是指朝拜先知和伊玛目的陵墓，主要有伊拉克的纳杰夫、卡尔巴拉、卡齐麦因和萨马拉，伊朗的马什哈德，沙特的麦地那，以及阿里家族成员和圣徒的陵墓、比较重要的伊朗库姆法特梅陵墓、大马士革的宰奈卜陵墓等。谨防即在必要的情况下隐瞒自己的信仰。这是什叶派历史上形成的重要原则。什叶派在其大部分历史时期都是作为被压迫的少数派别生存的，为了避免公开信仰带来的迫害，什叶派形成了保护性的谨防原则。谨防的依据是《古兰经》的三节经文，即第三章《仪姆兰的家属》第28节、第十六章《蜜蜂》第106节和第四十章《赦宥者》第28节。

什叶派教法承认四大渊源：（1）《古兰经》。什叶派认为在《古兰经》的字面意义之外还存在着隐义，这种隐义只有伊玛目才知道。不仅要根据字面的意义理解《古兰经》，还要根据其隐义来理解《古兰经》，这就是所谓的内学。（2）《圣训》。什叶派所说的《圣训》包括两个部分，即穆罕默德

的言、行、默认和诸伊玛目的言、行、默认。而且，在穆罕默德的《圣训》中，只有什叶派信徒传述的才是有效的。这里同逊尼派有两点不同：只有什叶派信徒传述的穆罕默德《圣训》才是有效的；十二伊玛目的言、行和默认也构成训言。（3）公议。什叶派认为，所谓公议是指所有什叶派学者的一致意见。所谓所有什叶派学者，指的是一切时代、一切地方的什叶派学者意见。其中必然包括曾经陪伴伊马目本人并深刻了解伊玛目意见的教法专家，他们所支持的意见必然是符合伊马目本意的。因此，公议被什叶派视为发现伊玛目意见的一种手段。（4）理性。什叶派认为，"理性所规定的也是教法所规定的"，这被称作"关联原则"。关联原则包括三个方面：因果律，即行为与其前提相关联；矛盾律，许可一种行为与禁止与之相反的行为相关联；同一律，不能同时许可和禁止同一件事情。这是什叶派教法应用理性的基本原则。

什叶派教认可的权威《圣训集》有四部，被称为"四圣书"，包括：库莱尼编纂的《宗教学大全》、伊本·巴布亚编纂的《教法自通》、谢赫图西编纂的《教法辩异》和《法令修正篇》。由此可以看出伊玛目教义在什叶派中的重要地位。

当我们沿着什叶派兴起的历史逆流而上，就会发现：从651年萨珊王朝灭亡，伊朗全境被阿拉伯人征服，伊斯兰教随之传入。在伍麦叶王朝统治时期（661—750年），伊斯兰教仅在波斯封建上层和城市居民中传播，农村居民大多数仍信仰琐罗亚斯德教及其《波斯古经》（即《阿维斯塔》）。公元750年阿拉伯贵族艾布·阿巴斯建立阿巴斯王朝（750—1258年）后，大批阿拉伯人随之移居伊朗与波斯人通婚，开始在主要城市兴建清真寺和宗教学校，并由教法官和传教士主持各地的司法和教务，从而加速了伊朗伊斯兰化的进程。到12世纪时，伊斯兰教已成为伊朗占统治地位的宗教。

从什叶派穆斯林形成的历史来看，与伊斯兰教逊尼派相比，在不同历史时期，该派的处境、遭遇和社会地位很不相同。

早在伊斯兰教形成与发展时期，632年先知穆罕默德逝世后，伊斯兰教曾在由谁担任哈里发（继承人）的问题上发生分歧。后经协商，先后推选艾布·伯克尔、欧麦尔和奥斯曼为前3任哈里发。在此期间，圣门弟子赛勒曼·法里西、艾布·达尔、米格达德·本·艾斯沃德·辛迪、阿卜杜拉·萨巴伊、哈立德·本·赛义德等人宣称，先知穆罕默德的权位应由其亲属、信教最早、追随穆罕默德传教有功的阿里来继承，从而形成一个拥护阿里为哈里发的政治派别，被称为阿里党人。656年，第三任哈里发奥斯曼被刺后，阿里当选为第四任哈里发，阿里党人以库法为中心，其力量随之发展壮大。但以穆阿维叶为代表的反对派不承认阿里的哈里发地位，举兵反抗。哈瓦利吉派从阿里阵营中分离出去，使其力量削弱。661年阿里在库法遇刺身亡。库法人拥戴阿里长子哈桑继哈里发位。叙利亚总督穆阿维叶拥兵控制着叙利亚、伊拉克和埃及，夺取哈里发地位，在大马士革建立伍麦叶王朝，并胁迫和利诱哈桑放弃哈里发地位。阿里的追随者迫于压力，分散在伊拉克和波斯各地，转入秘密活动。从此阿里党人在反对伍麦叶王朝的斗争中逐渐形成、发展为什叶派。

680年，穆阿维叶去世后，麦地那、麦加的阿里族人（即哈希姆家族）和库法的阿里旧部联合反对穆阿维叶之子耶济德世袭哈里发职位，库法人拥戴阿里次子侯赛因为哈里发，侯赛因及随从应邀由麦地那前往库法，途经卡尔巴拉遭伍麦叶军队的围攻，因坚决不承认耶济德为哈里发而惨遭杀害。卡尔巴拉惨案引起穆斯林世界的震惊，各地纷纷谴责耶济德的暴行，波斯、伊拉克籍的不满伍麦叶王朝统治的大批麦瓦利加入什叶派队伍，支持阿里子孙恢复被夺取的权力，什叶派力量从此发展壮大。在"为殉教者侯赛因复仇"的口号下，由早期关于"还权于先知家族"的合法主义的宣传活动转入推翻伍麦叶王朝统治的斗争，掀起了多次武装起义和暴动。685—687年，在库法爆发了什叶派穆赫塔尔起义，反对伍麦叶王朝统治，大批麦瓦利参加起义，并接受了什叶派教义。起义失败后，穆赫塔尔的追随者形成什叶派的凯桑尼支派，并创立了隐遁伊玛目和马赫迪复临人间恢复正义的学说。740年，侯赛因之孙栽德·本·阿里为夺取伊玛目的继承权，在库法发动起义，伍麦叶王朝出兵镇压，栽德战死。其追随者后来形成栽德派，其教义接近逊尼派的圣训派。哈希姆家族的阿拔斯人早同什叶派结成政治联盟，以发展自己的势力，伺机夺取政权。750年，阿拔斯人利用呼罗珊什叶派艾布·穆斯林领导的起

义，推翻伍麦叶王朝，夺取哈里发职位，建立阿拔斯王朝。阿拔斯人因慑于
什叶派影响的扩大，杀害开国元勋艾布·穆斯林，并采取各种措施残酷地迫
害阿里后裔，镇压各地什叶派所发动的起义。在阿拔斯王朝的高压政策下，
什叶派各支系为争夺伊玛目继承权，内部进一步分化。凯桑尼派放弃武装斗
争，重新归入伊斯兰教主流；哈桑支系则继续以武力反抗阿拔斯人的统治；
以第六代伊玛目贾法尔·萨迪格为首的侯赛马因支系的什叶派人，政治斗争
失败后，转而从事宗教研究。贾法尔·萨迪格从理论上确立了什叶派伊玛目
教义和教法学的基础，被称为贾法里学派。765年，贾法尔·萨迪格去世后，
在伊玛目传系问题上发生分歧，多数人拥护其次子穆萨·卡兹姆为伊玛目，
后逐渐形成十二伊玛目派，少数人仍拥护其已故长子伊斯玛仪为伊玛目，形
成伊斯玛仪派。9世纪末10世纪初，什叶派各支派向各地派出传教师（即达
伊）传播各自教义，并建立传道会，领导反对阿拔斯王朝的斗争，均在武装
起义中得到发展。什叶派各支派的学者确立完善了本支派的教义学说。其中
伊斯玛仪派的活动和教义主张波及整个伊斯兰世界，成为什叶派中最有影响
的力量。什叶派曾在一些地区先后建立过独立的国家和王朝，如北非及埃及
的法蒂玛王朝、北非的伊德里斯王朝、叙利亚的哈姆丹王朝、伊朗的伊斯玛
仪派王朝、巴林的卡尔马特国、也门的栽德王朝、伊朗及伊拉克的布韦希王
朝等。945年布韦希王朝入主巴格达后，什叶派的力量和教义学说得到全面发
展，史称"什叶派世纪"。

　　综观什叶派形成与发展的历史，可以看出，它始终伴随着起义与斗争、
杀戮和埋名、潜伏与崛起。数万教民以自己的信念、智慧、坚韧和血肉谱写了
一曲又一曲悲壮的生命之歌；这既是什叶派的，也是特定历史时代的民族之魂
的真实写照。

　　正因为如此，1502年，伊斯玛仪一世在伊朗大不里士创建萨法维王朝
（1502—1736年），立什叶派为国教，奉行十二伊玛目派教义，以什叶派教法
为基础，全面实行政教合一制，并以行政手段推行该派教义，建立宗教院校和
清真寺，鼓励宗教研究并赋予什叶派阿亚图拉（伊斯兰教什叶派的高级宗教职
衔）以宗教特权。至此，伊朗什叶派穆斯林的生存空间逐渐从上层传教士公开

伊斯玛仪一世像

传向不同阶层的人民，从城市推向乡村。在戈壁滩上、黄土路边甚或是寺院土窑之中，什叶派教义就像燎原之火在整个伊朗高原迅速传播。与此同时，为了抵制逊尼派的势力，该王朝确立了什叶派的宗教节日、圣地及宗教礼仪，并完善了十二伊玛目派教义和教法，从而使马什哈德、库姆、大布里士、伊斯法罕、设拉子、图斯等城市逐渐成为什叶派的宗教及学术文化中心。波斯的科学文化显然已成为阿拉伯——伊斯兰文化的源流之一。

从那时迄今，什叶派一直被定为伊朗的国教。进入当代以来，1979年伊朗伊斯兰革命胜利后，什叶派开始全面复兴。尤其在行政、立法、司法、教育和文化等领域，实行"全盘伊斯兰化"。1989年7月通过的修改后的新宪法规定：以伊斯兰教什叶派的十二伊玛目教义为立国准则。伊斯兰信仰、伊斯兰体制、教规、共和国和最高领袖的绝对权力不容更改。宪法在总纲明确规定："只有一个真主，只承认他的统治并顺从他的意志。"宪法第一条规定了"伊朗政权形式为伊斯兰共和国，这是伊朗人民基于以《古兰经》公正治国的古老信念"确定的。宪法还规定了民众信仰的基础："伊朗伊斯兰共和国是以宗教信仰为基础的"并明确确立了什叶派教士阶层的统治地位："教士依据《古兰经》和安拉（真主）的传统发挥永恒的领导作用。"

宗教对伊朗历史发展的影响，还突出地表现于清真寺在伊朗穆斯林生活中的重要地位上。在历史上，清真寺是伊斯兰文化的象征，是广大穆斯林向真主表奉忠心的圣堂和精神依托之所在。伊朗的清真寺在漫长的历史过程中，更是超越了时空，以其独特的风格和形式，承载了伊朗穆斯林民族的所有辉煌和苦难，寄托了他们所有美好的希望和心愿。正因如此，它名副其实地成为伊朗人民政治、经济、文化、教育及社会的中心。无论在历史还是在现实中，伊朗人民的生活都和清真寺紧密相连。因此，在伊朗凡有穆斯林聚居之地，必有清真寺建筑。

以上事实说明，伊斯兰教显然已成为伊朗维护其民族群体凝聚力和向心力的精神支柱和纽带。尤其是什叶派思想已在其政治、经济、文化和社会生活中占主导地位，对人们的文化风尚、伦理道德、生活方式和习俗等都产生了深远的影响。

它包容了一个民族发展的主要历史特点与民族精神的形成，以及这个民族特有的生存方式、社会结构和生命力所在。由此可以说，伊朗人民的民族精神不是抽象的精神框架，也不是捉摸不定的幽灵，它是活生生的具体支撑历史有机体的民族魂魄，也就是说，伊朗民族精神不但有其共时性结构，而且有其历时性结构。

正因如此，与其他国家不同的是，在它的身上重新崛起的力量从未消失过。我们可以从公元前521—前485年在位执政的大流士一世的陵墓碑文中看出：

"我，大流士，伟大的王，诸王之王，各藩属国的王中之王，阿契美尼德族维什塔什卜之子，承神圣阿胡拉的恩典，靠波斯军队征服了这些国家。这些国家害怕我，给我送来了王冠，它们是：胡齐斯坦、米底、巴比伦、阿拉伯、亚述、埃及、亚美尼亚、卡帕杜基亚、萨尔德、希腊、萨卡提、帕尔特、扎尔卡、赫拉特、巴赫塔尔、索格特、花剌子模、鲁赫吉、岗达尔、萨尔、马那……长期以来统治着一个辽阔无边的世界。" "大流士祈求阿胡拉和诸神保佑，使这个国家、这片土地不受仇恨、敌人、谎言和干旱之害。"

我们也可以从今天的伊朗国徽中发现，它是由四弯新月、一把宝剑和一本《古兰经》组成的圆形图案。图案中的新月象征伊斯兰教；《古兰经》位于顶端，象征伊斯兰教高于一切，是共和国行为准则的依据；宝剑象征刚毅与

伊朗国徽

力量，有如巨刃摩天，力斩"恶魔"；四弯新月和《古兰经》组成阿拉伯文的"安拉"（真主），寄托了他们所有美好的希望和心愿；而整个图案呈圆形，象征地球，表示"安拉"的伊斯兰思想遍及全球。国旗呈长方形，自上而下由绿、白、红三个平行的横长条组成。白色横条正中，镶嵌着红色的伊朗国徽图案。白色与绿色、红色交接处，分别用阿拉伯文写着"真主伟大"，上下各11句，共22句。这是为纪念伊斯兰革命胜利日——公元1979年2月11日（伊朗历为11月22日）。国旗上的绿色代表农业，象征生命和希望；白色象征神圣与纯洁；红色表示伊朗有丰富的矿产资源。与国徽、国旗中所表现的一样，波斯民族的认同中也同时包容着东方和西方的内容。在历史上，由于波斯帝国的历史文化积淀，以及伊斯兰教思想精神的熏陶，伊朗呈现出一种波斯文明与伊斯兰文明交相辉映的独特现象。这种特性决定了伊朗在伊斯兰世界与西方世界、伊斯兰世界与基督教世界、伊斯兰世界与东方世界之间维系着一种微妙的桥梁关系。尽管这种作用有时是以制衡的形式体现出来的。如在冷战初期，伊朗"借美制苏"，迫使苏联从伊朗撤军。当苏联于1979年12月27日入侵并占领阿富汗时，伊玛姆霍梅尼从苏联入侵阿富汗这一事实中认识到：有关超级大国所带来的危险不亚于美国，从而提出"不要西方，也不要东方，只要伊斯兰"的外交政策。冷战结束后，伊朗传统的制衡外交政策逐渐被削弱。但是，伊朗作为世界第二大产油国，随着世界能源消费的不断增加而日益凸显其重要性。据联合国《世界经济形势与展望》公布的数据显示，伊朗未开发的石油估计有1258亿桶，居世界第二位。伊朗天然气储量也很可观，拥有26.6万亿立方米，约占世界总储量的16%，仅次于俄罗斯，居世界第二位。伊朗也是世界铜资源最丰富的国家之一，估计储量约9亿吨，占世界铜储藏量的15%，仅次于智利，居世界第二位。特别是近年来，由于石

伊朗石油储量居世界第二，图为伊朗石油生产厂

伊朗天然气生产厂

伊朗铜矿开采

油价格上涨等原因，经济发展一直保持6%以上的增长速度，预计今后几年伊朗经济增长率将达8%。目前伊朗已经成为世界经济发展最快的前10个国家之一，2017年是亚洲经济规模第九大的国家。特别是它优越的地缘优势，丰富的石油资源和特殊的国家体制彰显了它重要的国际战略地位和影响力。

◆波斯人：一个哲学的民族

伊朗人与其说是一个宗教的民族，不如说是一个哲学的民族。他们很重视自己与创世者的关系。笔者认为，在伊朗思想史上，曾经有两种截然不同的宗教哲学分别在不同的历史时期对人们的思想和信仰产生过广泛的影响。

第一种影响与琐罗亚斯德教紧密相关。因为波斯人在远古时代所奉行的信念，来源于琐罗亚斯德教所主张的善恶报应、灵魂转世和末日审判以及天堂地狱之说。而"恶与善、暗与明之间完全的二元性"是琐罗亚斯德对宗教思想的主要贡献。

当时，波斯人崇拜神秘的自然现象，称太阳为神眼，称光为神子；黑暗、旱灾等则是恶神的象征。人们在寺庙里供奉"火"，希望善神借明亮不熄的"火光"制服恶神。此后，波斯人的先知琐罗亚斯德在此基础上创立了琐罗亚斯德教。该教认为：宇宙世界依循一定规律而运行，宇宙间存在着许多永恒的自然现象。宇宙间有许多不同的力量不断地冲突着——光明与黑暗、丰裕和旱灾等。这些自然现象都被赋予神秘的法力，在民众日常生活中凸现出来的是祖先崇拜的各种仪规，举行祭祀天神及自然力量的大典。它所包含的敬畏感、所激发的想象力将人们引向宗教。有时候，人们的祈愿和敬畏并不能使他们顺遂心愿，便会萌发一种罪孽感，由此认为神灵是在惩罚他们，并且由此产生一种强烈的道德义务感。而这种由罪孽感而生的道德义务感，是由宗教哲学加以规范的，在思想实体上往往被视为哲学理念。

在波斯阿契美尼德王朝时期（前550—前330年），该教已成为国教，在帝国境内风靡流行，主导着波斯人的生活。至马其顿的亚历山大征服波斯并实行希腊化时期（前330—前141年）渐趋湮灭。到了萨珊王朝时期（224—651年），它被奉为国教，臻于全盛。但到了公元6世纪中叶，阿拉伯人征服波斯，在伊斯兰教主导下，该教日益式微。大约在公元8世纪至10世纪间，波斯本土不愿改宗伊斯兰教的虔诚琐罗亚斯德教徒，成批离开家园，远涉重洋，移民到印度西部海岸地区定居，继续其祖先的信仰，逐渐发展成为当地一个新的少数民族，印度人取波斯的谐音称之为帕尔西人（Parsis），称其所信仰的宗教为帕尔西教（Parsism）。据估计，当今分布在世界各地的琐罗亚斯德教徒约有15万人，其中三分之二在印度，而伊朗本土约有2万人。

◆作为个体哲学的什叶派学说对民众的影响

显然，第二种影响与什叶派学说紧密相关。伊斯兰什叶派学说从一开始就是一种生活哲学，它首先是一种伦理学体系和政治学体系。当然，其蕴含非常广博，几乎涉及世俗和后世生活的每一个层面，笃信的道德规范和强烈的责任感无处不在。

　　什叶派学说早期的中心是库法和巴格达。在伊朗，"什叶派的第一个重要中心在库姆"。在此之前，由于伊玛目的代言人在巴格达，所以什叶派的学术中心是巴格达。随着伊朗库姆成为以什叶派伊玛目学派为主的城市，"库姆的重要性逐渐增加，直到最终超过巴格达"。9世纪初到10世纪下半叶，逊尼派圣训范本正式出现，逊尼派六大圣训集产生。这期间，9世纪下半叶，什叶派也开始圣训收集工作，库姆是什叶派圣训学的中心。在库姆早期的圣训学家中，最主要的有艾哈迈德·巴尔基，编有圣训集《美德》；穆罕默德·萨法尔，编有圣训集《诸等卓识》；库莱尼，编有圣训集《宗教学大全》。伴随着圣训学在库姆的兴起，在伊玛目学派中出现了两种思想倾向，在巴格达的伊玛目学派中，占主导地位的思想是理性主义，代表人物是诺伯赫特家族；在库姆伊玛目学派中，占主导地位的思想是圣训主义，主张以《古兰经》和圣训（包括伊玛目箴言）作为什叶派教法的渊源，否认其他教法渊源的存在。

　　因此，什叶派学说在实际应用中所得出的，或者说所认可的许多具体结论，往往是西方人所不可能接受的。有许多事情在伊朗人看来是正义的，而西方人却 恰恰认为是不可思议的；反之，有许多事情在伊朗人看来是错误的并力求戒免的，而西方人却视为义举。对伊朗人来说，十二伊玛目教义和教法理论思想是判断是非曲直及可否遵循的标准。换言之，什叶派哲学学说对伊朗人的日常行为有着巨大的影响。

◆作为社会、政治哲学的什叶派学说对整个民族的影响

　　什叶派学说不仅是一种关乎个体生活的哲学，同时它还是一种社会哲学、一种政治哲学。因为，什叶派学说的实际影响之所以如此巨大，原因之一在于多少个世纪以来，什叶派哲学著作一直是伊朗传统初等教育的基本读物，儿童在经塾中学习基本的语言文化知识，而进一步的教育则由"宗教神学院"进行。

　　什叶派宗教教育分为三个阶段：预科、入门和研修。研修阶段学习内容主要集中在教法学和教法渊源两门学科上。在教法方面，主要以三部著作为主：穆哈基格·希里的《伊斯兰教法》、赛义德·亚兹迪的《坚固的手柄》、

赛义德·哈基姆的《圣贤之路》。在教法渊源方面，主要是穆哈基格·阿訇的《法源大全》。除教法学的学习之外，还要研读伊斯兰哲学著作和苏菲理论。完成了以上所有阶段的学习，向穆智台希德提交一篇论文。经专家委员会答辩评审通过者，授予伊智提赫德。目前在伊朗的穆智台希德中，霍贾特伊斯兰约有5000余人、阿亚图拉约有50余人、大阿亚图拉约有4人。

　　同样有趣的是，在中国经典宝库中被认为是中国人圣经的《论语》中，孔子说："性相近也；习相远也。唯上知与下愚不移。中人（以上），可以语上也；中人以下，不可以语上也。"从中我们可以看出，孔子将人大体分为上、中、下三等。人本来的才性是相近的，但由于教育和环境的不同，人和人便有了不同的身份。上知和下愚只是人类中的极小部分，其余绝大部分人都是中人才质。为善、为恶，全看后天的教育和环境的影响。基于这种观点，孔子特别强调学的重要性："吾十有五而志于学，三十而立，四十而不惑，五十而知天命，六十而耳顺，七十而从心所欲，不逾矩。"曾子说："士不可以不宏毅，任重而道远。仁以为己任，不亦重乎？死而后已，不亦远乎？"这段话同样表明了人们的成圣之道："博学至诚明心，以及慎独。"

　　我们注意到，作为社会哲学、政治哲学的什叶派学说，无论是过去的波斯，还是今天的伊朗，千百年来，人们就是完全以什叶派学说，尤其是十二伊玛目学派教义与教法理论模式作为自己的精神支柱。因此，与其说这一模式由来已久是伊朗社会状况产生的诱因，毋宁说正是伊朗的社会状况孕育了什叶派学说。假如我们注意到这个独特的哲学体系曾经和正在吸引如此众多的人，为之信服，而这种吸引力在经历了如此漫长的时日之后几乎不曾有任何削弱的话，那么我们不得不承认，什叶派学说理论仍将对伊朗人的现实生活产生巨大的影响。因为，仅仅从政治的角度看，伊朗的部分政府官员是从宗教阶层成员中选拔产生的，他们对知识、社会及道德领域有着深远的影响。

◆伊朗的宗教阶层人士鲁哈尼

　　在伊朗城市和乡村，经常可以看到一些头缠黑色或白色帕子，身着宽袖长袍的男子，举止潇洒清逸，风度非凡，他们就是伊朗宗教职业者——鲁哈尼。

从严格意义上讲，头缠黑色帕子标志其为先知穆罕默德的后裔。要成为鲁哈尼，第一步是识字。以前没有洋学堂，鲁哈尼就算是学问家了，由他们在清真寺教本地孩子识字，类似我国旧时的私塾。一般孩子私塾结业后就各谋生路去了，而那些要学神学的，则到神学院去继续学习。

神学院目前主要集中在宗教圣城库姆和马什哈德。当然，其他大城市如德黑兰、伊斯法罕和设拉子也有一些。所谓学院，与现代教育体系完全不同。高级的鲁哈尼有资格开办神学院，地点就在自己主持的清真寺里，以各自的专长开设课程。大的神学院多为著名鲁哈尼一同授课，各教各的课。学生可以跟定一个导师，也可以兼听别人的课。我国孔子当年曾开6门课，神学院也开设多门课，如修辞学、文学、历史（包括伊斯兰史）、哲学、经济学、数学、物理学。就哲学而言，除伊斯兰哲学外，还包括欧洲古典哲学、伊朗古典玄学，甚至辩证唯物主义。学校的教育可以说是启发式的，有自学能力的学生以自学为主，读大量的书，课堂上可以和导师讨论。与孔老夫子不同的地方是，鲁哈尼们不仅不收学杂费，还管学生的膳宿，每月还发给学生一定的生活费和零花钱。

按学问的深浅，伊朗的鲁哈尼分4个等级。最低一等叫托洛贝，即学生；第二等是索格特伊斯兰，意即伊斯兰信仰者；第三等是霍贾特伊斯兰，意即伊斯兰的学者；最高一等是阿亚图拉，意为真主的象征。第一等大约相当于普通在校生，第二等相当于学士，第三等相当于硕士，第四等就相当于博士了。高级鲁哈尼自己谦称"托洛贝"，互相通信时称对方为"霍贾特伊斯兰"。近一二十年来，有少数神学权威人被称作

本书作者应邀参加伊朗穆拉·萨德拉哲学国际学术会议与伊朗学者合影

马什哈德伊玛目里达圣陵

　　位于伊朗的马什哈德伊玛目里达圣陵，伊朗称之为伊玛目礼萨圣陵，同时也是清真寺，是一座宏伟的建筑群，伊斯兰教什叶派主流派别十二伊玛目派尊奉的第八任伊玛目阿里·里达（伊朗称阿里·礼萨）即安葬于此。

大阿亚图拉，这是尊称。霍梅尼原为大阿亚图拉，掌握政权后被尊称为伊玛目，即什叶派领袖。

　　鲁哈尼们的生活来源主要是信徒的捐赠和宗教税（即天课），地位和声望越高，追随者就越多，收入也就越丰。一般说来，捐款和税收是用于宗教和慈善事业的，但鲁哈尼本人也可以按需随意取用。有些大清真寺有不动产，如马什哈德市第八代伊马姆的陵园，同时也是一座大清真寺，其田地、牲口、商店，在霍拉桑省均占70%以上，故有"没有圣陵就没有霍拉桑省"的说法。

　　在生活上，鲁哈尼们崇尚简朴，不求华贵。按照伊斯兰教的信条，吃以能维持生命、穿以能御寒蔽体为目的，反对追求侈奢和豪华的生活。正因如此，鲁哈尼们身着长袍，头缠帕子，不论走到哪里，都受到教民们的敬重。

　　◆忏悔与安魂仪式：为生者与归真（死）者

　　对于伊朗什叶派穆斯林而言，《古兰经》是其寻求慰藉和力量的巨大源泉。他们坚信,《古兰经》是安拉对先知的直接启示,阿里是先知穆罕默德的唯一继承人。通过念诵《古兰经》中的篇章,人们能够获得安拉的佑助和赐福。因此常定期举行许多个人仪式,以求在有生之年获得神赐和佑助,或是为归真者积德。

常见的祭礼方式包括:每年最后一个星期四(相当于星期五晚上)以及一年中有些星期五或星期五晚上去死者墓地,点燃蜡烛,在墓碑上洒水,放置各种食品和饮料,念《古兰经》首章,祈求赐福等。

忏悔与安魂仪式,严格按照伊斯兰教法规定进行:

(1)病人归真前要留遗嘱。在清醒时应叮嘱家人为自己偿还债务,分配遗产和施舍,请人们原谅过错及讨咐口唤等。病人自己可请阿訇代为念"讨白",向真主悔罪求得饶恕。

(2)病危时依据圣训,守候人要给病人提念"清真言",务使病人记念真主,切勿强求以防病人因临终痛苦而伤其诚信。

(3)诵读《古兰经》"雅辛章"。该章概述伊斯兰教信仰的三大原则,即作证真主,承认先知和信复活日。为临终病人诵读,使其从容死去归主,同时使活人受其教诫和回赐。

(4)病人去世后,面向"克尔拜"天房。脱去衣服,合其双眼,闭其口齿,顺其四肢,整理容发,为亡人冲洗大净(用清洁的水洗涤全身)。根据《圣训》、教法规定,用白布或棉花沾水擦口齿和鼻孔,以代替漱口,呛鼻,再洗脸和两手至肘,然后以从头至足、先右后左的顺序冲洗全身,擦干后可为亡人涂抹香料,如麝香、樟脑粉、冰片末等,礼浴(俗称"净礼"或"洗埋体")。

(5)殡礼。教法规定举行殡礼是"副天命"(Farid Kifayah)。先知穆罕默德说:"你们为亡人做礼拜时要竭诚地为他做祈祷"。因此凡穆斯林均有参加站"者那则"沐浴净身的习俗。

(6)埋葬。穆斯林都有抬送亡人的传统美德,大家都将参加送葬视为圣行,抬送"埋体"为应尽义务。战争时期伊朗穆斯林战士牺牲后,允许着原血衣举行殡礼,然后根据宗教仪式洗大净,用白布裹身。布的任何地方都不许缝，只是用布缠裹死者，布两端打结。根据伊斯兰教法，还要为死者祈祷，在运遗体时重复念诵"万物非主，唯有真主"，然后将遗体从支架里取出，在墓穴中放在右侧面向朝拜方向，这时人们诵读《古兰经》为他作特别祈祷。为死者举行的悼念会根据其社会地位及其在家庭群体的地位而有所不同。

通常在埋葬后一到三天举行专门的诵经悼念会。在死者住过的房间铺上羊毛织的台布，上面放上花瓶、鲜花、烛台、装有《古兰经》的小匣子及香水瓶。在诵经举丧时，死者家属要停下手中活计，坐在屋里。一周之后，家属及亲朋好友带着哈勒瓦甜点、椰枣去上坟，围在死者坟头诵经。在丧期竖在死者墓前的石碑上刻着死者姓名、家庭及埋葬日期，有时还刻上诗歌和散文诗句。死后40天人们再次到墓前，举行"第四十天"特殊仪式。在仪式上通常要讲述伊玛目侯赛因殉难事迹，提及殉难者的不幸事件。当到了周年时，人们再到墓前，这时则允许将黑色服装换成普通服装。

马什哈德伊玛目里达圣陵

从下葬开始到次年同日悼念仪式包括以下几项：填土、男女诵经举丧仪式、第三天晚上仪式、第七天晚上仪式、第四十天仪式、死者周年仪式、悼念会后第一个纪念日仪式等。

妇女诵经悼念会多数在家中举行，男子诵经悼念会在清真寺举行。主人和举丧者站在门旁，亲属到门外接待来宾。在举行悼念会时诵念《古兰经》与《圣训》相关章节，亲朋好友向来宾手上洒香水。一般情况下都用咖啡、茶、糖招待客人。悼念仪式上主要由宗教人士讲述来生来世和仁义道德，在提到死者的善行之后念诵伊玛目阿里·侯赛因的悲剧，并为伊玛姆·礼扎和穆斯林期盼的伊玛目马赫迪祈祷。

根据伊斯兰教教义，人既有今世也有来世。周五（主麻日）之夜死者的灵魂品级是较高的。因此，有的宗教学专家说：死者亡灵根据他们在世上所做的善事和恶行直接进天堂或下地狱。有的宗教学专家则认为：亡灵留在天堂和地狱中间即"中界"世界，等待审判日，只有到那天才会确定他们以后的归宿，这种看法的依据是《古兰经》。

死者家属为了行善要做一些事情，包括根据教法某人死后要请讲经者到墓地诵读三日《古兰经》。穆斯林认为，在审判问答日子里可减轻死者痛苦和悲伤。行善积德对宽恕死者灵魂也起作用。因此，要为死者做表示哀悼的哈勒瓦甜点，制作甜米饭和黄菜粥，在礼拜五晚上和其他神圣的夜晚分送给穷人。施舍椰枣也是行善，因为死者灵魂在礼拜四傍晚要回墓地，死者亲属应去墓地，为死者祈祷，为一贫如洗无家可归的人做善事。据说放在坟上的哈勒瓦甜点的香味会使死者灵魂得到安抚，在墓地洒香水也是如此。

由此，我们可以清晰地看出：千百年来，由伊斯兰教的宗教礼仪、生活习俗、丧葬仪式、饮食戒律而逐步发展形成的穆斯林禁忌，作为一种共同的风俗习惯和反映共同文化的心理素质，显然对伊朗信仰伊斯兰教的各民族的形成、发展都产生了深远的影响。同时，作为维系其民族生存方式、增强内部凝聚力的一种象征，其也是什叶派穆斯林对外区分、对内认同的重要社会标志之一。

三、波斯伊斯兰建筑艺术

　　伊朗是世界十大古代遗迹最丰富的国家之一，被联合国教科文组织公认为人类文明的摇篮之一。在历史上，波斯建筑艺术以圆顶、拱形结构和精细的装饰而著称。这种建筑的主要类型是宫殿，利用了大量的象征性几何图案，例如纯粹的圆形和正方形的形式。平面图以对称设计为基准，以矩形的院落和大厅为特色。同时建筑物外表以光滑的瓦片、雕刻后的灰泥、带图案的砌砖、花色图形和书法进行精美的装饰。

伊朗伊斯兰建筑

精美的伊朗伊斯兰建筑

穹顶是伊斯兰建筑典型风格

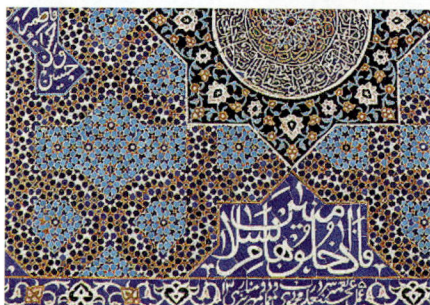

精细的几何图案、细腻的雕刻以及书法的应用在伊朗建筑上随处可见

◆古代波斯建筑艺术

被收入世界文化遗产名录的恰高·占比尔塔庙的遗址便是古代波斯建筑的代表。波斯古代居民崇尚山岳，视其为神圣宗教的象征，因而常常把建筑物建成宛如高山的形状。在进入伊斯兰文明之前，伊朗人信奉琐罗亚斯德教，庙宇为独具特色的金字塔形，称为"塔庙"。

阿契美尼德时期辉煌的建筑是波斯艺术史上最为杰出的标志性建筑之一。艺术家和能工巧匠们在当时的都城如帕萨尔高德、舒什、哈马丹等地都建起了雄伟的宫殿，贾穆希德"百柱厅""冬宫"等遗迹历经2500年的风雨至今

恰高·占比尔塔庙（电脑复原图）

恰高·占比尔塔庙遗址

依然屹立。那些建筑上精美的浮雕形象如狮子、牛、羊等，玲珑剔透，栩栩如生，令人叹为观止。

　　亚历山大大帝的征服（约公元前330年）给阿契美尼德时代的模式画上了句号。此后的塞琉古王朝虽然没有多少重要遗迹保留至今，但仍然有保留得最完好的阿尔贴米斯（阿娜希塔，主管税的女神名）神庙存在。该神庙位于肯高瓦尔，由希腊人出资为希腊女神而建。在帕提亚王朝统治时期（约公元前250—公元224年），新希腊化与土生土长的形式均得以发展，再加上部分罗马和拜占庭风格元素的影响，一些典型的波斯特征出现了，其中包括"伊旺"（带顶门廊，无门窗）。

　　萨珊王朝时代（224—642年），建筑物装饰更为绚丽丰富，尤其是壁画上的镶嵌艺术，题材更加多样化。塔赫贴·苏莱曼这个在伊斯兰教以前的波斯帝国最重要的朝觐圣地便建于萨珊时代。安息王朝时期的波斯建筑曾一度追随

阿尔贴米斯（阿娜希塔）神庙遗址

和效仿古希腊的建筑风格，但为时不久，又恢复了传统的波斯建筑风格。以安息部落的习俗建造的这些建筑的布局和特点是：四角的庭院、拱形圆顶、四侧的拱廊、壁画、绘画、石灰雕塑装饰融为一体、相得益彰。这种建筑风格和模式或为安息王朝时期的建筑标志，并传播到两河流域，以至延续到拜占庭和萨珊王朝时期。

萨法维王朝是伊斯兰进入波斯以后艺术发展的鼎盛时期。在阿巴斯国王时代，首都由加兹温移至伊斯法罕。尔后，伊斯法罕成了东方最繁荣的城市之一，宫殿、清真寺、花园、林荫大道、桥梁等诸多建筑都建了起来。而这一时期的各种宗教建筑都采用镶嵌装饰，即用"七色砖"装饰起来，华美、优雅、壮观。"伊斯法罕半天下"就是当时人们对这座繁华城市和繁荣景象的赞誉。

伊朗各地气候不同，自然环境（气候）的差异造成了文化的差异，自然对生活方式的影响造成了建筑风格、建筑形状及建筑材料的不同，出现了各种各样独特的建筑，比如：在伊朗山区，多数房舍都建在山麓，呈一层一层的形式，彼此眺望，相互辉映。如笔者去过的库尔德斯坦山区的农舍就是如此。

在平原特别是沙漠干旱地区，建筑物都是用砖坯垒砌，屋顶呈拱形，墙壁很厚。在森林、潮湿、多雨地区，房舍多用木质结构，屋顶带坡度，用瓦片和板材覆盖。在游牧部落区，流行的住宅是黑色帐篷，有冬夏之分，即暖帐篷和凉帐篷。其用山羊毛织成的布制作，用几个大柱杆支撑，没有其他建筑与它相似，但从其在游牧民族生活中的功能方面讲，它具有其他类型住宅同样的作用。

游牧民族的住宅主要有两种：房子和黑帐篷。住宅是用木材或其他建筑材料如砖坯、泥土、砖瓦、石头等建造，这种住宅多数建在冬季营地地区，是各部落或村庄为长年居住而建造的，具有永久性质。帐篷主要在牧民居

库尔德斯坦山区民居

伊朗民居建筑

伊朗民居建筑

住区比较普遍，这适合他们的生活方式。帐篷可以尽快被收起，运到其他地方。帐篷不外乎两种形式：圆形和长方形。在乡村民居中，房屋门窗的方向除了考虑自然因素（如朝平原和开阔方向）之外，还可能受宗教信仰的影响（正面朝麦加方向）。

◆勃尔杰·古尔邦金字塔穹顶建筑

勃尔杰·古尔邦金字塔位于哈马丹城的东部，建于12世纪。它是一座12面体的砖塔，是一所瞻仰圣地，据传是哈马丹的哈菲兹·阿布尔·阿劳的墓地。其外形是一座金字塔穹顶建筑物，无任何铭文、灰泥和其他装饰。在穹顶

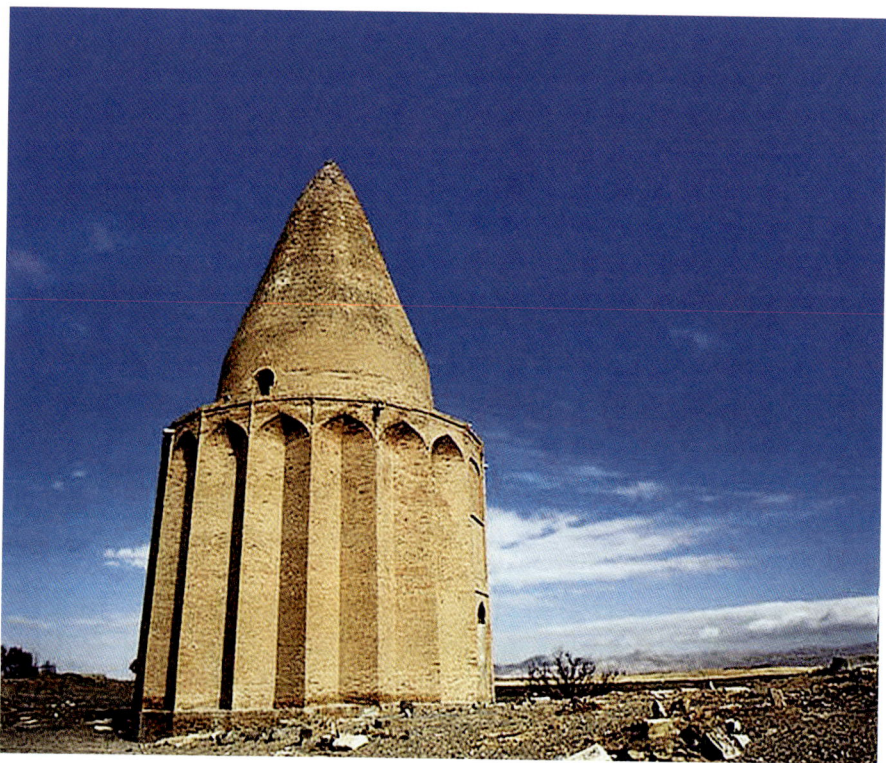

勃尔杰·古尔邦金字塔

建筑内发现有墓石，墓石是萨法维王朝时代所制。

◆清真寺建筑风格

无论你走在伊朗城市的街道还是乡村，最具有异国风情的除了那些美丽的波斯女子，便是清真寺。据统计，伊朗境内共有8万余座清真寺，每座清真寺从形状到颜色都标新立异，有的形似埃及金字塔，有的像宫殿般豪华，有的则如农舍一样朴素，有的金光四射，有的纯洁如玉。但几乎都建有穹隆屋顶和高耸的宣礼塔，在最高处都塑有一弯新月——既是这个国家信仰的标志，又象征着吉祥和幸福。

伊朗的大部分清真寺都是完全或部分按照规定的标准来建造的。一般清真寺都有一个中心场地、正门或伊旺，方向面向麦加；中心场地通向有穹顶的圣殿，而在中心场地的其他三个方向都建有拱廊和圣坛，在圣坛的左右两侧是连接拱廊的大厅；此外，还建有供女祈祷者使用的区域，但从这里必须能看得到"米赫劳布"（清真寺里的壁龛，即教长站立的地方，同时也表明礼拜的朝向）。在较雄伟的清真寺里，南面的伊旺通往圣殿，但有时也可以从北面的伊旺进入圣殿：这经常成为清真寺的正门，而在边侧常建有密瑙莱（清真寺里的尖塔，上有阳台，供报时人站立呼唤穆斯林祈祷用，中国穆斯林亦称之为宣礼塔）。每到固定的时间，全国各大小清真寺的扩音器便纷纷响起做礼拜的召唤。伴着特有的音乐，男人们在清真寺外小水池中净身，然后脱鞋进入寺中祈祷，女人们则在清真寺或在家里礼拜。令人感兴趣的是，伊朗穆斯林的宗教功课是与人们每日的生活节奏同步的，一天有五次。从拂晓至日落按时间称为晨礼、晌礼、脯礼、昏礼，最后一次称为宵礼，宵礼的时间限度是从晚霞消失至次日拂晓前。每日五次从清真寺宣礼塔传出来的召唤声，把所有的穆斯林紧密地联系在了一起。

伊朗清真寺建筑规模最大最集中的城市，要数库姆、马什哈德、伊斯法罕、德黑兰和设拉子，建有规模不等、风格各异的清真寺150余座。其中最著名的有12世纪中期建成的莫扎赫尔清真寺、14世纪20年代建造的贾阿德尔清真寺和卡奇母清真寺、15世纪60年代兴建的阿里清真寺等，被认为是伊斯兰文化

伊朗清真寺建筑

的精品。在建筑史上规模最大最富有伊斯兰特色的清真寺，还要算17世纪前期建于伊斯兰法罕的皇家清真寺，现改名为伊玛目清真寺。笔者到伊朗最先参观的宗教建筑就是这座著名的清真大寺。

◆伊斯法罕广场皇家清真寺

它坐落在阿巴斯帝王（1587—1629年）当年检阅军队和观看马球比赛的皇家广场南侧，而在广场的北端，有与清真寺呼应的波斯古代建筑群和传统市场——巴札。整个广场总面积超过8万平方米，南北长510米、东西宽165米，其余区域分布着草繁树茂的花园、喷泉，相当于两个莫斯科红场的面积。

那是一个星期五的中午，我和家人由德黑兰乘车来到伊斯法罕，走进巨大广场和皇家清真寺，四周矗立的是四座宏伟的礼拜大殿，正门的大殿有两座超过40米高的宣礼塔相伴，而西面的大殿则有48米的宣礼塔。整个清真寺建筑

伊斯法罕广场由传统波斯建筑群、清真寺和巴札组成的巨大广场

以深蓝色为基调，以跨度极大的浑圆穹顶为主体结构。建筑物还饰以蓝色、金色和白色镶成的花卉图案。

　　清真寺正门有一方釉砖镶嵌细工装饰的铭文，作者是阿里·里扎·阿巴斯，日期是1616年(正门完工日期)，在下面还有另一方铭文，上面写有建造者的姓名阿里·阿克巴尔·伊斯法罕尼，建筑工程监督者是穆希布·阿里·贝伊格阿劳。在清真寺的正门和前廊上还可看到另一些铭文。

　　通过正门之后，人们便进入一个看似普通的辉煌前厅。它呈八角形，无特指方向。故此，它可视为一个枢轴，预示着进入另一个华丽和权力集中的世界的通道。在庭院西南部的学堂中有一块石制的日晷，是纪念谢赫巴哈伊这位阿巴斯国王时代的著名科学家和数学家的。该日晷在伊斯法罕市一年四季指示正午时刻。据说，当时教规禁止绘人物肖像，工匠们采用巧妙的手法，将人像藏于图案中。人们仔细观察壁上花纹，竟可以找到阿巴斯大帝的影像。寺的穹形正门和两座宣礼塔朝着市中心的伊玛目广场北面，礼拜厅正殿和另外两个宣礼塔朝着西南方向的麦加圣地，正殿与清真寺正门恰好成45°角。站在清真寺广场对面约500米处观看，四座宣礼塔格外引人注目，确实宏伟壮观。

　　走进清真寺大院你还会看到，大厅和周围的小厅跪满了虔诚的穆斯林，他们向安拉祈求慰藉和力量。当和他们交流时，一位老人说，这座清真寺是伊朗阿巴斯大帝在位时，于1612年开始兴建，直至1638年才完成的。20世纪又进行过精心修葺。整个寺院的内外围墙和一些高大的圆柱，都以深浅不等蓝色的小块彩瓷砖镶嵌，组成一幅幅瑰丽动人的波斯图案。四座宣礼塔通体用绿、蓝两色的彩瓷砖，自底部一直镶嵌到塔尖，光彩夺目，巧夺天工。这座清真寺是伊朗清真寺上千年建造历史上的最高峰，是伊朗建筑、木雕刻和釉砖工程上的一个壮丽雄伟的范例，它由于建筑的庄严和华丽被列为世界上最伟大的建筑物之一。

伊斯法罕广场

伊斯法罕广场皇家清真寺蓝色正门

◆伊玛目霍梅尼陵园清真寺

伊玛目霍梅尼陵园大清真寺，构成了都市中一道独特的风景线。在设计上，它遵循了伊斯兰教传统的建筑风格，同时又吸收了本地和中东地区阿拉伯建筑的精华。"大清真寺"的总体结构如地基、立柱、天花板和宣礼塔，都为钢筋混凝土结构；其外墙饰面是各种形状的天然块石，内墙饰面为优质大理石和天然块石。陵墓内有一座长达100米的大厅，在高度达72米的多边形宣礼塔内部，还安装有专用电梯直达顶部。陵殿有一个大型拱顶分三层，第一层高42米，为纪念伊玛目霍梅尼于伊朗历1342年开始反对暴虐的巴列维国王；第二层高57米，纪念伊斯兰革命于伊朗历1357年取得胜利；第三层为圆形拱顶，顶高68米，纪念伊玛目霍梅尼于伊朗历1368年去世。

每天来伊玛目霍梅尼陵园瞻仰的人络绎不绝，尤其是节假日，人群熙熙攘攘、车水马龙。为了游客的方便，在伊玛目霍梅尼陵殿的东西两侧有两个大广场，每个广场占地面积22000平方米，东边的广场为烈士广场，西边广场以伊玛目霍梅尼的儿子穆斯塔法霍梅尼命名。从每一个广场都可以进入伊玛目霍梅尼陵殿。这两个大广场都有两个大门，位于南北两边，每道大门都有一个大圆拱顶。位于中央伊玛目霍梅尼陵殿的圆拱顶，为金黄色，白天在阳光的照耀下，金光闪闪，耀眼夺目；夜间，在明亮灯光的照射下，更显得灿烂辉煌。

伊玛目霍梅尼陵园建筑群把伊朗传统建筑风格和现代建筑风格融为一体，既体现了伊朗古老的文化，又展现了现代建筑艺术的精华。伊玛目霍梅尼陵园建筑群所有建筑物均采用钢筋混凝土结构，可抗击8级地震。

伊玛目霍梅尼陵园建筑群的另一特殊艺术特点是在墙壁上贴上各种颜色的大理石，所有大理石都采自伊朗，种类多达230种。有白色、浅粉、红色、

伊玛目清真寺蓝色的穹顶

伊玛目清真寺宣礼塔

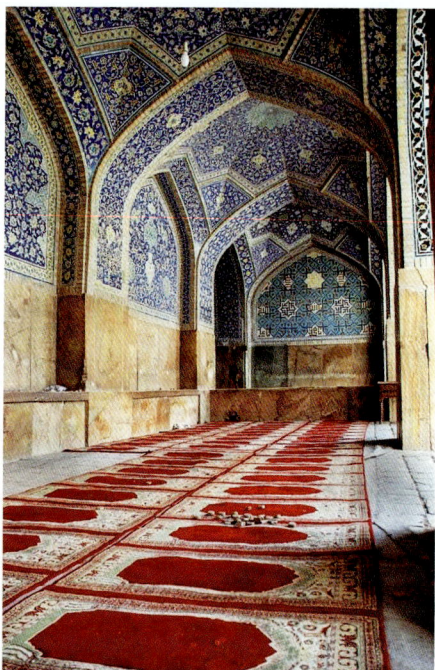

伊玛目清真寺内部

淡黄色、灰色、黑色和绿色等，从设计到施工，都由伊朗经验丰富的专家完成，充分展现了伊朗的大理石粘贴艺术。其中最优美的大理石粘贴艺术要数在广场各大门墙壁上所粘贴的大理石了，因为在这些大理石上都雕刻有《古兰经》经文，经文由伊朗一位女书法家书写，然后由著名大理石雕刻专家雕刻在大理石上。在广场四周的墙壁上雕刻有安拉的尊名和列圣的名字。

为方便游客，伊玛目霍梅尼陵园建筑群里有一个服务中心，内设有卫生间、沐浴间、餐厅、休息间以及商店等。此外，在伊玛目霍梅尼陵园建筑群里还开设有图书馆、伊斯兰革命博物馆等。

在2016年农历春节，当国内的人们沉浸在浓浓的节日气氛中时，我和参加伊朗学国际会议的专家学者有幸走进了伊玛目霍梅尼陵园大清真寺。进入清真寺内部，每边长100米的空旷长方形祈祷大厅内，充满了一种平和自然、安宁笃实、静谧与肃穆的气氛，一种对世俗事物感人的亲和力。祈祷大厅顶部，是一个距地面43米、直径26米的富丽堂皇的穹顶，装饰着用伊斯法罕陶瓷雕刻的阿拉伯书法所书的真主之名。在墙的正面上方有《古兰经》经文和工匠雕刻的伊斯兰几何图案。

当双脚踏在宽阔的地毯上，整个人沐浴在柔和的光照中时，我的眼前仿佛出现了阵容庞大的祈祷队伍：在能容纳大约5000人的主祈祷大厅里，阿亚图拉正带领众多的穆斯林念诵《古兰经》，然后全体面朝圣地麦加完成赞颂、鞠躬、磕头、跪坐等动作。此时此刻，尽管这位伊斯兰共和国创建者和领袖离开人民多年，但那永久的怀念和祈祷声亦然回荡在高大的立柱之间。

目前这座陵园和清真寺已成为伊朗伊斯兰文明的标志，伊朗政府计划用20年的时间，将这儿建成一座传统与现代并存的新城，周围还将建设一座"肖黑德大学"。

◆谢赫·卢特夫劳清真寺

这座清真寺始建于1602年，完工于1619年，整整用了18年时间。它位于伊斯法罕伊玛目广场的东部，是由阿巴斯国王为黎巴嫩著名伊斯兰学者谢赫·卢特夫劳而建的。

谢赫·卢特夫劳清真寺

　　当时，许多来自伊朗（包括当时属伊朗一部分的巴林）和黎巴嫩的学者以及宗教领袖均远离本土来到伊斯法罕，其中包括谢赫·卢特夫劳。他出身于伊玛目学派著名学者世家，原住在米拜勒·阿麦尔。谢赫·卢特夫劳在这里受到了隆重接待，有专用的清真寺和学堂供他讲学和做礼拜之用。他是谢赫·巴哈乌丁·穆罕默德—奥梅利（亦以谢赫·巴哈伊著称）的挚友。谢赫·巴哈伊是萨法维王朝时代的一位著名科学家，在设计和发展伊斯法罕城市方面起过重要作用。

　　为了使清真寺面向麦加，大圆顶的大厅与广场相交成45°的角。建筑顶部开一个巨大的圆孔，墙壁上开一些高大的窗户，以最大限度地引入自然光，慢慢减弱处于同心圆上的深蓝色彩，渐渐地以柔和的白色阿拉伯装饰图案替代深蓝色，以至在到达圆顶中心时，深蓝色已自然地完全消失。

　　谢赫·卢特夫劳清真寺还在许多方面有别于其他的清真寺。在其他清真寺里，建筑物正面的主体主要采用绿松石色、蓝色和粉红色，特别是圆顶、两厢和外墙，但是这个清真寺的主色是黄色。由于它并不用作公众礼拜场所，所以没有庭院也没有迈纳勒（宣礼塔）。与其说它是一座清真寺，不如说它是一座礼拜殿。

圆顶建筑的外表饰以花卉主题和各式阿拉伯风格装饰，均以白色釉砖镶嵌细工拼出"索尔斯"书法体的铭文，衬以青金石色的底色。礼拜殿里的内装饰——釉砖工程——包括无与伦比的釉砖镶嵌细工和珐琅漆砖砌成的壁缘装饰、釉砖拼嵌的铭文、绿松石色的装饰花边以及釉砖砌成的格子窗等。设计主题的多样化、色彩斑斓的颜色组合、突出的黄色和青金石色都赋予这座无与伦比的礼拜大殿以令人叹为观止的美色和宏伟壮丽。

礼拜大殿拱顶内部表面的釉面装饰都是一些菱形和阿拉伯图案，手艺确实细致惊人。那里的"米哈拉布"是用釉砖镶嵌细工和钟乳石装饰建成，全部具有极高艺术价值。建筑者为乌斯涛德·穆罕默德·里扎·伊斯法罕尼，他的名字在清真寺保存的两方碑铭中被提及，他是伊斯法罕的建造者、乌斯涛德·侯赛因之子。

谢赫·卢特夫劳清真寺穹顶

谢赫·卢特夫劳清真寺走廊

谢赫·卢特夫劳清真寺穹顶内部

◆宗教圣城库姆

库姆是伊斯兰教什叶派圣城，位于今伊朗首都德黑兰以南约150公里处。北邻德黑兰和萨姆南省，南接伊斯法罕省，东濒中央省。

"Qom"一词是阿拉伯语命令语态，含有"起来"之意。什叶派的许多圣训都宣称库姆曾是该派避难的地方。816—817年间，什叶派第八代伊玛目阿里·本·穆萨-里扎之妹法蒂玛·马尔苏玛为探望其兄，途经库姆时病故，后建陵墓于库姆河南岸，称为马尔苏玛墓。1502年萨法维王朝宣布什叶派为国家教派，并设总部于库姆。在国王的命令下，库姆得到全面整修。马尔苏玛墓饰以花砖金箔，墓北建起礼拜大殿和唤拜楼，并辟有宽阔的广场，以供商贾贸易。库姆作为圣地的名声日隆。

到了萨法维王朝阿巴斯一世大帝（1588—1629年）的时候，又号召什叶派穆斯林瞻仰库姆与马什哈德伊玛目里扎陵墓。当时，伊斯兰学者云集库姆，宗教教育得到大力发展。名人陵墓也随之增多。自此，库姆宗教圣地的地位确立，至今不衰。

在库姆建有伊斯兰世界闻名的、培养什叶派宗教学者的库姆伊玛目霍梅尼宗教学院。除伊朗本国以外，还接纳来自伊斯兰各国的留学生。什叶派不

库姆Jamkaran清真寺

库姆马尔苏玛墓

库姆博物馆收藏的手抄本《古兰经》

少宗教者、阿亚图拉皆出自于该学院。1935年筹建的库姆博物馆位于马尔苏玛陵墓大殿的西面，内藏《古兰经》手抄珍本等文物。陵墓旁还建有一座大清真寺。

◆马什哈德与伊玛目·礼扎陵园

当我们乘坐飞机飞往马什哈德，第一个印象便是一片葱绿成行的树木。一待飞机落地，便被金色的圆顶建筑以及众多的迈纳勒吸引住。

"马什哈德"一词的意思是"殉难处或殉难者的葬地"（意为圣城），它是霍拉桑这个大省的省会。马什哈德位于扎因达鲁德河的支流——卡夏夫河（玳瑁河）的河谷地区，是比纳鲁德山和哈朝尔·马斯吉特山之间的一个富饶的农业地区。多少世纪以来，它都是一个重要的商业中心，也是自印度至伊朗，由北至南在土耳其斯坦城镇和阿曼海之间的商队路线及公路的交会点。它作为宗教圣城，有两条公路与德黑兰相通，还有铁路和航空与德黑兰相连。这两座城市都较为邻近边境，而且不断遭受侵略者的入侵。实际上，马什哈德自古以来就是军队的必经之地，也是什叶派的一个瞻仰圣地，也是伊朗继伊斯法罕和设拉子之后的第三个旅游中心。

马什哈德圣城的吸引力是与伊玛目·礼扎的传奇性殉难经历相联系的。由于伊玛目·礼扎之墓对于伊朗人来说有无法估量的重要性，所以历代帝王和王公们均慷慨出资捐赠修建。到15世纪初期，帖木儿之子洛赫国王扩建了陵园。他的非凡出众的妻子古哈尔·沙德在这里建了一座清真寺。

远眺马什哈德

18世纪初期，这个陵墓已被确立作为什叶派在伊朗最重要的瞻仰中心。纳迪尔国王虽是一个虔诚的逊尼派成员，也慷慨地给陵园以捐赠，加固维修了马什哈德城。他本人最后也葬于此。

19世纪发生在当地的几次暴动被恺加王朝统治者严酷地镇压下去，马什哈德在纳素伦丁国王统治时代恢复了和平景象，他修筑了环城路，这条道路至今仍具重要意义；纳素伦丁国王也在经济和宗教义务上确保了城市的平安。1912年3月，俄国人炮轰了伊玛目·礼扎陵园。

伊玛目·礼扎陵园以及周围的建筑群确实组成了伊斯兰世界中的一个奇观，如同一个宗教社区，拥有庭院、大学、图书馆、医务所、宾馆及宣礼塔等各种物质、精神所需的场所。一些著名的国内外学者和科学家获准安葬在这神圣的院落里或葬在城周围。依照一些特殊规定，允许非穆斯林们前去参观。如果你到了伊朗不去参观伊玛目陵园，就像到了意大利而不去梵蒂冈一样的遗憾。

在马什哈德，条条道路都通往伊玛目·礼扎陵园。几乎一切有趣的东西

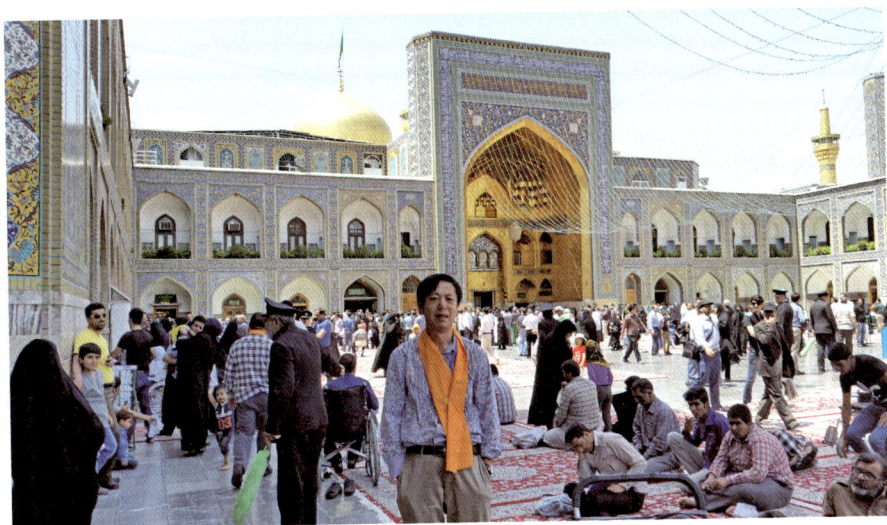

本书作者在马什哈德菲尔多西大学访问期间的留影

都在离这个最明显的标志物不远、徒步即可抵达的范围之内。一切公共交通均自环路辐射出去。皇家和私人捐赠的影响可从A.U.帕普所说的话中略知一二，他说："世界上除这组建筑群外，几乎别无他处再会产生和拥有如此丰富多彩的效果：一座金色圆顶、两座金色的迈纳勒、两座巨大的金色'伊旺'、大批银制和镀金的门……"

◆伊朗：见证圣殿的金碧辉煌

这是一个雨后初霁的清晨，古老的伊斯兰教什叶派圣地马什哈德阿里·礼扎的清真寺，沐浴在万道绚烂的霞光之中，也许是经过一夜雨水的洗刷，伊朗高原的天显得格外蓝，树格外绿，而位于比瑙德山和卡夏夫河之间的马什哈德一处处金顶飞檐的清真寺在阳光下更是熠熠生辉。

当伊朗新年的钟声敲响，马什哈德伊玛目阿里·里扎清真寺早已汇集了成千上万的穆斯林，如同一条巨龙向前游动。人们不顾一切地向前拥去，想用自己的双手去抚摸一下列朝圣祠的灵柩，似要把积聚已久的心愿，借助伊玛目的力量显现出来。当主持人朗诵新年祈祷词之时，人们突然肃静下来，眼神里流露着敬畏、期待和迷茫，千百人的集合却出奇地宁静，反倒显现出一种巨大的凝聚力。忽然，陵园内外的灯光连闪三次，以示进入新年，人们顿时沉浸在一片诵颂祈祷声中。天空没有一丝云，阳光普照在虔诚者的心灵上，迎接新春的祈祷活动刚刚拉开序幕。

　　马什哈德一词在阿拉伯语中的意思是殉难的地方或殉难者的葬地，更确切地说应称为马什哈迪·穆格达斯（圣城之意）。它的形成显然与伊玛目阿里·里扎的传奇殉难经历相联系，据史学专家考证，阿里·里扎是阿拔斯哈里发王朝的继承人，也是什叶派中的第八位伊玛目，传说他是被哈里发君主马蒙下令毒死的，然民间却流传着，他是在吃了几颗葡萄后死于一个名为萨瑙保德的村子，是年为公元817年。自此之后，阿里·里扎的墓地逐渐成为什

马什哈德伊玛目·里扎陵园

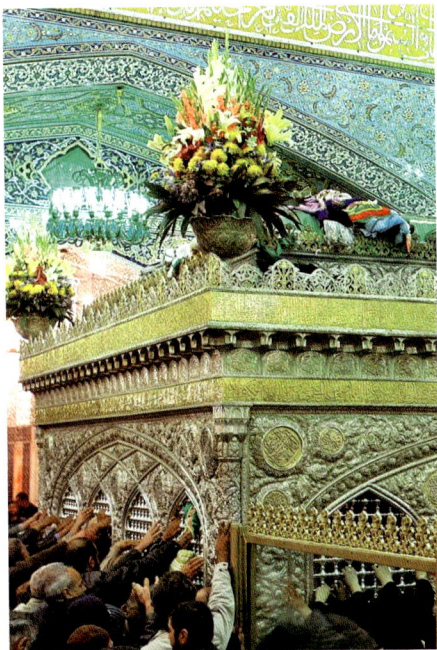

穆斯林信众抚摸灵柩

叶派的朝觐圣地。原来的一个小村庄渐渐地发展成一座小城，被称作马什哈德。

在马什哈德，条条道路都通往伊玛目阿里·里扎的陵园，尤其是在宗教节庆和纪念日，这里的人们熙熙攘攘，比肩接踵，他们有的在此诵读赞颂伊斯兰教创始人穆罕默德及其后裔的赞词，有的在诵读《古兰经》；有的在作副功，也有的与家人朋友一起诵读祈祷词。面对这些虔诚的穆斯林的神情，我被这种虔诚深深地打动了。

马什哈德城区，现分新、老两部分。里达陵园位于老城区，于16世纪中期由萨法维王朝君主塔赫马斯普一世进行了大规模扩建，后逐渐发展成以里扎陵墓为中心，方园约11万平方米的建筑群，包括两座宏伟的清真寺及经学院、博物馆、医院等，里扎陵墓被称为"哈兰·穆塔哈尔"（即圣洁的禁区地）。墓冢由大厅及周围柱廊组成，大厅的拱形圆顶高约45米，全部用纯金箔包镶成，厅内约100平方米，四壁由小镜片和金银装饰，用瓷砖镶成《古兰经》文，墓盖石四周围以用金银焊制的外罩及栅栏，约3米高。厅内悬挂大吊灯，金碧辉煌，博物馆内收藏伊朗历代伊斯兰珍贵文物、《古兰经》手抄本及工艺精品。帖木儿帝国统者沙哈鲁之妻高哈尔·沙德用私资所建的贾米清真寺，壮丽宏伟，与里达陵墓连成一体，马什哈德还有阿拔斯王朝哈里发哈伦·拉希德和萨法维王朝国王纳迪尔·沙等人的陵墓，伊朗政府新建的伊斯兰经学院也坐落在旧城区。新城区则有现代化的街道、商店、旅馆和居民住宅及旅游设施，和众多的清真寺，交通发达，为伊朗境内什叶派的两大圣地（另一是库姆）之一。

四、波斯时期的伊朗著名花园

◆ 波斯园林

波斯园林（The Persian Garden）由分布在伊朗9个省份的9座园林共同组成，它们体现了自公元前6世纪居鲁士大帝时期以来形成的波斯园林设计原则，同时展现了波斯园林为适应各种气候条件而发展出来的多样风格。楼台、亭榭、墙垣以及精密的水流灌溉系统是波斯园林的重要特征。波斯园林对印度及西班牙园林艺术都产生了影响。

在波斯园林中，庭园中栽培果树与花卉，凉亭和回廊环绕其间。波斯人

波斯园林

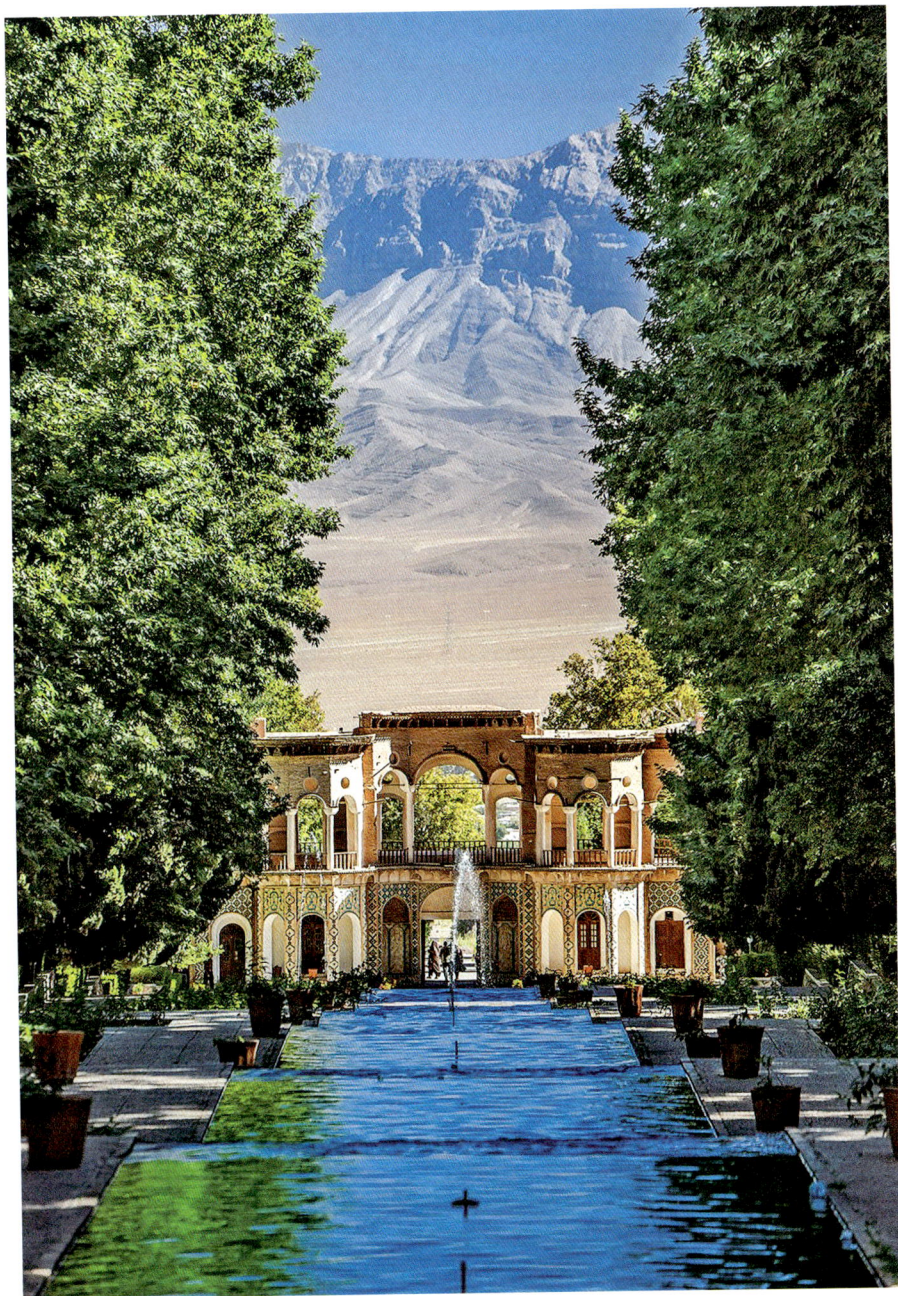

波斯园林

喜好绿荫树，认为树顶的高度可以让他们更加接近天堂，因此将绿荫树密植在高大的围墙内侧，以获取独占感，同时也用于防御外敌。水是生命的源泉，按照伊甸园和古代美索不达米亚神话，生命中有四条河流，因此波斯园林的特征就是以四条河分成的十字形水系布局。河边绿树成荫，穹顶建筑掩映其中，象征天堂和尘世的统一。

波斯园林的主要设计理念突出了对伊甸园及琐罗亚斯德教四大元素——天空、水、大地、植物的象征意义，因此波斯的所有园林都分为四个部分，并且水在园林的灌溉与装饰中发挥了重要的作用。这9座园林分别建设于不同时期，最早的可以追溯到公元前6世纪。

◆四十柱宫花园

四十柱宫花园（Bagh-e Chehel Sotun）是古波斯帝国时代一座纯波斯式宫殿，位于伊朗的伊斯法罕。1647年由阿巴斯二世所建，是国王接见外交使节的

四十柱宫花园

四十柱宫宫殿

宫殿，它的玻璃镜片镶嵌的柱子、门窗框架的装饰、栩栩如生的大型壁画、钟乳石形状的顶部装饰、多彩的拼花天花板、石雕和木雕艺术品等都让人赞叹不已。支撑宫殿入口的二十根木制细长柱子，加上在水池中的倒影，一共是四十根，因此得名"四十柱宫"。门廊前面有一个长110米、宽16米的水塘，水从安放在塘底的四头狮子的口中喷出。

◆帕萨尔加德古代花园

帕萨尔加德古代花园（Ancient

帕萨尔加德古代花园遗迹

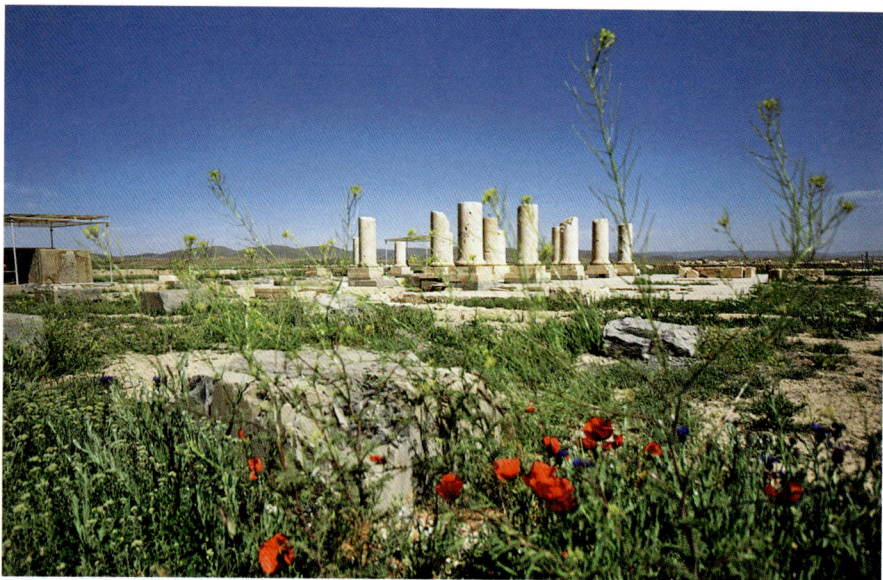

帕萨尔加德古代花园

Garden of Pasargadae）坐落于伊朗南部设拉子市附近的帕萨尔加德，当时阿契
美尼德王朝国王居鲁士在这个地方修建了许多宫殿和花园。这些宫殿、花园都
大量运用几何图形和网状图形，其修建花园的这一模式成了后人们修建花园的
基础。可以说，帕萨尔加德花园和宫殿是阿契美尼德王朝时期艺术与建筑的杰
出典范。花园中宽敞的门廊就坐落于宫殿的前方。宽25厘米的水渠贯穿于整个
花园。水景将花园均匀地分成四个部分，至今这座花园被作为伊朗花园中历史
最悠久的传统花园而被保留。

◆ 天堂花园

天堂花园（Bagh-e Eram）建于卡扎尔王朝（1794—1925年），是设拉子市
最漂亮的花园，该花园有200多年的悠久历史。在花园主建筑的前面有一个大型
的水池，花园水渠中流动的水都源自于这个水池。花园中的建筑都是用"七色"
瓷砖镶嵌的。该花园中凯加王朝时期精妙绝伦的艺术杰作保留至今。

天堂花园

◆菲恩花园

菲恩花园（Bagh-e Fin）建于1590年。附近坐落着其历史可以追溯到公元前14世纪的苏莱曼喷泉和古丝绸之路时期的山丘，这些均体现了该地区在古时候的繁荣景象。菲恩花园是伊朗"城堡花园"的点睛之作。在花园的中心修建有一个精美的主建筑，在其周围修建有高大雄伟、气势恢宏的宫殿。在这个主建筑内有一个大水池，池子里面有许多喷水泉，水流不时从这个主建筑中流出。花园中水渠纵横，水流潺潺并且水渠中也有许多

菲恩花园

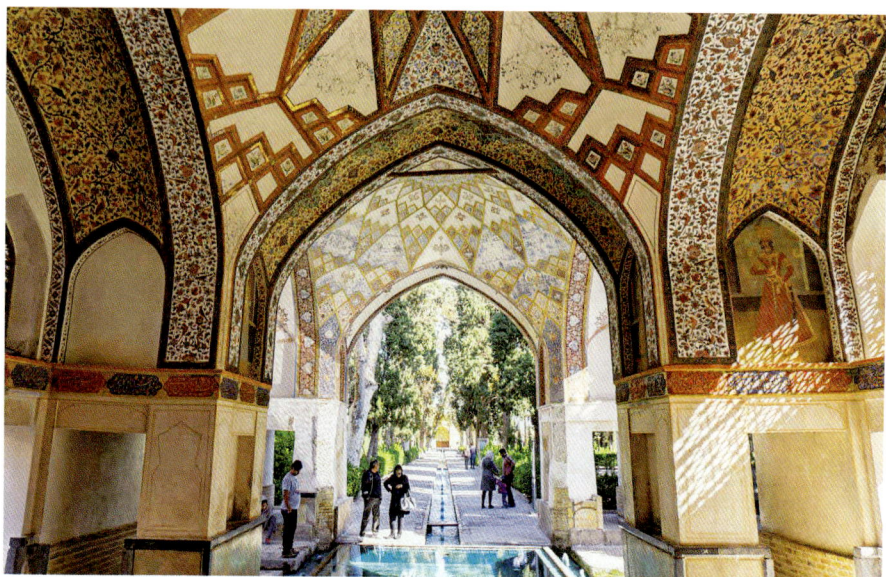

菲恩花园

大大小小的喷泉。

◆ 阿巴斯–阿巴德花园

阿巴斯–阿巴德花园（Bagh-e Abas Abad）被修建在厄尔布士山脉山脚下郁郁葱葱的森林地带。花园内大大小小的水池和流水系统充分表现了在萨法维王朝时期伊朗杰出的工程人员的智慧，他们为修建这座花园绞尽脑汁，大量运用了先进的技术。站在阿巴斯–阿巴德花园内，布什尔市的自然风光、广阔的平原、一望无际的里海以及阿巴斯–阿巴德小湖碧波荡漾的美景一览无余，尽收眼底。

◆ 王子花园

王子花园（Bagh-e Shahzadeh）于1873年建成，被修建在道路的两旁和市郊的一座丘陵上，面积约5.5万平方米。流淌的河水穿过花园的中间，除了茂

阿巴斯-阿巴德花园

王子花园

盛的绿树、五颜六色的鲜花外，在花园的中心还有波斯风格悬梯式的瀑布以及瀑布两边流淌的小河。花园入口与居住用的主建筑之间有几个喷泉，水流凭借地势的落差流向花园四面八方。

◆杜拉塔阿巴德花园

杜拉塔阿巴德花园（Bagh-e Dolat Abad）修建于赞德王朝时期，即伊历1160年。这座古老花园拥有多座建筑物，园内宽敞秀丽，风景优美。水是该花园内必不可少的，地下水渠保障着花园内的潺潺流水。世界上最有名的风塔就坐落于杜拉特阿巴德花园中，其高度达到33米，整体呈八角形。风塔利用空气的流动促使水温下降，从而使屋内的温度变得非常凉爽。

◆阿克巴里耶花园

阿克巴里耶花园（Bagh-e Akbariyeh）具有居住和办公双重功效。这座花

杜拉塔阿巴德花园

阿克巴里耶花园

园内修建有许多宏伟的建筑，在花园的各个地方和角落都巧妙地设计有先进的水体。花园内有色彩各异的植被、古老挺拔且茂盛的冷杉和松树，还有硕果累累的开心果树和石榴树。由于阿克巴里耶花园具有良好的条件，因此在园中种植了各种灌木。在干旱和酷热的自然条件下，水利设施和水渠的利用不但体现了伊朗人的智慧，而且也展示了这座花园富有建设性的特色。

◆帕赫鲁普尔花园

帕赫鲁普尔花园（Bagh-e Pahlavanpur）是一座居住型花园。花园内整齐

帕赫鲁普尔花园水渠

帕赫鲁普尔花园

有序地栽种着各种各样的果树。鉴于该地区炎热和干燥的气候条件，帕赫鲁普尔花园内的建筑都有适应当地不同的天气状况的功能。花园中潺潺流动的水来自于水渠，在花园内还留存有过去的一些纺纱和纺织车间。

五、波斯自古多佳丽

我对伊朗女性的最初的印象，是第一次乘车从德黑兰国际机场进入市区，俯窗向外观看，来往穿梭的各种型号的小汽车，鳞次栉比的高楼大厦，都一闪而过，接近市区时，汽车缓缓而驶，这时只见街上行走的妇女完全是黑袍裹身。当时我想，在这样一个既典型又很传统的宗教社会里，妇女的生活情况、她们的社会地位究竟会怎么样呢？ 在德黑兰生活了一段时间后，也许是因为受神秘的黑色的吸引，也许是因为对伊朗妇女的好奇，我竟然不知不觉地发现了身穿黑袍的她们的独特魅力。从她们的眼神和气质上看，她们的确很幸福。目之所及，有时甚至仅仅是街头一瞥，那黑色中所流露的别致情趣就会一下子映入眼帘。街上大量美丽的女子个个眉如春山，眼如秋水。纱巾黑袍并没有使她们产生羞涩、滋生忧郁，反而赋予她们豁达、豪爽的性格。优雅修长的身材，在微风中黑袍潇洒地摆动，就像古希腊的裹身服饰，又像现代时髦服饰中宽大的深色风衣。她们并不拒绝化妆，却让一切化过妆的色彩全在黑袍中躲避，只让唇、眼、脸颊成为视觉焦点。也许对你来说，这样的化妆点缀，已是司空见惯，但在伊朗，当人们对满目的黑色习以为常的时候，哪怕是一点点的亮色都会带来视觉上的愉悦。这样静谧的黑色与闪亮的色彩相搭配，愈发映衬出波斯女郎那洁白细腻、鼻高眼大的美丽面颊。

◆李白、白居易笔下的波斯美女

《倚天屠龙记》里描写了美艳聪慧的紫衫龙王波斯圣女黛绮丝和善解人意、娇俏可人的小昭，她们身上体现着波斯女性的善良、隐忍和奉献精神。当其他亚洲国家的女性的言行纷纷与

一袭黑袍的独特魅力

西方接轨的时候，在这个古老的伊斯兰国度里，女性却依旧保留着她们的传统品质。记得唐代不少文人墨客都描写过擅长歌舞的、以波斯为主的中亚舞姬。大诗人李白当时经常光顾波斯胡店，写有"王陵年少金市东，银鞍白马度春风。落花踏尽游何处，笑入胡姬酒肆中"的诗句（《少年行二首》之二）。有时他甚至沉醉于"胡姬貌如花，当垆笑春风，笑春风，舞罗衣，君今不醉将安归"（《前有一樽酒行二首》之二）。白居易《胡旋女》一诗赞美波斯舞姬为天子表演时的优美舞姿："胡旋女，胡旋女，心应弦，手应鼓，弦鼓一声双袖举，回雪飘飖转蓬舞。左旋右转不知疲，千匝万周无已时。人间物类无可比，奔车轮缓旋风迟。曲终再拜谢天子，天子为之微启齿。"元稹在《西凉伎》一诗中还写道："狮子摇光毛彩竖，胡腾醉舞筋骨柔。"把狮子舞等一些以波斯为主的杂技艺术描绘得惟妙惟肖。他在诗《法曲》中还描写了波斯妇女服装当时深受长安等地妇女青睐的情况："女为胡妇学胡妆，伎进胡音务胡乐……胡音胡骑与胡妆，五十年来竞纷泊。"

◆ 金庸笔下波斯美女清澈的眼神

在伊朗新春佳节之际，我和友人应邀到朋友家做客。从设拉子到亚兹德，6小时的车程。一路上，气象变化万千，从风光旖旎的一派田园景致，到突降大雪。抵达亚兹德已是夜晚，遥望星空，想起了20世纪90年代初那版《倚天屠龙记》，辛晓琪演唱的主题曲《两两相望》，歌曲开头那充满迷幻的波斯音乐和眼前的景象相辅相成。

一进屋，主人和其家人为我们表演了美丽动人、新颖别致的波斯舞蹈，看后感到与诗人李白、白居易诗中意境有殊途同归、异曲同工之妙。当然，按照伊斯兰教义要求，穆斯林妇女在离家外出时，除脸颊、双手和双脚可以露出外，其他部位不能外露，但对服饰颜色没有作严格要求。伊朗女性几乎都选择黑色来笼罩自己。这一点与非洲及南亚的一些伊斯兰国家有明显的区别。因此，在亚兹德美丽的夜幕下，当你看到她们与家人散步在公园，或驻足于各精品专卖店，黑袍宽大的下摆在微风轻拂中悄悄飘起，显露出米兰、巴黎所流行

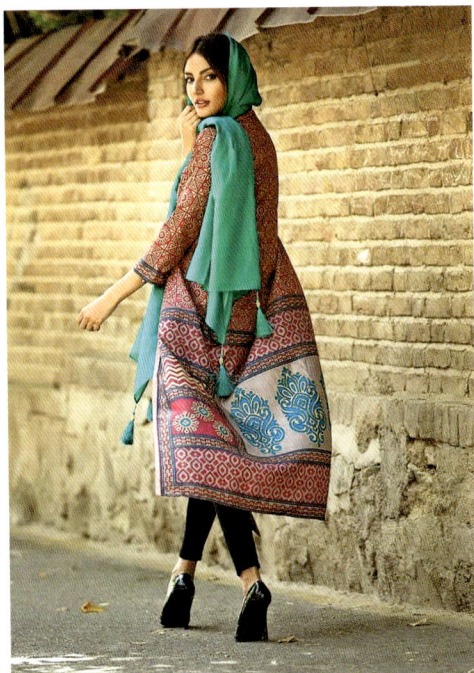

现代波斯佳丽

的厚底鞋、牛仔裤，或是俄罗斯、印度休闲长裙……那黑色的眸子、褐色的唇膏、高挺的鼻梁、醉人的法国香水味、钻石黄金手镯与黑袍的点缀交相呼应，她们的风采会悄悄地打动一些青年人。

◆ 职场进取中的波斯女性

波斯女性的美丽，不仅来自于她们的容貌，更来自于她们积极投身社会各项事务的精神，受到国际社会的尊重和赞誉。

因为历史上的伊朗并不是一个封闭的社会，也不歧视妇女，而是主张妇女和男人一样享有学习、就业、言论、选举和财产继承等各项权利，保护妇女的尊严。1979年伊斯兰革命胜利后，伊朗妇女在社会中享有一定的地位。她们不仅是灶边、家庭的打理者，宗教戒律与伦理的维护者，还是文化的传播者。共和国宪法明确规定，妇女在政治、经济和社会文化等各个领域，享有与男人平等的权利。而且伊朗推崇妇女的美德，认为国家的发展取决于母亲，国家的兴衰也取决于妇女。伊斯兰教所宣扬的家庭价值观，使伊朗妇女特别注重家庭，认真履行妇女的第一职责，成为真正的贤妻良母。

妇女们不但在家里是贤妻良母，在单位也是优秀的职业女性。她们勤奋、聪慧、好学，早在古代就有许多妇女攀登科学、艺术和政治高峰，并做出了很大的贡献，出现了众多的女艺术家、女科学家、女记者、女工程师、女医护工作者。她们积极参与文化和社会活动，具有强烈的进取精神，为提高自己的知识水平、专业技能勤奋耕耘。在德黑兰文化中心和各种博物馆中，从事文化学习和进修的女性大大超过男性。在大学，女性的比例也很高，在不少高校中要占到60%，女大学生和中学生在历届国际数理化奥林匹克竞赛中也多次获得殊荣。当然，伊朗妇女是在伊斯兰教规定和要求的框架内从事各项社会工作的。她们在获得应有的权利的情况下，充分发展自己的聪明才智，为国家的建设努力工作，同时她们也在伊斯兰文化中重新了解和塑造自我。

妇女地位的提高往往是社会进步的标志，这在伊朗尤为明显。伊朗的第一位女副总统玛苏梅·埃卜特卡尔博士，是前总统哈塔米内阁中七位副总统之

现代波斯职业女性

一。艾哈迈迪·内贾德当选伊新总统后，另外一位女政治家法提梅·贾瓦迪博士当选副总统兼环保组织主席。议会成员中也有妇女。

　　特别是自1997年穆罕默德·哈塔米当选总统并任命一名女性为副总统推行改革后，妇女的处境有了进一步改善和提高。政府重视加强妇女的参政议政权，为妇女参与社会和政治事务创造了更加良好的条件。妇女追求男女平等，争取参政议政；不但出现了首位女地区行政长官，还有众多的妇女逐渐步入法律、警界等各个社会领域。妇女获得向法院主动提出离婚诉讼的权利，是妇女解放运动史上的重要事件，增进了妇女权利。伊朗成立了专为女顾客服务，由女司机组成的出租车公司，改变了妇女不能当出租车司机的习俗；女时装设计师也不断涌现；议会还通过了法律提案，准许单身妇女获得奖学金后到国外留学；妇女的宗教权利也得到扩大，允许妇女在妇女集体礼拜中领拜，这在什叶派伊斯兰教的历史上也是破天荒头一回。内阁中除首位女性副总统埃卜特卡尔外，还活跃着不少女副部长和顾问，在各单位担任要职者日众。

目前随着社会的进步和发展，在政治、文化、经济、医疗卫生、教育等各领域，都可以看到伊朗妇女的身影。现任副总统兼伊朗环保局局长伊卜迪卡女士、妇女文化与社会事务委员会主席哈泽阿里女士就是她们中间的杰出代表。伊朗妇女在事业上很有成就，她们的生活也丰富多彩，而且国家也创造各种条件来丰富她们的生活。同时，伊朗是个多民族国家，各民族的妇女无论是服饰还是习俗都有很大的不同，呈现出多姿多彩的风貌。伊朗人很为她们的各种多样性自豪。

许多妇女从事文化事业，尤其是细密画绘画。她们的作品在国内外参加展览，一些杰作被纳入世界艺术收藏品中。你所看到的波斯毯也出自伊朗妇女的灵巧之手。此外，伊朗妇女还拍摄电影，是好的导演和演员。20世纪90年代，国家杰哈德建设部在伊朗实施了一个大范围的"自我就业训练和农村妇女小额贷款"项目，传授农村妇女技能以助她们更好地实现自我就业。

近几年来，伊朗妇女积极地参与到社会生活的各个方面，伊朗女孩读大学的数量在大幅增长。在过去的5年中，伊朗女性占整个大学入学率的60%。伊朗女大学生毕业人数的增加已经对伊朗的劳动力市场产生影响。她们进入公共和私有部门工作，越来越多地参与到经济活动中来。

在取得巨大成就的同时，和其他国家一样，伊朗妇女也面临着许多困境。虽然女议员致力于敦促政府实施全方位的改革，以提高妇女权益，提出了许多有关改善伊朗妇女状况的议案，妇女自身也不断努力争取，但由于宗教极端势力的反对和阻挠，妇女在参政议政和其他社会生活方面仍受到许多束缚和限制。

六、波斯文明时期的科技发明与艺术

◆ "波斯水轮" "空调" 与园林艺术

伊朗是世界上开创建造水坝先河的国家。为了与大自然抗争，早在2500年前，阿契美尼德王朝就修建了地下水灌溉系统（即地下水渠），这项技术在伊朗称作"喀纳特"（qanat），在我国新疆和阿富汗叫"坎儿井"（karez）。人们在地势高处挖掘深井，收集山中降水和积雪融水，利用地下水道把水引向干旱平原。这一方法后来传播到北非和西班牙等地，以"波斯水轮"而享有盛誉。原广司在著作《聚落之旅》中以伊朗的沙漠周边的"人工绿洲聚落"为例，说明人工与环境的均衡是人类聚落得以延续的基础。喀纳特是一种应用性相对务实的技术，它与自然界可以达成数千年的生态平衡。1000年

从高空俯瞰伊朗的地下水灌溉系统——喀纳特

伊朗的地下水灌溉系统——喀纳特

伊朗捕捉流动空气的"空调"

前在设拉子北部建造的三个大水坝至今仍在发挥作用。至16世纪萨法维王朝时期，波斯水利工程建设取得了更大的发展。目前伊朗地下水渠总长40000余千米，1979年以后全国又开展大规模兴修水利工程，有25座大型水坝建成或接近建成，这一古老的传统一直延续至今。

在伊朗的"人工绿洲聚落"中，有一种烟囱似的风塔和城墙、瞭望塔构成的组合。风塔有

波斯水轮

方形、八角形，高耸于民居屋顶，捕捉流动空气。沙漠里的热风进入风塔后往往要先经过一池积水，在水面上冷却、去尘、增加湿度，然后才被正式引入居室。这种"空调"和喀纳特一样，是一种朴素而富于想象力的"绿洲技术"。

伊朗的园林艺术在欧洲享有盛名，其风格特点是建有带围墙的小院，瓷砖铺地，设有水池和喷泉。建筑物玲珑雅致，艺术风格各异，装饰优美。这种园林艺术风格可追溯到巴比伦和亚述时代。伊朗的历代帝王们在建造自己的宫廷时，也都广植花草树木，建成花园式的宫廷院落。这种建筑风格最早传至西班牙，以后传到欧洲一些国家。十字军远征时，发现了埃及、巴比伦和波斯的园林艺术，这些将士回国后，把这种园林模式带回到自己的国家。拜占庭时期一些黑海沿岸的园林的修建，都吸收和模仿了东方园林艺术风格。

◆ "精通多学科"的世界著名医学家阿维森纳

艾布·阿里·侯赛因·伊本·西拿（980—1037年），拉丁名阿维森纳（Avicenna），波斯哲学家、医学家、自然科学家、文学家。生于布哈拉城附近的哈梅森（在今乌兹别克斯坦）。青年时任宫廷御医；20岁时，因王朝覆灭而迁居花刺子模；后移居哈马丹（在今伊朗），1037年6月卒于哈马丹。1952年，在他的墓地建造了一个巨大的陵园。同时还建了一个图书馆和小型博物馆，藏书将近8000册。

阿维森纳是举世闻名的科学家。他自幼受到良好教育，博学多才，能背诵全部《古兰经》，被称为"精通多学科"的科学家。其学术领域主要涉及医学、哲学、文艺、数学及其他自然科学领域。他反对当时盛行的占星术的谬论，坚决否定炼金术士宣扬的关于金属演变的说法。医学上，丰

阿维森纳像

位于哈马丹的阿维森纳墓

富了内科知识，重视解剖，一生著述很多，其中最著名的有《医典》，后被译成拉丁文及欧洲其他文字多次出版，被长期传播和引用，成为医药学的经典。该书是百科全书式的文献，其中的药物学部分介绍了760多种药物的性能和用途。书中有大量化学方面的知识和论述，包括作者对矿物组成和金属组成的看法。他把矿物划分为岩石、可熔物、硫和盐四类；认为金属由硫、汞及决定金属本质的其他成分组成，汞是金属的精英，硫使金属外观有可变性。主要著作还有《治疗论》《知识论》等。

◆波斯细密画

细密画（miniature）是波斯（现今伊朗一带）艺术的重要门类，始于《古兰经》的边饰图案，主要用作书籍的插图及封面和扉页上的装饰图案。这种艺术品的主要功能就是通过图画对书籍内容进行阐述，将艺术语言和诗歌语言二者完美结合。随着时代的变化，有的画在羊皮纸上，有的画在纸上，也有的画在书籍封面的象牙板或木板上，形式不一。多数采用矿物质颜料绘制，甚至把珍珠、蓝宝石磨成粉当颜料。

埃及新王朝（前16世纪）法老陪葬品中曾发现过插图卷物，人们认为这是最早的细密画。以后细密画曾在希腊和罗马广泛流行，但留存下来的实物很少。它在帖木儿王朝（约1369—1500年）达到鼎盛，18世纪后因欧洲殖民者入侵而几乎消亡。目前世界各国博物馆、图书馆、私人收藏的细密画绝大多数是拜占庭、波斯、加洛林、奥托、尼德兰的手抄和小型木板蛋胶画。

伊朗是世界细密画艺术中心之一。现代伊朗细密画的主题和流派反映了民族的审美价值和宗教思想，内容和构图是波斯细密画的基本元素。值得注意的是，波斯"压条法"的绘画技术创造了一种空间感，产生一种三维立体的视觉效应，能让读者排除画中其他事物的干扰，而将注意力集中到主要画面上。除此之外，细密画艺术家还因他们对色彩的适当和微妙运用而出名。

目前伊朗现代艺术的中心是伊斯法罕。这里每年要举行各种节日庆祝和应用艺术展，细密画也被列入其中。除此之外，这里还诞生了许多细密画名

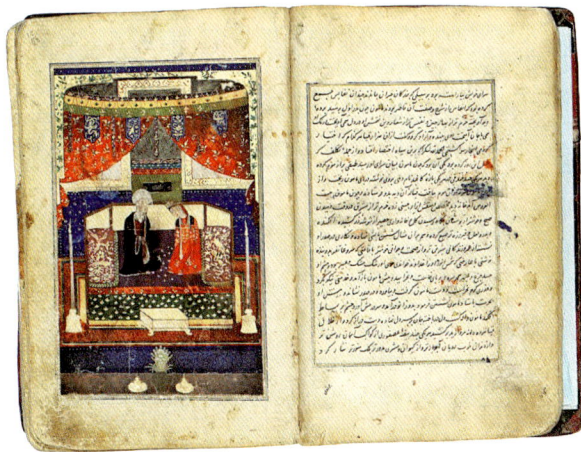

书籍中的波斯细密画

波斯细密画

著，可以装饰世界最好的画廊。许多妇女从事细密画绘画，她们的作品在国内外参加展览，一些杰作被纳入世界艺术收藏品中。

◆波斯地毯是伊朗民族艺术的至尊

去伊朗，要购买什么？答案是地毯、开心果和藏红花。在新疆、北京，也有波斯地毯出售，但价格比较昂贵。

伊朗是世界地毯编织艺术的发源地。闻名于世的德黑兰古堡式地毯博物馆，珍藏着从各地收集的16世纪至20世纪的珍贵地毯5000余件。由于室内保持20度的衡温和适宜的湿度，使地毯色泽始终鲜艳夺目。

伊朗的地毯编织业有着悠久的历史，它和中国、印度三足鼎立，在世界手工艺生产和制作领域享有盛誉。萨法维王朝时期（1499—1722年）是波斯地毯的高峰时期，而该王朝的鼎盛时期是阿巴斯一世（1587—1629年）的时候，

波斯地毯的制作

价值不菲的波斯地毯

地毯上多次出现阿巴斯的形象。

　　目前伊朗最重要的地毯编制区有阿塞拜疆、伊斯法罕、卡尚、霍拉桑、库尔德斯坦、阿拉克、克尔曼、法尔斯、巴赫蒂亚里、土库曼、萨哈尔等地区。在土耳其阿纳图利发现的一块地毯残片是属于伊朗公元前6000年的织品。1949年俄罗斯考古学家卢达内库在西伯利亚南部阿尔泰地区的比阿斯克发现的"帕席利克地毯"，其图案在伊朗其他地区如波斯波利斯遗址文物中也曾见过，权威专家认为这是产于伊朗的编织物，属于公元前500年波斯帝国阿契美尼德王朝时期的产品，据考查这是萨卡伊王子赠送给帕席利克统帅的礼物。人们普遍认为，纹路细腻、图案清晰、做工讲究的波斯地毯是伊朗民族艺术的至尊。在1998年的伊朗地毯博览会上，英国王室定制了十多块漂亮的丝毯，以纪念黛安娜王妃遇难一周年。每年举行的"德黑兰国际博览会"已经成为介绍伊朗工业、科技、文化和地毯编织艺术的重要窗口。

◆波斯的诗歌之都：设拉子

设拉子是伊朗南部省份法尔斯的首府，法尔斯省是波斯民族的发祥地，古称"巴尔斯"。它位于高山之中的一个葱翠宜人的山谷里，靠近马哈尔罗湖。由于海拔的原因（1600米），设拉子的气候终年温和适中。每逢诺鲁兹节(伊朗的民族节日，每年公历3月21日)，设拉子成为花的海洋，一片姹紫嫣红，整座城都散发着醉人的花香。

设拉子人热情好客、充满激情，公园里充满赏心悦目的树木，全城街道均是绿树林荫道；人们都喜欢在闲暇时光信步于这美丽的环境中。在诗歌中生活的设拉子市民总是骄傲地以"诗人故乡"来称呼自己的城市。因为，以《果园》和《蔷薇园》等流芳千古的诗歌而著称的诗人萨迪、伊朗最伟大的抒情诗大师哈菲兹，都诞生并安息在设拉子，这里曾经是波斯帝国的中心。这两位诗人之于波斯，犹如李白和杜甫之于中国。哈菲兹的著名诗歌集《哈菲兹抒情集》，整部诗集都洋溢着对个人精神自由的执着追求，这是哈菲兹诗歌的魅力所在。

设拉子

驻足于设拉子城北的萨迪陵园的入口处，你第一眼看到的是镌刻在大门上的诗句：

> 设拉子萨迪的土地，
> 散发着爱的芳馨。
> 即便他离世千载，
> 你仍将这大地亲吻。

这个时刻在我的记忆中永远不会忘记，那是2005年春季，我应邀赴伊朗参加第二届伊朗学国际学术会议，会后前往设拉子参加纪念萨迪活动。当时法尔斯省政府官员、诗人和文学研究者发表了纪念萨迪的演说，一个民族乐队的歌手和乐手表演了美妙的民族音乐。这天晚上前来参加活动的市民扶老携幼，广场上人潮涌动，在萨迪墓前坐着里三层外三层的人阵，静静地聆听讲演。这里不愧是诗人的故乡，文化氛围如此之浓，令人感动。

哈菲兹庭园位于设拉子城的东北部。在操波斯语者的心目中，这位伟大的抒情诗人享有出众的声望和巨大的吸引力，这一切使他的墓地成为大众对他表示崇敬的追念之地。

现存的陵墓位于一座漂亮的花园里，建于1936—1938年。一段石阶将人领入诗人的墓地。墓地上有两列柱廊相交，墓顶上有一釉砖砌成的圆形穹顶，

哈菲兹像

该圆形穹顶形如达尔维希（苦行僧）的帽子。圆顶内饰有精美的镶嵌细工图案的彩陶装饰。雪花石膏做成的墓石以及柱廊里的四根中央柱子可追溯至卡里姆汗曾德的统治时代。他的遗体停放在墓地中心的八角亭里，墓石上精美地镌刻了哈菲兹的两首抒情诗。前来谒墓的人们接踵而至，络绎不绝。石碑四周围着许多人，有人手按石碑，默默地诵经悼念诗人；有人手捧哈菲兹诗集，小声地吟诵诗句，他们正在从哈菲兹的诗中寻找解除自己在人生旅途上

哈菲兹陵墓

所遇见的各种疑惑的答案。有的参观者在此仍能占卜，就像多少世纪以来一直在此流行的那样（波斯语称"法尔"），你可信手翻至哈菲兹著作选的任何一页，以供占卜时诠释其义。

在伊朗人的心目中，哈菲兹诗歌的影响仅次于《古兰经》，他已成为伊朗人的精神导师，人们通过读他的诗净化心灵、升华灵魂。

哈菲兹一生共留下五百多首诗。他的诗对封建专制和宗教偏见进行揭露和嘲讽，对人民寄予深厚的同情。他咏叹春天、鲜花、美酒和爱情，呼唤自由、公正和美好的新生活，感情真挚、联想丰富、寓意深刻、富有哲理，充满浪漫主义精神，被公认为波斯抒情诗的高峰。

七、波斯湾：伊朗石油与水上要道

对于伊朗的经济来说，波斯湾占有重要的地位，因为自南方还没有出现国家时起，伊朗就控制着波斯湾这个重要的水运要道。波斯湾是战略要地，它是科威特、卡塔尔、阿拉伯联合酋长国、沙特阿拉伯、阿曼和伊拉克等海湾国家向世界输送石油的重要通道。现在，波斯湾一部分的水域位于伊朗的境内，那里是伊朗的主要储油地，人们投巨资用以开发海床下的石油资源。

◆ 伊朗石油资源的命脉：波斯湾

伊朗的政策规定资源开采是国家的重要工程。波斯湾石油资源和天然

从卫星上俯瞰波斯湾

气的开采，是伊朗国家收入的重要来源。

伊朗有很多石油天然气勘探和开采项目工程，比如亚达瓦兰油田、阿扎德干油田、北帕尔斯和南帕尔斯的天然气田，这些地区都对外资很有吸引力。同时，里海的石油开采也是伊朗政府近几年来考虑的计划，有一些国家已经开始了在里海的石油开采活动。

对里海石油的开采，伊朗所面临的问题是无法通过沿海国家到达国际市场。在这样的情况下，政府已经提议近些年建设两个项目以解决该问题：Baku-Cihan和土库曼斯坦—伊朗的两条输油管道，以使现有的石油资源可以输往消费市场。作为里海区域最主要的石油开采国，俄罗斯曾说过，莫斯科很重视通过伊朗来输送地区石油。目前伊朗有六个工业自由贸易区，包括基什、格什姆、查赫巴哈尔、阿尔万德、阿拉斯和恩泽利自由区。

◆最美的歇息之地：基什岛

波斯湾有着漫长的海岸线，在过去的时间里，人们似乎遗忘了这个美丽的度假之地。目前随着波斯

Bahregan区石油出口

Kharg岛上的石油出口设施

Lavan炼油厂

伊朗北部城市Neka的石油码头

湾海岸公路、铁路交通的日益发达，飞机航线的增多，人们开始揭开这个最美歇息地的面纱。基什岛位于伊朗大陆南端，地处波斯湾霍尔木兹海峡西口，区位优势明显，离阿波斯港300千米。岛上气候温和宜人，年平均温度27℃。

踏上基什岛，你会因为它与大陆本土如此鲜明的差异而惊叹。在这里，几乎所有的东西都以英文标明，使游客倍感方便。基什岛上的现代雕塑很有特点，无论是街心环岛，还是海边都可以看到。因其良好的海域条件和盛产珍珠，更加吸引游人。据传，马可·波罗在访问中国的时候，被中国皇宫中佳丽美女的精美首饰所倾倒，这些首饰上的珍珠就来自基什岛。基什岛上的喀纳特建于2500年前，主要目的是为了岛上的居民收集、净化和存储淡水。由于该岛地处干旱气候区域，这些"地下长城"是岛上居民赖以生存的基础。看到基什岛喀纳特工程的宏大场面，令人赞叹不已，它体现了古代波斯人的聪明智慧。现在基什岛的喀纳特已经停止使用，被现代的水利工程所代替，但这个古老的系统仍然保留在历史的长河中，给人以启示。

◆波斯湾风景秀丽的格什姆岛
马可·波罗曾经提到过这个岛屿，而达·伽马则更是以美妙的文笔描绘

基什岛风光

基什岛喀纳特

过这里。格什姆岛是中东地区众多岛屿中最大的一个，有两个新加坡大。岛上多山，岸边为礁岩，村落散落其间。它离阿巴斯港22千米，很少为旅游者所知。

葡萄牙人曾在占领霍尔木兹海峡期间在岛的东部建过城堡，后来这个岛还分别被荷兰、法国、德国和英国占领和统治过，直到第一次世界大战结束之后主权才被伊朗收回。葡萄牙人留下的城堡、管道系统和火炮等遗迹至今还可以见到。

格什姆市在岛的东北端，岛上还有一个名叫达勒格罕的城市，在格什姆市以西22千米处，那儿还有一座专门接待来此猎奇的旅游者的宾馆。岛上山峦起伏，形成颇有特色的坡度，是岛上颇具特色的风景线。

岛的南部有沙质良好的沙滩，风景秀美。格什姆岛上的人大部分靠捕鱼、航海和贸易生活。在这里，很少像在伊朗其他城市一样看到到处都是的

清真寺，你可以充分地享受波斯湾的风光，来点儿波斯湾鱼子酱，在海风中
欢畅。

格什姆岛风光

◆蓝色的港湾阿巴斯港

阿巴斯港是霍尔木兹甘省的省会，是将波斯湾与阿曼海连接在一起的重要的港口城市。阿巴斯港与位于波斯湾及阿曼海上的其他港口城市比较起来，是最大和设备最先进的港口，具有重要战略意义。这里的夏季炎热潮湿，冬季气候宜人，非常适宜旅游。据说，生活富裕的伊朗人都选择在冬天来此度假，享受南部的沙滩与阳光。

当地居民的生活主要依靠渔业收入，有些人仍使用传统的网捞方式。阿巴斯港也有许多著名的古遗迹，比如阿巴斯港的旧浴室、印度塔和清真寺等，虽然不像波斯波利斯那样令人震撼，但也别有一番风情，尤其是阿巴斯

阿巴斯港

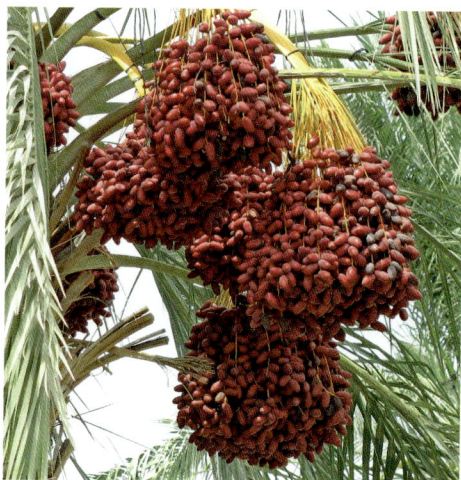
海枣

港的海枣，不但国内有名，而且驰名海外。

◆波斯湾霍尔木兹岛

如果你看地图的话，就会发现霍尔木兹岛处在阿曼海和波斯湾入口位置，这使得这个海岛具有了重要的战略地位。早在16世纪初葡萄牙便攫取了这个海岛，这里成为葡萄牙和阿拉伯地区贸易的货物集散地。

阿巴斯国王后来将这个小港口更名为班达尔·阿巴斯，也就是阿巴斯港。站在霍尔木兹，可眺望阿巴斯港。

霍尔木兹岛上的葡萄牙城堡遗址

　　我陶醉在阿巴斯国王和霍尔木兹的传奇故事中，几乎忘了霍尔木兹最为著名的一个景点：葡萄牙城堡。这个城堡无疑是属于殖民时期的作品，和葡萄牙殖民者有着千丝万缕的联系。葡萄牙城堡建在北部尽头的岩岬上，城堡是由微红色的石块和土建成的。城堡的顶部在很早以前就已经塌陷了，但是外墙的大部分实体还都完好。城堡由壕沟和岛上其他部分分隔开来，现在仍有遗迹可寻。目前它已成为整个波斯湾最繁荣的港口城市。

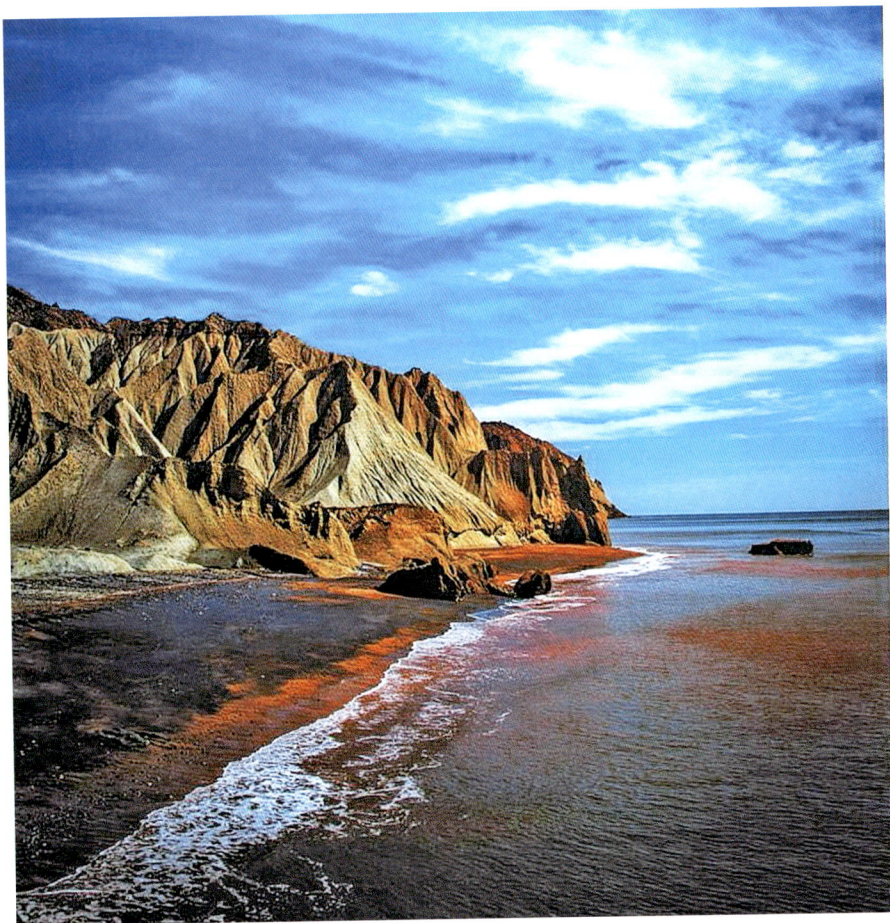

色彩斑斓的霍尔木兹岛

八、影响世界文明的波斯著名诗人和经典著作

在波斯文学史上，11世纪的菲尔多西，13世纪的萨迪、莫拉维和14世纪的哈菲兹被誉为伊朗文坛的"四大支柱"。几百年来，他们的作品在世界广泛传播，丰富了世界文学宝库，受到恩格斯、黑格尔、歌德、车尔尼雪夫斯基、尼采以及我国著名学者郑振铎等人的高度赞誉。

◆菲尔多西与他的《王书》

菲尔多西（940—1020年）在国际学术界和联合国早已被公认为是"东方的荷马""复活了伊朗文化与语言的代言人"，世界五大杰出诗人之一（其他四位是荷马、但丁、莎士比亚与歌德）。菲尔多西的英雄史诗《王书》（一译《列王纪》），既是东方文化中最重要的古典作品之一，同时也是世界文学宝库中的珍品，迄今已有多达四十余种语言译本，千百年来在东西方产生了深远的影响。

菲尔多西940年生于马什哈德附近的图斯市菲尔多斯一个没落贵族家庭，早年受过良好的宗教和文化教育，通晓古波斯语和阿拉伯语，曾对波斯历史和文学古籍进行过深入研究，熟知波斯故事和民间传说故事。他花了30年时间写成共有6万对句的《王书》。这部书最早由伊朗著名诗人达吉基所写，但他只写了1000行便与世长辞了；而后，菲尔多西完成了这部描述直至萨珊王朝结束前的伊朗历史的长篇史诗。

《王书》是一部光照千秋的伊朗民族英雄史诗巨著，主要叙述了波斯古代王朝的武功和民族英雄的丰功伟绩。许多故事和篇章可歌可泣，震撼心灵，至今在民间广为流传，经久不衰，成为世代鼓舞人们的巨大精神力量的源泉。全书共60000个联句，即120000行，卷帙

菲尔多西雕像

浩繁，气势磅礴；塑造了卡维和鲁斯塔姆等栩栩如生、英勇不屈、反抗强暴的英雄形象，充满了爱国主义和英雄主义内涵。其核心故事是描写伊朗著名英雄鲁斯坦姆与突朗英雄苏赫拉布的生死搏斗，主要反映了属敌双方不相识的父子互相残杀的主题。因史诗中会集了波斯历史上四千多年间流传在民间的神话、传说和故事，因而颇受人民的喜爱。它和中国世人皆知的薛仁贵与薛丁山父子相残的故事有颇多相似之处，很有意趣。

《王书》分三个组成部分，即神话篇、勇士篇和历史故事篇。神话篇描述的是伊朗古代历史的发展，文明的轨迹，正义与邪恶的斗争，铁匠卡维率众起义反抗暴君佐哈克的故事。勇士篇则是描写伊朗与敌国突朗交战的故事，塑造了鲁斯塔姆这一光辉的英雄形象。历史故事篇主要是讲述公元224—651年萨珊王朝的故事。诗人笔下所描写的事件和人物并非完全是真实的历史，但却展现了一幅壮阔的历史画面。《王书》中核心的部分是四大悲剧故事，即伊拉治悲剧、苏赫拉布悲剧、希亚乌什悲剧和埃斯凡迪亚尔悲剧。

《王书》是现代波斯语的奠基之作，在波斯语言文学发展史上具有划时代的意义。书中大量优美生动、充满哲理的警句、格言已成为后人宝贵的精神财富。

《王书》于18世纪以后逐渐为世界所认识，受到各国著名学者、诗人的高度赞赏和评价，并相继被译成英、德、法、俄、意、拉丁等多种语言文字。俄国杰出的民主主义者车尔尼雪夫斯基（1828—1889年）称赞菲尔多西是与弥尔顿、莎士比亚、薄伽丘、但丁并列的"第一流诗人"。他说："在《王书》中有许多章节，它们的优美甚至在《伊里亚特》和《奥德赛》里都找不到。"德国大诗人歌德也十分推崇菲尔多西，并在《西东诗集》中专门写有一首诗，题名为《菲尔多西》。俄国文学家茹科夫斯基（1783—1852年）和英国著名诗人阿诺德（1822—1888年）曾选取《王书》中英雄人物鲁斯塔姆的故事创作了各自语言的叙事长诗。1934年纪念菲尔多西诞辰一千周年时，图斯市重新为诗人建立了陵墓。

我国文学界早在20世纪30年代就开始认识菲尔多西，著名文学家郑振铎在1927年所写的《文学大纲》一书中对《王书》做了详细论述，并给予高度评价。他称菲尔多西"诗名极高","如希腊之荷马一样",他的诗"许多情节是非常美丽的,其描写功力之伟大与韵律之和谐没有一个诗人比得上他"。1934年,伊朗为菲尔多西千年祭曾召开国际学术研讨会,我国《文学》杂志发表纪念文章,并翻译了一篇《王书》中的故事。1936年,我国诗人朱湘的译作《番石榴集》中就含有他从英文翻译的《列王纪》中勇士鲁斯塔姆和苏赫拉布的故事。1964年我国上海文艺出版社出版了由潘庆舲从俄文翻译的《王书》中的《鲁斯塔姆与苏赫拉布》。1994年,人民文学出版社出版了张鸿年由波斯文翻译的《列王纪选》,介绍了书中四大悲剧。1998年,伊朗总统哈塔米在联合国大会发言中提到:"伟大诗人菲尔多西描写了众多伊朗神话传说,从而展现了在历史进程中岿然不动的伟大的伊朗民族精神。"2001年,由我国学者张鸿年和宋丕方翻译的《列王纪全集》由湖南文艺出版社出版。截至目前,菲尔多西《王书》各种外文译本约有40种。

◆走近萨迪和他的《果园》《真境花园》

萨迪(1209—1291年)是蜚声世界的伊朗中世纪(13世纪)著名诗人。他一生著述有20余种,保存下来的抒情诗约600多首,被誉为"波斯古典文坛最伟大的人物"。他的作品风格几百年来一直是波斯文学的典范,不仅在伊朗广泛传播,而且已被译成多种文字在国外流传。早在20世纪50年代他就被联合国教科文组织列为世界文化名人。其代表作《果园》(1257年)和《真境花园》(一译《蔷薇园》,1258年),以其深刻的思想意蕴、成功的艺术形象塑造以及语言艺术的独特成就,成为当之无愧的世界古代文学艺术精品,是一部"智慧和力量的教科书"。伊朗当代学者拉兹姆米·托拉比等指出:《果园》与《真境花园》的不同在于《真境花园》是一幅现实世界的画图,其中充满了对人世间美与丑、光明与黑暗、堕落与灾难的描绘;而《果园》则是萨迪对理想世界向往的产物,是对善良、纯洁、正义和光明的礼赞与企盼,也是诗人丰富坎坷的人生经历和深刻感悟的升华。美国著名作家爱默生早在19世纪在评价萨迪时就指出:"萨迪是在同世界所有民族的人们对话,他的作品像莎士比亚、塞万提斯、蒙田的作品一样永不过时,万古长青。"

萨迪像

如今伊朗政府将每年的4月21日命名为萨迪日。近年来，先后在伊朗的设拉子和其他城市，以及世界其他国家均举行纪念伟大诗人萨迪的学术研讨会。届时，伊朗国内外专家、学者、教授欢聚一堂，就伟大诗人萨迪的人格、思想，信仰和诗作的风格等进行全面的研究。今天，除了在萨迪的故乡设拉子外，还在德黑兰、伊斯法罕、马什哈德、大不里士以及其他国家如法国、意大利、日本等同时举行纪念伟大诗人萨迪的专门仪式。

的确，萨迪是继菲尔多西之后，波斯文坛上闪闪发光的一颗灿烂的明星。萨迪的诗作为社会、道德、政治文化开拓了更加广阔的天际。萨迪为后人绘制的幸福蓝图随着时间的推移变得更加明确和博大精深。随着人类社会的不断向前发展，萨迪所绘制的理想国蓝图一定能够得以实现。

对于萨迪，我们只有在他诗作的字里行间才能真正地寻找和认识。《果园》是一部哲理性的叙事长诗，共分10个篇章，160个故事，包括序诗、正义与治世之道、行善、真正的爱情与激情、谦逊、乐天知命、知足常乐、论教育、感恩、忏悔与出道、向主祈祷与结束语。诗人在这部作品中灌注了对劳动人民的深厚同情和爱心，充满了对善良、纯洁和理想世界的企盼与追求，闪耀着人道主义光辉。"亚当子孙皆兄弟，兄弟犹如手足亲"是诗人崇高的仁慈心灵的体现。《蔷薇园》是一部散文韵文诗集，共分8章：记帝王言行、记僧侣美德、论知足常乐、论寡言、论青春与爱情、论年老衰败、论教育之功效、论交往之道，共含171个故事。每个篇章多以韵文开始，中间夹有短诗。在这两部著作中，从帝王僧侣到平民百姓都成为诗人描写的对象，揭示了社会的种种阴暗和不公，弘扬与歌颂了人间的真善美。其所体现的深刻思想内涵和大量格言、警句是为后人留下的一份宝贵精神财富，是波斯文学的精品和文苑的奇葩。

在《果园》和《蔷薇园》这两部诗作中，萨迪以一个倡导自由的哲人和社会改良家的形象展现在人们面前。他教导人们起来反对社会不公正现象，并遵从人性价值。

> 我遍游了世界的远方
> 我见识了各种各样的人
> 从每个角落和粮仓
> 我吸收了宝贵的滋养。
> 对祖国纯洁大地的爱情和友谊
> 使我不能在这里呆长
> 即使是在罗马和叙利亚
> 我也经常怀念起远方的故乡。

萨迪是一位饱经沧桑的人，他的脚步曾遍布中国的长城之外和直布罗陀海峡沿岸。萨迪游历了世界许多名山大川，获得了丰富的人生阅历，这为他的诗歌创作提供了无数宝贵的素材。萨迪的《蔷薇园》讲述了许多妙趣横生的精彩故事和他周游四方的所见所闻。在萨迪看来，他的《蔷薇园》是不会因风吹雨打或四季变化而枯萎的园圃，是一个四季常青的"真境花园"。

《蔷薇园》是每一个时代人们世俗生活的典型写照，《蔷薇园》将人类世俗生活中的善恶、美丑描述得淋漓尽致、栩栩如生。萨迪将一个原本的人和世界完全展示在人们的面前。

萨迪在他的诗歌创作中并没有只反映他的那个时代的黑暗和人们的不幸，而是作为一个社会改良家和具有丰富阅历、饱经沧桑的哲人阐述和揭露了人世间的痛苦和黑暗，并指引人们正确的生活道路。《蔷薇园》问世700多年以来，它不但保留了在文学和历史方面的价值，成为人们喜爱的不朽之作，而且成为世界文学宝库不朽的珍品，也使萨迪具有了世界性的荣誉。早在萨迪生前，《蔷薇园》就被译为阿拉伯语，并从阿拉伯语转译成了土耳其语、乌尔都语及蒙古语。从17世纪中叶开始，先后被译成法文、德文、拉丁文、荷兰文、英文、俄文等各种不同文字，从而成为欧洲翻译最早的东方文学名著之一。

《蔷薇园》伊朗原文传入我国的最早时间，可追溯到元代。译为汉文的最早版本是1947年回族宗教学者王静斋的译本，书名《真境花园》。译者评价萨迪的作品"笔调新颖、亦庄亦谐"，称其为波斯"四大文豪之一"。1957年《译文》8月号介绍了萨迪小传，选载了《蔷薇园》中的15节故事。1958年世界和平理事会隆重纪念萨迪等四大文化名人，同年人民文学出版社出版了水建馥从英文本转译的这部名著，书名为《蔷薇园》。同年，我国文学界召开了纪念大会，著名学者郑振铎作主题发言。他指出："萨迪是一位伟大的人道主义思想的传播者。"1984年，我国翻译家水建馥和张鸿年教授应邀参加伊朗政府和联合国教科文组织联合举办的纪念萨迪诞辰800周年国际学术研讨会，并向大会提交了论文《萨迪在中国》，探讨了萨迪与孔子的相似之处，引起了与会者的广泛兴趣。进入21世纪，萨迪的《蔷薇园》被宁夏宗教学者杨万宝阿訇译为《真境花园》，由宁夏人民出版社2000年1月正式出版发行。继之，北京大学著名学者张鸿年教授将《蔷薇园》和《果园》由波斯文译成中文，并由湖南文艺出版社出版。2007年4月著名波斯语专家张晖首次将《果园》中的诗歌翻译为散文形式，由宁夏人民出版社正式出版发行。张鸿年教授在评价诗人时指出，萨迪的政治理想与孔子的社会观点有许多相似之处，这两位东方文化代表人物虽生活在不同时代和不同国度，但他们都有一颗热爱人民的心，都强调人的价值与尊严，提倡仁政、仁爱，反对暴政、压迫，都强调知识的重要意义，都提倡"己所不欲，勿施于人"的原则。

由此可见，《蔷薇园》在我国的传播，历史是悠久的，其影响远远超过了伊朗的国界。它对"信仰伊斯兰教各族人民精神上的陶冶、道义上的阐扬、哲理上的辨析"无疑会起到积极作用。

◆莫拉维·贾拉鲁丁·鲁米《玛斯那维》与《爱的盛宴》

波斯苏菲学派莫拉维教派奠基人、集诗人和神秘主义者于一身的莫拉维·贾拉鲁丁·鲁米（Molana Jalaluddin Rumi）先生离开人世已8个世纪，然而，对于当今那些对真理、自由和爱仍怀有真诚信念的人来说，他无疑仍具有强烈的吸引力和永恒的魅力。鲁米的苏菲思想和诗歌已深深凝固在人类精神的活的雕塑（mobile）上，成为现代伊朗文化的精神支柱之一。黑格尔、柯勒律支、歌德、伦伯朗、教皇约翰二十二世等人都熟读过鲁米的著作，或者接受了鲁米诗歌思想的深刻影响，曾对鲁米给予了高度的赞誉和评价。在当代，随着20世纪60年代在美国兴起的新时代运动（the Newage Movement）盛兴，西方人重新又把目光投向古代、投向东方，寻求一切可能满足他们心灵渴望和精神追求的歇息地。鲁米令人难以置信地成为当代美国最受欢迎的心灵诗人（poet of heart），一本收录了他代表作的《玛斯那维》（Mathnawi）英译诗集在美国销量达到50万册。他的诗歌被重新谱曲并演唱，成为登上音乐排行榜的畅销音乐。甚至苏菲们的旋转舞，也被吸收成为现代舞的舞蹈语言。一位西方读者写道："我很奇怪，为何数百年前的鲁米能够直指我今天的生活，他在我的精神之旅上与我对谈。"

　　莫拉维（1207—1273年）是伊朗一位在民众中有着广泛影响的诗人，这与人们的宗教感情密切相关。中世纪的伊朗几乎一直处于异族的统治之下，可谓命运多舛。连年的战乱，统治阶级的骄奢淫逸，使伊朗人民深切感受到现实的痛苦和无比的愤懑，这便是浓厚的带有出世色彩的神秘主义思潮流行的历史背景。他的作品语言朴实优美，想象丰富，哲理性强，被誉为伊朗文学史上四大支柱之一。其主要作品是长篇叙事诗《玛斯纳维》，共分6卷，是诗人用十几年的时间创作而成的。在这部长篇叙事诗中汇集了大量流行的民间故事和神话传说，凝聚了诗人深厚的知识积累和智慧，借以阐明人生的哲理，被喻为"知识的海洋"，尤其被穆斯林和苏菲主义教派奉为经典。莫拉维在神学和文学方面均有较深的造诣，他是从一名虔诚的教徒和宗教领袖成为一名苏菲主义诗人的。他的诗带有较浓厚的神秘主义

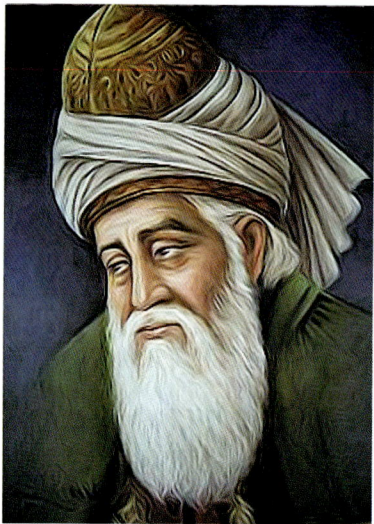

莫拉维·贾拉鲁丁·鲁米像

色彩，提倡以宗教思想为指导，净化心灵，返璞归真，劝诫人们与人为善，和睦相处，摒弃任何贪婪、虚伪和奸诈。他的名言是"共同语言体现共同心声，同心同德又胜过共同语言"，可见诗人追求的是人类崇高的和谐境界。

作为与菲尔多西、萨迪、哈菲兹齐名，有波斯"诗坛四柱"之称的莫拉维，这位13世纪的苏菲诗人的诗歌为什么依然能够唤起现代人的巨大共鸣？笔者认为主要原因是：在莫拉维苏菲哲学精神和诗歌中，既囊括了他那个时代人类在日益丰富的社会生活实践中所取得的优秀成果，也凝聚了波斯伊斯兰文化自发轫以来的一切理智生活的智慧结晶。在莫拉维这里，既有将他引入神秘主义之门的大不里士的沙姆士（Shamsi of Tabriz）的思想启迪，更有被称为"教中之教"的伊斯兰教神秘教派苏菲学派思想的深层熏陶。用莫拉维自己的话来说："我从人类身上看到了从前认为只有在真主身上才有的东西。"然而，历史和文化的氛围仅仅是一种条件，莫拉维诗歌的诞生同时也是一次伟大天才的聪慧闪光，它本身经历了一个长期孕育、艰难生长以至瓜熟蒂落的发展过程。最终形成了以世界的知识为基础，以人的自由、发展和仁爱为主旨的人类永恒不变的主题：爱情、生命、死亡；对真主的爱，以及与真主合一是莫拉维诗歌尤具特色的主题。它浑然一体，又自成章法，经天纬地，又通明透亮。集真善美体系之大成，驰骛于外在宇宙而返回于内在宇宙，既呈现了一幅壮观的自然之图，也贡献了一帧深邃的心灵之画。

我们也可以从莫拉维诗歌本身来看，他的早期抒情诗集《沙姆士·大不里士诗歌集》收录了3230首抒情诗，共计35000诗行。诗中运用隐喻、暗示和象征等艺术手法，通过对"心上人""朋友"的思念、爱恋和追求，表达修道者对真主的虔诚和信仰，阐发了"人神合一"的苏菲之道。诗歌巨作——叙事诗集《玛斯那维》（Mathnawi），共6卷，5100余行。被誉为"波斯语的《古兰经》"。诗集取材广泛，内容异常丰富，以寓言、传奇和故事的形式传达了神秘的苏菲教派的哲学和宗教思想，被誉为"知识的海洋"。他的《讲道集》和《书信集》即使对于一个无神论者，也能触发和唤起内心的某种情感体验。莫拉维不仅是一个伟大的诗人，而且是一个伟大的精神大师。他的诗歌、音乐、美酒、让人眩晕的舞蹈、爱者和被爱者，当所有这一切相聚，注定会是一场爱的盛宴!

莫拉维研究在中国。1927年,中国著名文学家郑振铎在其巨著《文学大纲》第2册第15章"中世纪的波斯诗人"中,用50页的篇幅首次向中国读者系统介绍了一大批波斯古典诗人,其中关于"路来"(即莫拉维)的介绍首次出现。1958年,中国的人民文学出版社出版了宋兆霖根据苏联学者夫拉基米尔·杰尔若文的俄译本转译的《鲁米诗选》,这是莫拉维作品第一次被系统地翻译成汉语介绍到中国。该书选译的诗歌全部来自《玛斯那维》。1992年,何乃英编著的《伊朗古今名诗选评》一书中收录了张鸿年翻译的《国王与宫女》的故事片段,这是莫拉维的作品第一次直接从波斯语翻译为汉语在中国正式出版。1993年张鸿年出版了《波斯文学史》一书,该书的第8章专门介绍了波斯苏菲文学,其中对莫拉维的生平和作品进行了简要的介绍,同时还根据波斯文原文翻译了几段《玛斯那维》中的诗歌。而对《玛斯那维》一书全部翻译成汉语的工作,目前已由穆宏燕、元文琪、张晖、王一丹和宋丕方几位学者完成,与18卷本的《波斯经典文库》一并由湖南文艺出版社于2002年正式出版。该文库获得了东方文学研究界的广泛好评,2003年荣获中国第六届全国优秀外国文学图书一等奖、第六届中国国家图书奖荣誉奖,以及2003年伊朗第十届国家图书奖。

这里值得注意的是:《玛斯那维》的波斯文手抄本很早就在中国民间流传。新疆衣禅派还将《玛斯那维》的选段作为纪念迪克尔(zikr)的内容。《玛斯那维》"是中国苏菲派经堂教育中最流行的教本,是塔利格中的哈里发、阿訇和苏菲们的必修之书"。除了学者和翻译家以外,中国穆斯林翻译家也介绍过莫拉维的作品。中国著名回族作家张承志在其《波斯的礼物》一文中说:"对巨著《玛斯那维》的民间翻译,也在不止一所清真寺里进行。"例如:

> "一切的被爱者,俘走了恋人的心,
> 所有的恋人,都是情人的猎物。"
> "失魂丧魄,是因为爱恋者的无心,
> 所有的被恋者,是恋人的猎物。"

　　译文采用自由诗的形式，自然清新，优美流畅，尤其值得称道的是其中洋溢的盎然诗意，读起来朗朗上口，毫无译诗的生涩和隔膜之感。

　　目前中国对莫拉维及其作品的研究基本还处于起步阶段，所取得的成果大都出于对作品介绍和评述的层面上，代表性的成果主要有穆宏燕《西方出现鲁米热》（《外国文学评论》2002年第3期，第149–150页）、《穆拉维与〈玛斯那维〉》（《回族研究》2005年第2期，第50–54页），元文琪《穆拉维和他的〈玛斯那维〉》（《中华读书报》2003年4月23日"国际文化版"）。除介绍和评述以外，近年来对莫拉维的宗教哲学和苏菲哲理思想研究取得了一定的突破性成果的著作，代表性成果主要有王家瑛的《伊斯兰宗教哲学史》。在这部3卷本的著作中，作者用两章的篇幅对莫拉维的宗教哲学思想进行了研究。在该书第42章"贾拉勒丁·鲁米"中，他分析了莫拉维苏菲哲理中"流溢说"的特点，指出了"爱（对真主的爱）"在莫拉维思想中的重要地位，并对其思想体系中"灵魂""自我"要素的实质做出了阐释，最后得出结论："莫拉维以对真主的爱代替对真主的畏怖感，使爱居于伊斯兰宗教道德德行之首，这是他对伊斯兰教义学和宗教哲学的突出贡献。"在该书第43章"《麦施奈维》"（既《玛斯那维》）中，作者以莫拉维叙事诗中几则有代表性的故事为例，对莫拉维宗教哲理的几个不同特点进行了具体分析。作者所引用的诗句均直接翻译自波斯文原著。与此同时，中国社会科学院元文琪研究员从2001年就开始了有关波斯苏菲诗歌的专门研究，并以"真在完人灵魂：苏菲'诗经'《玛斯那维》研究"为课题，获得中国社会科学院科研基金的支持，结题时中国的苏菲文学研究，莫拉维研究将迎来一项具有里程碑性质的成果。

　　近年来，伊朗、美国、法国、英国、意大利等国对莫拉维的研究，无论在规模上和质量上都有显著的提高和发展。美国对莫拉维的兴趣似乎还处于高潮，莫拉维研究一直高涨不衰。显然，莫拉维诗歌已经突破了国界，走向了世界。这种情况仿佛显示出：东方和西方对莫拉维的研究，在经过几个世纪的沉寂、猜疑和惊愕之后，今天旋即掀起了一股飓风。2007年是莫拉维诞辰800周年，世界各国波斯文学界已陆续开始举办纪念性的学术研究讨论会和文化活动。2006年8月初在英国伦敦大学召开的"第六届国际伊朗学双年会"上，就专门设有一个关于莫拉维及其作品的主题"The World of Jalal al-Din Rumi"。来自不同国家的学者们共同探讨了莫拉维研究领域中的各种问题。他们的发言题目有"Time and Narrative in the Masnavi of Jalalal-Din Rumi""The Philosophical Fundamentals of Belief in the Mystical Poetry of Donne and Rumi""Some Hitherto Unknown or lesser Known nMss of the Commentaries of Maulana Rumi's Masnawi Ma'navi"等，内容涉及《玛斯那维》的叙事手法、对莫拉维作品与意大利诗人但丁神秘主义诗歌的比较、关于《玛斯那维》的各种注解本的研究，其中的一些论文研究角度非常富有新意。与此同时，2007年9月13～15日，伦敦的大英博物馆和伊朗遗产基金会也联合举办了一个纪念莫拉维诞辰800周年的国际学术研讨会，会议的题目是"Wondrous Words:The Poetic Mastery of Jalalal-Din Rumi"。2006年10月笔者应北京大学的邀请，参加了"莫拉维·贾拉鲁丁·鲁米研究在中国"的国际研讨会，并作题为"世界的鲁米 鲁米的世界"的主题发言。这种情况也仿佛显示，对莫拉维学说进行研究和重建的时代即将来临。因此，今天无论是时代的现状，还是莫拉维诗歌本身，都向我们提出了莫拉维的世界、世界的莫拉维研究任务。这就是在对莫拉维进行分析研究的同时，还要进行前瞻性的综合研究，向新的更广阔领域寻找包括文本和非文本形成的史料，全面整理有关史料，在重新考证、综合整理文献典籍和史料的基础上，重构历史的真实。

从这个意义讲，我们研究莫拉维，无论过去、现在和将来，对于增进人类的团结和友谊，对于促进世界和平、稳定和发展，无疑都有着不可忽视的现实意义。如果把莫拉维诗歌比喻成人类"诗歌王冠上的最璀璨的明珠"的话，那么《玛斯那维》则是波斯诗歌王冠上的一颗最璀璨的明珠。它像人类头上灿烂的星空一样，发出理性与智慧的思想光芒，令人心中永远充满赞叹和敬畏！

◆ 抒情诗大师哈菲兹

哈菲兹（1327—1390年）即"熟背《古兰经》的人"，本名沙穆斯

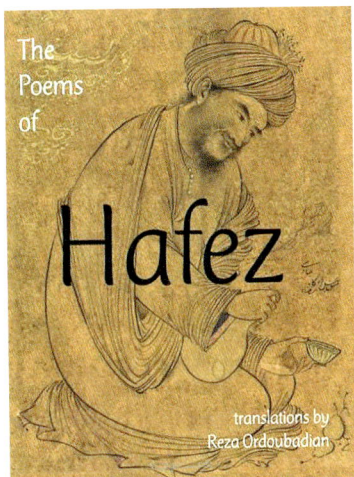

《哈菲兹诗集》封面

丁·穆罕默德，是伊朗14世纪最著名的诗人，被誉为"抒情诗大师"。在波斯文学史上，他的诗歌被认为是抒情诗发展的一个前无古人的高峰。他的《哈菲兹诗集》于1791年第一次正式出版，共包括570余首抒情诗及部分颂诗、鲁拜诗和短诗，并被译为多种文字在国外出版。在我国清真寺经堂教育中亦有流传和讲授。目前《哈菲兹诗集》是伊朗再版次数最多、发行量最大的一部文学作品。为纪念这位享誉世界文坛的大诗人，伊朗政府将每年10月12日定为"哈菲兹日"，并举行纪念或学术研讨活动。

　　哈菲兹的诗寓意深刻、感情炽热、格调明快、比兴新奇，充满浪漫主义色彩。他的诗没有连贯的情节，但却犹如串串晶莹的珍珠。爱情的主题贯穿着诗人大部分诗章，他的爱情诗具有更加广泛深刻的含义，无论现实人间的爱，还是神秘虚幻的爱，都是表达诗人对生活和自由追求的一种手段，是对人性解放的呼唤。诗人写道："我不曾听到过比爱的语言更加美好悦耳的声音，它是留给这大千世界的最为美好珍贵的纪念品。"他对鲜花、美酒、恋人、美女和爱情的描写和赞美常常笔下生花，兴趣盎然，给人一种美的享受。如："恋人啊，你走过的地方，弥漫着华夏麝香的芳香；你帽檐下的一角，是太阳下乘凉的地方。月亮骑着苍天这匹骏马，在万里碧空得意洋洋；心上人啊，快跨上你的骏马，让它羞惭得坠落在大地上。"

　　公元14世纪的伊朗，正是异族统治时期，内忧外患使伊朗经济文化都遭到严重破坏和摧残，诗人对当时的社会状况表示了强烈的愤懑："从南到北，由西到东，一片黑暗，鬼魅横行；但从太古到永恒，托钵僧啊法力无穷。快把酒杯斟满，我要主宰苍天；要像雄狮一样，把这老狼的套锁挣断。"哈菲兹站在社会底层人民一边，对他们寄予深切的同情。他诅咒那些封建权贵的"座座金山，堆堆银币""都不会青山常在"。诗人在描写自己改天换地的激情时，表现出了惊人的语言威力和浪漫主义色彩："我胸中埋藏着一座火山，那火山已把苍天点燃；太阳射出的万道金光，仅仅是这火势的一闪。来吧，让我们把鲜花抛撒，用酒杯把甘露斟满；把这苍天的穹顶掀开，绘出一幅崭新的图案。"诗人相信一切邪恶的势力终将被战胜，任何叱咤风云、骄横一世的人物只能得势于一时，花开花落，斗转星移，最终将被历史抛弃，成为过眼云烟。诗人写道："人世间的沧桑变幻，总是沿着正义的轨道旋转；来吧，尽情欢乐吧，暴君们永不会一切如愿。"

哈菲兹追求真善美，痛恨假恶丑，爱憎分明。许多诗篇告诫人们为人之道，不乏真知灼见，给后人留下珍贵启迪："欲知虔诚的路在何方，去问问玉洁冰清的心灵；你要领教什么是正直和自由，请去问问草原上的雪松。"诗人还告诫人们，世上的一切事物都是相对的，是相互依存转化的。"世上没有无刺的蔷薇""有光明就有黑暗""有欢乐就有痛苦""有相聚就有分离""有宝藏就有蟒蛇"，也就是"福兮祸兮相依"的辩证思想。

哈菲兹诗中，充满对社会上某些虚伪行径的抨击和鞭挞，有直言的揭露，也有隐晦的嘲讽。在诗人眼中，真主是纯洁、仁慈、善良的，而某些披着宗教外衣的伪君子则是长袖里"裹藏着污秽"。在许多诗篇中频频出现的那些"浪子""放荡汉""乞丐""流浪者""行路人""酒徒""疯子""狂恋者"，都成了洁身自好、安贫乐道、心地善良、追求人间真善美的化身。而诗人也把自己列入这样一个被人鄙视的群体。对于这类人，诗人常常极尽溢美之词，如"栖息在酒肆门前的人们，都是些自由的放荡汉；他们既为国王加冕，又能摘掉君主的皇冠"。

从那时迄今，哈菲兹的名字早已超越国界，他的抒情诗已被译成世界数十种文字，赢得了广泛的世界声誉。恩格斯说："放荡不羁的老哈菲兹的音调优美的诗作是十分令人快意的。"黑格尔称哈菲兹的诗"显示出精神的自由和最优美的风趣"。德国大诗人歌德则由衷地赞许哈菲兹："你是一艘鼓满了风帆的劈波斩浪的大船，而我不过是在海浪中上下颠簸的小舟。"他又写道："哈菲兹啊，我的愿望乃是做你信徒中唯一的信徒"；"如果有朝一日世界走到尽头，啊！天上的哈菲兹，我希望单独同你在一起，在你的身边。陪你畅饮，像你一样抒发爱情，因为这是我生活的骄傲，生命的源泉。"德国著名哲学家尼采对他更是推崇备至，他写道："啊，哈菲兹，你为何谈论那么多美酒和醉意？美酒和醉意是什么？你自己就是美酒，令世界陶醉，世界由于你的存在而陶醉。"哈菲兹的抒情诗也受到俄国诗人普希金、叶赛宁的喜爱。鲁迅先生临终前爱不释手的一幅画，就是俄罗斯版画家米哈依尔·比克夫为哈菲兹诗集俄文版画的一幅充满诗情画意的插图。

　　哈菲兹的诗歌以手抄本和民间艺人吟唱的方式广为流传。其诗集于1791年首次出版，从18世纪起，又相继被译成多种外国文字，在新中国成立前我国就有对其的零星介绍，1981年北京外国文学出版社出版了邢秉顺翻译的《哈菲兹抒情诗选》，后于1991年和1998年又两次再版，深受中国读者的喜爱。如今，《哈菲兹抒情诗全集》（上、下卷）已由湖南文艺出版社正式出版发行。收入《哈菲兹

哈菲兹墓

诗集》的这些诗歌珍品在艺术和内容上都堪称是波斯抒情诗的巅峰之作。

◆《古代波斯诸帝国》

本书讲述了由不同的波斯民族建立的三个波斯帝国——阿契美尼德王朝的波斯帝国、帕提亚人的波斯帝国和萨珊人的波斯帝国的历史、社会与文化生活。书中展示了波斯人在建筑和艺术上的天分，也探讨了世界上第一个一神崇拜的宗教琐罗亚斯德教的理念对后来发展起来的犹太教、基督教和伊斯兰教的影响。从中可以发现，波斯人建立了世界上第一个"超级大国"。三个波斯帝国的历史，至今仍然影响着当代世界的那个民族的历史。波斯人推动了国际象棋在欧亚大陆的流行。英语词汇中有许多源自波斯语的词根，诸如巴札（bazaar）、柑橘（orange）、柠檬（lemon）和睡裤（pajama）。波斯人的故乡中心在今伊朗西南部。在东方，波斯人的统治一直扩张到印度地区。

◆《卡布斯教诲录》

这是一部波斯古代社会的百科全书，一部"伊斯兰文明的百科全书"。

"一个人是否值得结交，人们都看两件事：其一便是当朋友贫困拮据时，他能慷慨解囊相助，而且他的接济不受时间的局限。其二，对待朋友要热情适度。虽然我有许多朋友，却并不期待从他们那里得到什么。"

"说话应当分别四种不同的情况：一种是不会被人接受，也不该谈论的；一种是可以被人理解，也可以谈论的；一种是即使不被人理解也可以谈论的，一种是虽然可被人理解，但不宜说出的。"

"痛苦却蕴含着欢欣。假如你同情人刚一会见，随即别离，还不如不做这种会见的好。"

本书是波斯中世纪时的一部脍炙人口的散文名著，以睿智深邃的思想、诱导劝诫的口气、言简意赅的语言，论述了波斯中世纪的宗教信仰、伦理道德、社会生活、风俗习惯、科学文化、国家管理、经济、军事、哲学思想等各方面的问题。其书寓理于文、警策隽永，议论中夹有许多有趣的故事和格言诗句，颇引人入胜、寓意深刻。

◆《蔷薇园》

《蔷薇园》是"波斯古典文坛最伟大的人物"最著名的成名之作，数百年来广传于世界各地，被译为几十种语言。

"一个人的才华如果没有显露，他的优劣别人很难知道；不要以为林莽中空无一物，那儿也许有一只老虎在睡觉。"

"如果双方都不讲理，粗暴野蛮，用铁链锁到一起他们也会挣断。比如一方开口骂人，口出不逊，若另一方平心静气冷静能忍，说：'你还没说尽我的短处，我比别人更深知我的不足。'"

本书主要是记录帝王言行、宗教学者言行、论知足常乐、论寡言、论青春与爱情、论老年昏愚、论交往之道、论教育的功效。

延伸阅读："汉译波斯经典文库"代表了波斯文学最高水平。是歌德、爱默生、菲茨杰拉德为之惊叹的"诗国"之歌，波斯文学"四大柱石"的代表作之集大成者。这套"汉译波斯经典文库"共计10部著作，23卷次。收录了被称为波斯文学四大柱石的最主要作品以及波斯4位大诗人的主要作品：《果园》《蔷薇园》（萨迪）、《列王纪全集》（菲尔多西）、《玛斯纳维全集》（贾拉鲁丁·鲁米）、《哈菲兹抒情诗全集》（哈菲兹），《蕾莉与玛杰农》《内扎米诗选》（内扎米）、《鲁达基诗集》（鲁达基）、《鲁拜集》（海亚姆）、《春园》（贾米）。

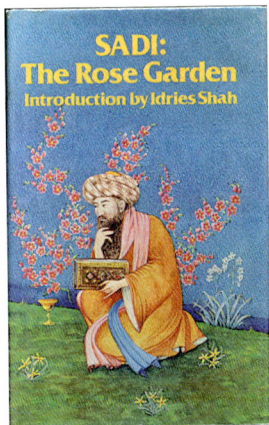
《蔷薇园》英文版封面

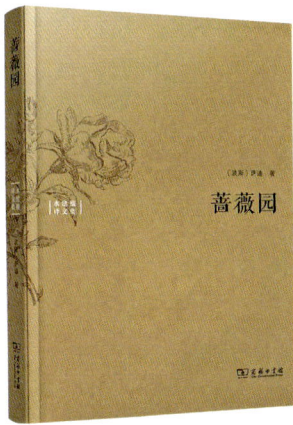
《蔷薇园》中文版封面

◆《波斯和中国：帖木儿及其后裔》

该书中有丝绸之路上五段涉及波斯和中国交往的逸事。

"与其在人们的眼皮下忍受贫困与屈辱，还不如走，能走多远就多远。走到哪儿去呢？我打算去中国，决定立即就走。我从孩提时代起就希望去中国……
现在，我已不是国君……我不再有旅行的障碍……"

——莫卧儿王朝的开国君主巴布尔

对中世纪的波斯乃至整个伊斯兰世界而言，中国是一块很特殊的地域。
人们对它怀有各种复杂的情感——好奇、艳羡、渴慕，来自中国的一切事物都
令人向往，中国是一个谜。

帖木儿王朝对波斯文化史有深远的影响，它的后人们在波斯开创了一个
盛世。这段时期在中亚、伊朗以及印度历史上至关重要，直接形塑了这些地域
今天的政治、文化和宗教。

◆《阿维斯塔》

该书是伊朗最古老的文献，伊朗最早的诗
文总集，也是在世界为数不多的上古文献中占
有重要地位的文化遗产。

《阿维斯塔》是古代伊朗琐罗亚斯德教
的圣书，成书年代可以追溯至公元前10世纪以
前。琐罗亚斯德被称为人类的第一位先知，早
于中国的老子、孔子，也早于印度的释迦牟
尼，至今仍有信徒。从内容看，是伊朗古代宗
教神话、哲学、传说、史诗、法律、历史等的
汇集。

"琐罗亚斯德的千古绝唱，令我这个写诗
的人着迷，情不自禁地聆听他来自天国的美妙
歌声。"

——泰戈尔

古波斯人认为，每月的30天各自都有庇护
神，每天都以一位大天神或神祇的名字命名。
他们还给每年的12个月分别冠以6位大天神和6

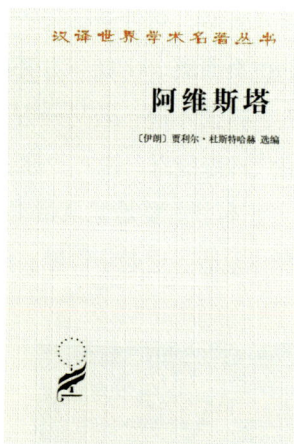

《阿维斯塔》中文版封面

延伸阅读：《阿维
斯塔——琐罗亚斯德教
圣书》由现代伊朗学者
选编而成，是研究古伊
朗文化的必读文献。

位神祇的名字。这样一来，日名和月名就可能相重合，重合的这一天人们便过节庆祝。

◆《治国策》

"没有任何一位国君、帝王能够担负起没有书、不读书的后果，尤其是在当今的时代。

他知道得越多，在教俗事务上他就越开明，辨别敌友的性质就越透彻；正确行为的方式和有效政府的途径就会向他敞开；对朝廷、觐见厅、政府、皇宫和阅兵场的管理规则，对税收、对交易的管理，以及对民政和军政事务的处理，他都会一清二楚；在王国内，无论远近大小之事，无一会逃过他的眼睛。

国王们总是有两个金库，资金库和消费库。收上来的税通常是入资金库，很少入消费库。除非急需，资金库是不允许动用的。任何钱，例如从各省收上来的税收，都将入库，而不能被兑换或兑现。

在各个时代，开明的君主和聪明的大臣们从不把两个职务给予一个人，或者是把一个职务给予两个人。当两个职务由一个人来承担时，其中一项总是完成得不充分和有缺陷。"

作者尼扎姆·莫尔克是塞尔柱帝国的宰相，他的宰相任期长达近30年。该书是尼扎姆·莫尔克的一部名著，也是中东一带最早的行政学著作。反映了9至11世纪西亚、中亚和北非的经济、政治、司法、宗教、文化和意识诸多方面的情况，是从11世纪末流传至今的著名文学作品和珍贵的史学著作。

◆《四类英才》

"此书乃是继《贝哈基历史》《卡布斯教诲录》和《治国策》之后古代作家文学名著的压轴之作。造句达意，用词精当，为一时之绝唱。"

——巴哈尔

"从行文流畅、语言风格和造句严谨上看，《四类英才》乃是第一流的作品，是波斯散文的典范。"

——萨迪克·列扎扎德·沙法格

本书是一部文人笔记，是作者根据其亲身经历和查访所得的资料记录的文翰、诗歌、天文和医学四个方面的杰出人物（包括作者本人）的事迹和成就。论述了12世纪以前伊斯兰世界文化发展的状况，记录了伊斯兰文明的重要文化成就。

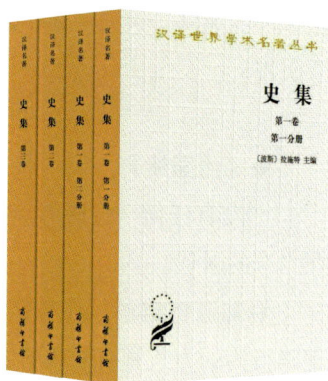

《史集》中文版封面

◆《史集》

这是中世纪波斯著名政治家、史学家拉施特主编的一部久享盛名的世界史名著，"历史百科全书""中世纪最重要的文献之一"。

本书是研究中世纪亚欧各国的历史，特别是蒙古史、元史和我国古代北方少数民族史，以及研究古代游牧民族社会制度、族源、民族学的重要文献。

九、波斯文明与中国

伊朗是世界上最古老的国家之一，波斯文明延续几个世纪，对世界各国的文化都产生了深远影响，从信德河岸到尼罗河，从中国到欧洲都留下了波斯文明的足迹，在很长一段时间里，波斯古老的文明把亚洲、欧洲和非洲联结在一起，形成了古波斯文明圈。有着数千年历史的丝绸之路，就是中伊两国友谊的最好见证。

◆ 中伊交往史

中伊正式交往始于公元前2世纪张骞出使西域。据史载，公元101年，安息王朝向中国派遣了使节，并为中国皇帝带来包括狮子、鸵鸟在内的礼品。狮子一词的汉语发音正是源于波斯语"sheer"一词。从此，两国的交往连绵

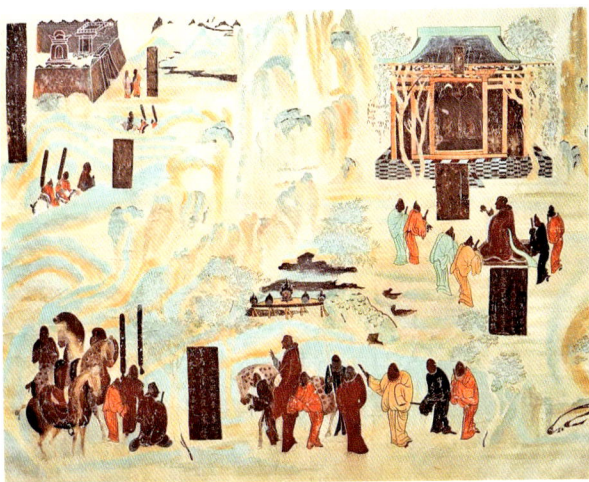

敦煌壁画——张骞出使西域图

不断。中国的铸铁技术也正是在安息王朝时期传入伊朗。萨珊王朝时期（224—651年）是两国贸易和文化交流的一个繁荣时期。中国的养蚕和纺织技术传入伊朗后，至5世纪伊朗有了自己的丝织业，以"波斯锦"而闻名。而中国一些地方保留下来的石雕狮子也是源于波斯古代的石雕艺术。中国从汉代流行的琵琶也是从波斯传入的。波斯等国的西域乐舞也盛行于长安，波斯的祆教和摩尼教还曾在中国流行。13世纪，萨迪的足迹遍及我国的新疆地区。

◆双边政治关系

1942年8月，伊朗与中华民国政府在罗马签订了第一个友好条约。1945年9月，伊朗在重庆建立公使馆，1946年2月该馆提升为大使馆。1949年10月中华人民共和国成立后，伊朗和中国于1971年8月16日正式建立外交关系。两国建交以来，特别是伊朗伊斯兰共和国成立以来，中伊友谊又翻开了新的篇章。

◆伊朗与中国相似的节日

节庆是一种十分复杂和重要的社会现象，一个民族的节庆活动不但反映了这个民族的历史背景，而且充分地体现了这个民族的民族精神、社会心态和文化取向。从民俗学的观点来看，节庆活动大致可以分为三大类：①借以表达对国家、民族的感情，或对宗教的虔诚；②借以表达欢乐心情（如新年等）；③两者兼有之（如感恩节）。

在节庆中，人们通过各种方式，发扬爱国主义精神，显示对英雄人物的崇敬；在节庆中，人们祈求繁荣、幸福，表现对某种生活方式的执着追求；在节庆中，所有的社会成员在欢愉、和谐的气氛中同乐共庆，每个人参与集体的活动，并认同于这一集体，从而使社会凝聚力得到加强。笔者在这里所要说的并非是伊斯兰教的宗教节日，而是流传在两国人民中间的古老传统节日——伊朗同我国部分地区颇有不少相似之处。

我国腊月二十三，北方民间称为小年，农民要送灶神上天休假述职，要求这位辛苦一年的尊神"上天言好事，下界保平安"。这一天是伊朗历的11月10日，叫作萨台节。农民说从这一天起，土地开始苏醒，他们在房顶上（都是平顶）、村前村后点起火堆，把燃着的树枝接二连三地抛向天空，或用绳子拴着干草，点燃后抓住绳子的另一端边舞边跑，和我国农村"烧田财"的习俗相仿。对伊朗"跳火节"如何形成，寻根求源，众说不一。比较可信的说法是，它源于伊朗原始宗教拜火教及其教徒对火的崇拜。节日里，伊朗各地还进行其他丰富多彩的民俗活动，从侧面展示了伊朗悠久的历史和灿烂的文化。

我国春分时节，伊朗人过新年。我们新年前要掸烟尘亦即扫灰，伊朗人把新年前的大扫除叫作"抖搂房子"，更彻底。地毯要洗，铜器要擦，男女老少都要在澡堂里泡个透。他们说，除夕之夜，护家神要换班，旧神离开之前要在屋里做无孔不入的检查，发现哪个角落里有灰尘，或是有人没有洗澡，交班时要告诉新神，来年将有不利于这家的事发生。

伊朗人过年的规矩也和我国有不少相似之处，如年三十必须赶回家中吃团圆饭，否则这人来年一年都要漂泊在外。年年添置新家具、新衣服难以做到，但起码要给孩子买双新袜子。伊朗这些年物价飞涨，不少农村家庭无力为孩子买新衣，据说有的农村孩子因此新年里谁家也不去，也不出门和小朋友玩。

中国农村年三十晚上讲究吃鱼，谓"年年有鱼（余）"。伊朗人也兴这个风俗：餐桌上除了必需品外，还要放一条煮好的鱼留到新年，相信这样来年就什么都不缺了。伊朗人也有"守岁"的规矩。为了提起孩子们的精神，会在镜子上沿放一个熟鸡蛋，或在盆里放水，水里放一片树叶，说是迎新年的一刻，地会微微震动，鸡蛋会掉下来，树叶会晃动。他们相信，地是牛挑在角上的，牛站在大鱼背上，大鱼在汪洋大海中，迎新年的时候，牛要把地从一只角换到另一只角上去，因此地会震动。我们民间的说法是大海之中有条鳌鱼，鳌鱼背上驮着地，说法大同小异。新年之际，大人要给孩子钱，有钱的给金币银币，一般给普通硬币，现在也有给纸币的。只是伊朗没有压岁钱这个名目，而叫作"依地"，可以译作"节日赏钱"。我国农村年初一不能扫地，说是会把财气扫掉，伊朗人是年三十晚上不能扫地，说是扫了地来年家里多蚂蚁。我国有些地方年初一吃面条长梗菜，伊朗是年三十晚上必须吃一小碗面条汤，以求新年事事顺心、事业有成。

唐玄奘西天取经路过伊朗东部，回来后著书说，波斯人冬天要点两堆火，跳过去以避邪，又说波斯人在夏天过新年。笔者查阅伊朗史书，发现伊朗人在2000多年前就在春分这一天过新年。玄奘所见，当是萨珊王朝时候的情况。至于伊朗的"跳火"，现在是在一年中最后一个星期三的黄昏，叫"苏利之夜"，家家在门口点三堆或七堆火，一般是用晒干的木柴。老老少少从火堆上跳过去，像跨栏一样，口中念念有词："黄的归你、红的归我"，祈求健康、兴旺。

农村跳火堆场面壮观热烈。原野、地间、乡村小路、农家院内，一堆堆

伊朗新年

篝火在夜色下闪动，篝火旁村民们围成一圈，火光映红了男女老少的脸颊，伴着乐曲旋律，人们从太阳落山一直跳到下半夜。

伊朗城里人也保留了这一民族传统风俗，但是由于居住环境的限制及都市文化的影响，跳火堆不像在农村那样具有广泛性。笔者在德黑兰期间，连续几年在住所周围目睹了城里人跳火堆的场景，虽然不及乡下"正宗"，但是仍然饶有趣味。

伊朗中部地区居民将一种叫芸香的草本植物放入火堆，认为眼疾患者跳越后可起到治疗眼疾的效果。位于里海沿岸的马赞德兰省村民用包括荨麻在内的七种植物熬制一种汤，称之为"岁末星期三汤"，认为当日喝下包治百病。

新年的第十三天，又是一个节，叫"躲十三"，说这一天鬼邪都在家中，所以不能留在家里，全家老小一大早就到野外去，天黑才回家。其实是踏青去了，尤其是年轻人，那是寻觅意中人的大好机会。他们带了乐器，在田

跳火

野里、山林中又唱又跳，尽情欢乐。伊朗新年第十三天在我国清明节前两三天，有的年份和寒食节相合，有时差一两天。我们的清明、寒食节是祭扫已逝亲友墓地的日子，但也有借扫墓踏青的意思。

这些相似之点，有些可能是巧合，但决不会全是巧合，它们反映了古代两国人民的交往和友谊。自汉代开通丝绸之路以后，两国人民间的经济和文化来往日趋频繁，至唐宋时期波斯人在中国内地和东南沿海地区都十分活跃，这种情况一直持续到明代。多年的交往接触，在民俗方面相互影响应当是很自然的事情。

《回回药方》

◆古代波斯医学与中国《回回药方》

我国《回回药方》里的不少医方源于波斯，它们可分为以下三类。

一类是从波斯萨珊王朝直接流传下来的。比如，《回回药方》卷之三十的"马竹尼虎八都里马里其方""古把的马准"等，它们的原型方剂乃是《医典》卷五里的"古把的国王的舐剂"，为同一个波斯国王的名字在《回回药方》中的汉字音译。这位波斯君主于公元489—497年间和499—531年间两度在位。

第二类是波斯医生制备的方剂。比如，《回回药方》卷之二十九目录上的"大答而牙吉"方，此方子即《医典》卷五的"大的解毒剂"方，是伊本·西那自己配制的。

第三类是原本由拜占庭罗马人、印度人创制的方剂，于伊斯兰时期之前即已传入波斯，并被波斯人加以利用、改变，以后又流传到了黑衣大食王朝。比如，《回回药方》卷之三十的"马竹尼阿傕失答芦方，此方是忻都人造的马肷"，它就是《医典》卷五里的印度人的方子——"救命丹"。然而，此方剂名是波斯语。并且，《医典》指出，此方子中的玫瑰花是波斯本土产的"法尔斯玫瑰"。可见，这个印度人的方子已经被波斯化了。再比如，《回回药方》目录卷之下的卷之二十九的"大蓝哈郎马准""小蓝哈郎马准"，乃是《医典》卷五里的"大抗毒素"和"小抗毒素"这两个方子。"蓝哈郎"乃是因当年的抄写之误，是将阿拉伯字母"咱"错写成"蓝"所致。因而，"蓝哈郎"应改写成"扎哈郎"或"扎木哈郎"。蓝哈郎（扎木哈郎）乃波斯语词——"抗毒素"的音译。伊本·西拿在《医典》里讲，这两个剂是"印度人的药"。

由此可知，它们是被中古波斯人应用过的印度人的古代方剂，如上例证表明，《回回药方》与传统波斯医药学有着密切。

青金石矿石

阿契美尼德时期青金石盘子

◆波斯，青金石的贸易中心

青金石是一种不透明的半宝石，拉丁语称为lapis lazuli，意为"蓝色的石头"。在古代两河流域楔形文字体系中，青金石的苏美尔语是ZA.GIN3，其中ZA本义为"石头"，GIN3泛指"山、山脉"，ZA.GIN3直译为"山中之石"，特指青金石，对应的阿卡德语为uqnum。

早在丝绸之路开辟以前，亚洲大陆就已出现国际贸易路线网，其中以青金石国际贸易最为著名，该贸易路线史称"青金之路"。从大约公元前4000年至公元前330年波斯帝国灭亡为止，青金之路以今阿

公元前6世纪—前5世纪的青金石、金质山羊角环容器

富汗的巴达赫尚为起点，分两路到达今伊拉克的两河流域地区（又称美索不达米亚）。第一条路线从巴达赫尚沿陆路向西，途经伊朗高原，到达两河流域北

部的亚述地区；第二条路线从巴达赫尚沿陆路到印度河流域的沿海港口，再由海路经印度洋至波斯湾，到达两河流域南部的巴比伦尼亚地区（又称苏美尔地区）。青金之路经上述两路抵达两河流域后，再经水路穿越地中海，或经陆路横穿西奈半岛，直达埃及和努比亚地区（今苏丹），全程5000多千米。

波斯帝国时期（前550—前330年），波斯成为青金石贸易中心，"青金之路"与著名的波斯王路（波斯御道）重合。波斯帝国将之前的国际贸易变为帝国内部的地区贸易，通过青金之路加强了周边各国与地区的贸易文化交流。公元前2世纪，张骞"凿空"西域，开辟了沟通古老东方文明与其他古老文明相互交流的丝绸之路，丝绸之路的西段路线与之前的波斯王路及青金之路相重合，东段则对应于更早的玉石之路。古代中华文明的玉石文化与两河流域的青金文化一道，成为古代东亚与西亚文化交流的灿烂花朵。

◆ 波斯与中国的青花瓷

据考古发现，青花瓷出现在中国唐代。1998年德国一个打捞队在印度尼西亚海域找到了一艘满载货物的唐代"黑石号"沉船，船只装载着运往西亚的中国货物，仅瓷器就有67000多件，其中有4件青花瓷。这时我们才知道，唐代已经有了白蓝相间的釉下彩绘这种瓷器制作形式。元代的蒙古人从中国内蒙古一直走到欧洲，最后在波斯——今天的伊朗一带，发现了一种画在瓷器上的原料"苏麻离青"。中国自己出产的画在瓷器上的蓝色颜料比较灰暗，其中的原因是中国的原料里含锰比较多，而伊朗出土的原料含锰少，所以颜色烧制之后特别清亮。正是蒙古大军带去的中国瓷匠和伊朗的陶工相遇之后，采用了当地的钴料，才终于烧制成如今流传于世的美丽的青花瓷。

苏麻离青起源于今伊拉克奥曼和黑加北部的萨马拉。萨马拉位于底格里斯河东岸，距巴格达以北125千米，在公元9世纪也就是中国唐代与波斯湾地区贸易最繁荣的时期，是伊拉克最重要、最大的制陶中心。在836—892年间曾作为阿拔斯王朝的首都，它也是古代波斯湾一个重要的大城市，其制陶业的发展直接得到国王的资助与支持。

通过对文献研究和考察得知，阿巴斯时代的哈里发们十分喜爱来自中国的如玉般美妙的瓷器，但由于这些瓷器珍贵而又易碎，必须经过一年半的远航才能从中国带回，这促使哈里发兴建自己的窑厂来烧造仿制中国瓷器。萨马拉出土的瓷片证明这里首先烧造的陶器完全是仿制中国的邢窑白瓷，由于缺乏重要的瓷土——高岭土，因此无法烧造高温

苏麻离青

瓷器。崇尚蓝色的伊斯兰人民由于其特别的审美取向，成功地使用氧化钴作为釉下颜料，烧制成功青花陶器，这在陶瓷装饰上是一个贡献。

中国早期青花使用的进口料为苏麻离青、苏渤泥青，其发音与萨马拉（Samarra）及当时普遍使用的叙利亚"Sumra"这个地名发音相同。萨马拉富有钴矿，又是大量生产釉下青花陶瓷的制瓷中心，同时又距中国唐宋以来，特别是元明青花瓷贸易的最终目的地和集散地巴格达十分近。

明万历十七年王世懋在《窥天外乘》中记载："……官窑，我朝则专设于浮梁县之景德镇，永乐、宣德间，内府烧造，迄今为贵。以苏麻离青为饰，以鲜红为宝。"万历十九年高濂的《遵生余笺》亦有"宣窑之青乃苏渤泥青"的记载，随后的数百年，关于苏麻离青屡有著录。

◆波斯语言文化宗教对印度和中国的影响

众所周知，波斯语是古代波斯帝国和后来伊朗的语言。从公元前6世纪—公元8世纪末，伊朗在不同的历史时期通行古波斯语。公元3世纪以前的古波斯语是一种楔形文字，中古波斯语又称巴列维语。公元9世纪巴列维语与伊朗中西部的一支方言融合，产生了近代波斯语即达里波斯语，至今通用于伊朗和阿

富汗。伊斯兰教自阿拉伯地区传入伊朗后成为伊朗的主要宗教信仰，它促进了达里波斯语的流行，其流行地域包括两河流域、阿富汗、小亚细亚和印度西北部地区。

古代印度的地域包括今日南亚次大陆的印度、巴基斯坦和孟加拉国。印度的语言，除东部和东北部地区有少量人口使用南亚语系和汉藏语系的语言外，其余分属达罗比荼和印欧两大不同的语系。在印欧语系里，波斯语属伊朗语族，印地、乌尔都等语言属印度语族。波斯语言文字进入印度，在长期的历史演进中逐渐形成了印度的波斯语文学系统。印度又是一个多种文化融合在一起的国度，古代吠陀教、婆罗门教、印度教文化和佛教、耆那教文化是印度的本土文化，也是印度文化的主体。阿拉伯—伊斯兰文化传入印度后，在这里扎下了根基，形成了独具特色的印度伊斯兰文化。这是印度文化和阿拉伯—伊斯兰文化相互融合的产物，印度波斯语文学正是在这条漫长的文化交融的历史长河中孕育和发展起来的。

印度—伊朗语是印欧语系的一个语族，这个语族主要包括印度—雅利安语和伊朗语两大语支。印度—雅利安语主要分布在今天的印度、巴基斯坦和孟加拉国，它们在印度次大陆的历史可以追溯到公元前二千纪后期。波斯语主要分布在今天的伊朗、阿富汗和一些中亚国家，以及巴基斯坦、中国境内，其历史可以上溯到"中古伊朗语"以至上古时代的古波斯语、阿维斯塔语等。

从语言学角度看，根据匈牙利学者J.Harmatta和美国学者Michael Witzel等的研究，印度—伊朗人在其原居地和迁徙的过程中曾与多种语言发生过接触，除印欧语外，还有芬–乌戈尔语、高加索诸语、西亚喀西特人和胡里安人的语言、Burushaski语、达罗毗荼语、南西伯利亚的叶尼塞语以至原始突厥语等。近年来通过对古代印度和伊朗语文献的研究，发现在8—10世纪间，一部分坚持信仰琐罗亚斯德教的波斯人不愿改信伊斯兰教或交纳"异教徒人头税"，开始移居印度西海岸古吉拉特邦一带，后逐渐集中于孟买，少部分人分布于孟买以北一些城镇和今巴基斯坦的卡拉奇。这些波斯移民在印度被称为帕西人（Parsi），至今有10余万人，主要从事工商业，操古吉拉特语，仍信琐罗亚斯德教，保留部分原有生活习俗。按《大英百科全书》的解释："'帕西'

（Parsi）一词，其意为波斯人（Persians），是移居印度的波斯琐罗亚斯教徒之后裔。"由此可见，自中世纪中期以后，在印度民间流行的语言中出现的"帕西"（Parsi）一词，即"波斯人"（Persians）之称谓也。

从宗教人类学上看，自中世纪中期起，伊斯兰教逐步传入印度，印度历史进入穆斯林统治时期。尤其是从中亚伽色尼王朝南侵至莫卧儿帝国灭亡，伊斯兰教政权在印度（主要在北印度）的统治长达七八个世纪。其间，伊斯兰教在南亚次大陆得到广泛传播。8—16世纪，西亚、中亚各族穆斯林不断迁居印度。外来的穆斯林非但没有被印度人同化，反而同化了一部分印度人，使他们皈依伊斯兰教。波斯伊斯兰文化对印度的影响是十分广泛的，包括宗教信仰、语言、文学艺术及风俗习惯等诸多方面。在伊斯兰文化体系中，波斯文化成分对印度文化的影响最大，特别是波斯语、波斯文学和造型艺术的影响最引人注目。因为，伊斯兰教在南亚次大陆的传播过程中，不仅穆斯林使用波斯语，一些受过教育的有文化的印度教徒也以波斯语作为交际工具。正因为如此，在中世纪中、后期的印度文坛上，不仅存在着印度本土传统的古典文学——梵语（SansKrit）文学，还出现了一种新的文学——波斯语文学。

印度的波斯语文学是印度穆斯林（含外来人和本地人）用波斯语创作的文学，"它既具有波斯文学的风格，又带有印度文学的色彩"。从11世纪伽色尼王朝军队征服印度西北部时起，就有许多波斯和中亚诗人、作家进入该地，在当时的伊斯兰文化中心拉合尔进行文学创作活动，为印度波斯语文学奠定了基础。13世纪初德里苏丹政权建立后，印度政治中心和伊斯兰教文化中心从拉合尔转移至德里，印度的波斯语文学进一步发展。诗人阿布·穆法黑尔·奥斯曼·穆赫塔利写有8部诗集，其中最著名的是他模仿波斯诗人菲尔多西的《列王纪》而写成的《帝王志》。此时期最负盛名的诗人是阿密尔·霍斯陆，他用多种诗体写诗，后人搜集整理出12万联，其中最有价值者是他的叙事诗和抒情诗，即《圣光普照》《西琳与霍斯陆》《马杰农与蕾利》《亚历山大宝鉴》和《八重天堂》。此外，他又以波斯诗人萨迪为榜样，把自己的抒情诗编成5部诗集，即《青春赠礼》《中途之旅》《和谐乐章》《诗中精粹》和《完美巅峰》。其诗歌反映了印度穆斯林的思想感情，抒情诗中还有浓厚的苏菲派色彩。

在16、17世纪莫卧儿帝国兴盛时代，印度的波斯语言学更繁荣，涌现出许多诗人，如巴布尔、拜拉姆·汗、克扎里·麦什哈迪、卡西姆·卡希、费济、努鲁丁·朱胡里、穆赫辛·法尼和女诗人马赫菲·译卜尼斯等，波斯语言学作品颇为丰硕。《剑桥伊斯兰教史》评论中说："大莫卧儿帝国时代，印度成为波斯文学的第二故乡。"此语并非夸大其词，而是说得恰如其分。

除语言文学外，印度的造型艺术也深受波斯艺术的影响。在莫卧儿帝国时代，到处可见宏伟的建筑和精致的花园，特别是清真寺、陵墓等都表现出此时期的辉煌艺术成就，其杰出代表便是莫卧儿第五代君主沙杰汗为爱妃泰姬·玛哈尔修建的泰姬·玛哈尔陵。整个陵墓用洁白的大理石建造，包括1个带有圆顶和4个钟楼的方形殿堂，高达76米；4个高约42米的伊斯兰教尖塔。陵墓内壁是用玛瑙、红玉、碧玉、琉璃、翡翠等高级石料组合镶嵌的图案。这座通体洁白的大理石建筑，在绿树成荫的花园环抱中，与一平如镜的水池交相辉映。其建筑之精美使世人惊叹不已。这座举世闻名的建筑是由印度、波斯、土耳其等国的建筑师共同建造的，是印度艺术与阿拉伯、波斯艺术相融合的结晶。其中一部分重要作品是波斯的《艾米尔·哈姆查的罗曼史》，由12卷大画布组成，描绘1400幅独立画面，是一部大型连环画。"'阿克巴风格'就是波斯艺术和印度本土艺术的结合。……这一风格还一直影响到以后的印度绘画。"

我们回眸伊斯兰教在南亚次大陆的传播史，已十分清晰地看出：阿拉伯—波斯伊斯兰文化（特别是波斯文化）对印度文化影响十分广泛和深远，印度人对波斯人是如此的熟悉，以致人们越来越习惯于将波斯人（Persians）名称"帕西"（Parsi）或"法尔西"（Farsi）同广大穆斯林联系在一起，在印度民间流行的语言中，"帕西""法尔西"遂约定俗成地变成穆斯林的代称。后来，"帕西"作为穆斯林的代名词，又随伊斯兰教的传播，从印度传入南亚各国。

从历史和现实的角度看，波斯语言文化对中国穆斯林社会影响最大的应首推新疆地区。在中国信仰伊斯兰教的10个少数民族中，塔吉克族是唯一信奉传自伊朗的什叶派伊斯玛仪勒派的民族，他们主要分布在新疆帕米尔高原以东地区，以及南疆的莎车、叶城、泽普和皮山等县的农村，现有信众4.1万人。他们使用的色勒库尔语属于伊朗语族帕米尔语支。塔吉克族大约在公元10世纪开始信奉伊斯兰教，到16世纪末17世纪初，开始尊奉什叶派伊斯玛仪勒派。据传在明末清初，赛义德苏热从伊朗来到帕米尔地区传播了伊斯玛仪勒教派；此外还有伊朗人夏·塔力甫、阿布都里汗在塔吉克族中传教。塔吉克族伊斯玛仪勒派把他们的宗教首领称为"依禅"，可世袭相传。除"依禅"外，塔吉克族中的宗教专职人员还有依据教法管理民刑事件、处理民间纠纷、掌管宗教印信的"哈孜"；主持召集信徒节日去礼拜、信徒结婚礼仪等活动的"艾兰"。"依禅"不干涉"哈孜"和"艾兰"的宗教活动，双方也没有从属关系。在发展信徒方面，一般利用丧葬和宗教节日的机会，秘传教义，使其教义得以保持和延续。与此同时，在塔吉克族的节日、婚姻、饮食、丧葬、礼俗等各个方面，都受到伊斯玛仪勒派教义的影响。如"拜拉特夜"在塔吉克族中就是赎罪节日。

　　波斯语言文化对中国穆斯林文化的影响还体现在经堂教育之中。中国穆斯林传统经堂教育采用的教材一般为13种，通称为"十三本经"，其中波斯语和波斯人著作占有十分重要的地位。如《海瓦依·米诺哈吉》，波斯语语法学名著，中国学者常志美著；《虎托布》，系对40段圣训的波斯文注释，侧重于宗教道德修养，有李虞宸阿訇的《圣谕详解》汉译本；《艾尔白欧》，波斯文本，系对另外40段圣训的注释，侧重于人生哲理；《古洛司汤》，波斯语言学著作，波斯文本，有王静斋的《真境花园》和水建馥的《蔷薇园》两种汉译本；《米尔萨德》，波斯文本，作者是德黑兰人阿布杜拉，内容着重阐述人身性命的造化根源，讲今世身心性命的调养修持，善恶之人的不同归宿，实际上是苏菲派修身养性，讲认主、近主之道的哲学著作；伍遵契的《归真要道》汉译本；《艾什阿·莱麦阿特》，为波斯文的苏菲主义理论著作；舍起灵的《昭元秘诀》汉译本。在经堂教育发展中形成的学派中，以常志美、舍起灵等为代表的山东学派，尤以重视阿拉伯文、波斯文13本经并注重苏菲哲学见长。伊朗伊斯兰文化对中国经堂教育的影响程度由此可见一斑。

在经济文化交流方面，著名的"丝绸之路"是中伊两国历史上友好交往的主要通道。自汉代张骞出使西域之后，中国与伊朗的来往日见密切，除了政治原因之外，经济文化和宗教文化的交流是一个重要的原因。在经济交流方面，古代中国对伊朗出口的物资，主要是丝织品，还有黄金、货币、铜器、漆器等。从伊朗引进的物产主要是良马、苜蓿、葡萄以及各种药用植物、矿物、各种水果、蔬菜等。在文化交流方面，古代伊朗对中国古代文化艺术也有很大的影响。汉唐之际，伊朗的音乐、舞蹈、乐器、杂技等逐渐传入中国，深受中国人民喜爱。伊朗的绘画、雕塑、图案设计技艺也在汉唐之际传入中国，对中国工艺美术产生了一定的影响。

在中伊文化交流中，宗教文化是一个重要方面。在伊朗成为伊斯兰教国家之前，佛教大约在公元前1世纪初由中亚传入我国新疆地区，随后传入中国内地。可以说中国早期的佛教并不是直接来自印度，而是经过伊朗和中亚其他波斯语国家传入中国的。琐罗亚斯德教大约在中国的南北朝时期从伊朗传入中国；摩尼教大约在公元4世纪从伊朗传入中国，在中国西北地区流传较广，敦煌、吐鲁番等地都发现有摩尼教寺院、绘画和文献。伊朗基督教聂斯脱利派是在唐朝初年传入中国的，时称景教，在中国流行200余年。因此，在伊斯兰教传入中国以前，经伊朗传入的其他宗教已在中华大地上留下了历史的足迹，并且在不同历史时期，对中国社会产生过程度不同的影响。

通过以上的分析，我们可以清晰地看出：波斯语言文化及其宗教对印度，以及对其他周边国家都有巨大影响与作用，是目前学术界关注的焦点。除了考古学家、历史学家和宗教学家，一些卓越的语言学家如T.Burrow、H.W.Bailey和I.M.D'yakonov等都曾致力于这方面的研究。我们希望世界各地的广大专家学者在探讨这类复杂的科学前沿问题时，通过国际合作，掌握第一手资料，从比较中得到更合乎实际的科学结论。

下编　　揭开伊朗神秘的面纱

　　我在伊朗留学期间，有一天，我想借黎明的曙光观察一下伊朗人的精神风貌。而我之所以早起，是因为小时候听母亲说："清晨空气精满口"。我把母亲慈爱的话语牢牢记在心灵深处，终生不忘。当时，在平静、萧瑟的冷风中，值夜班的士兵精神昂然守护在大街小巷，信步上班的人比比皆是，满街遍巷张贴着激励人心的话，儿童成群结队奔向学校，成人则在"邦克"声中走进清真寺祈祷。所以，我把我所闻所见的感想，把社会的长短，不避忌讳，一一记下来，以中文来发表我的心声。记得德国文豪歌德说："人人能作文。"而我还有一样东西是属于我的，那就是我的心。我只想把我的心声奉献给至仁至慈的安拉，贡献给这个世界。所以，我把我的文章叫作心文。

一、从伊斯法罕到德黑兰

◆波斯改国名为伊朗的缘由

　　从词源上看"伊朗"来源于"雅利安"，而"波斯"来源于地名"法尔斯"。根据伊朗的神话传说和上古文献，伊朗人源于雅利安人。后随着语言的变化，到萨珊王朝时期巴列维语便将"伊朗"简化为"Ir"或"Er"，当用它来表示民族群体时需要加上词缀"an"，于是就变成了"Iran"或"Eran"。

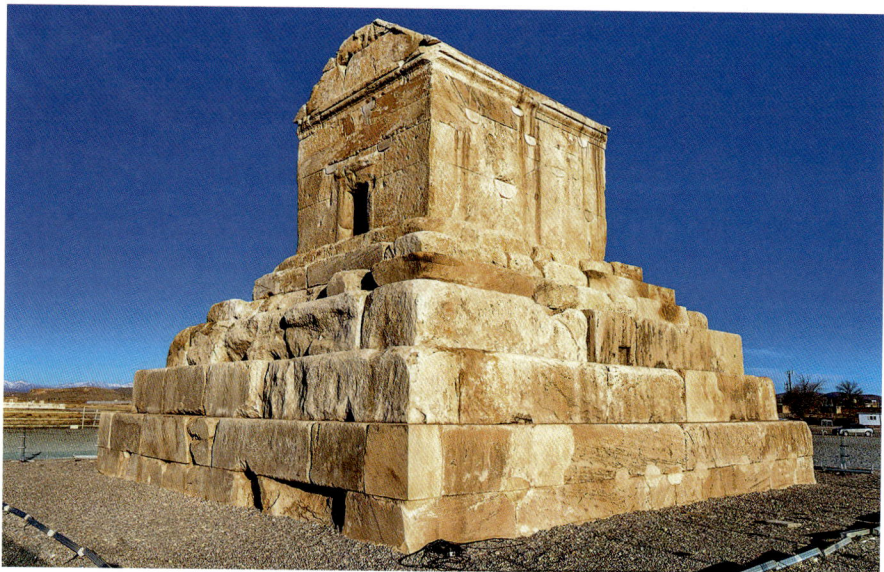

居鲁士一世墓

伊朗本土称为"伊朗沙赫尔"，这就是今天"伊朗"的来源。

"波斯"一词来源于拉丁语，由伊朗西南波斯湾岸边的法尔斯之名转化而来。伊朗人所称的"波斯人"专指法尔斯地区的人。居鲁士一世（公元前600—前580年或公元前580年——前652年）创建古波斯帝国之后，这个帝国就被希腊人称为"Persia"，这就是"波斯"的来历。

因此，严格地讲，"伊朗"与"波斯"是不同的概念，具有不同的范畴。历史上没有"伊朗帝国"，只有"波斯帝国"。在当今国际社会中，"伊朗人"是国族，它更多的是一个社会政治范畴；而"波斯人"是族群，它主要是一个文化范畴。既然国族和族群是一种包含与被包含的关系，那么"伊朗人"就包含了"波斯人"，今天的"伊朗人"相当于"中国人"，而"波斯人"相当于中国的"汉族人"。从上述常见的术语可以看到，"伊朗"与"波斯"的概念和范畴存在不少差异。在某些情况下，"伊朗"的概念和范畴远远大于"波斯"。

◆伊朗的首都因《德黑兰宣言》而名闻世界

　　今天的德黑兰作为伊朗伊斯兰共和国的政治、经济和文化中心，各方面发展已大大领先于伊斯法罕，但作为首都还是近200多年的事。人们通常称德黑兰是西亚文明古国伊朗的新首都。在公元9世纪时，这里还是隐蔽在梧桐林中的小村庄，在4个世纪后才日渐兴旺，直到1795年，恺加王朝时期才把这里定为首都。19世纪初，德黑兰只有12万人，1939年50多万人。1943年第二次世界大战期间，苏美英三国首脑在此聚会，发表了著名的联合反击德日法西斯的《德黑兰宣言》，德黑兰从此名闻世界。20世纪60年代以后，其人口由200万增长到450万。由于石油财富剧增，仅1976年原油产量即达1.9亿吨，占

　　1943年，苏美英三国首脑在德黑兰举行会议，并发表了著名的《德黑兰宣言》（从左至右一次为斯大林、罗斯福、丘吉尔）

中东第一，世界第四位，伊朗一跃成为当时世界最富裕的国家之一，到1977年人均收入已达2200美元。这一切都为这座新首都的发展创造了良机。1979年伊朗伊斯兰革命胜利后，这座城市获得了空前的发展，成为一座规模庞大、繁华热闹的大都市。目前，它不仅是伊朗的最大城市，也是中东地区和西亚的最大城市，人口达1800万。城市范围包括北侧的泰里什和南侧的勒伊等卫星城，它们首尾相接，连成一片。整个城市建在一个山坡上，南部多为古老的伊斯兰建筑和一般市民居住区，至今这里的许多市场仍保留着古代波斯的风貌；北部则为现代化建筑和中上层人士居住区，美丽的鲜花和喷泉，把整个城市装扮得清新、秀丽。

◆德黑兰的俗与伊斯法罕的雅

由于波斯文化和伊斯兰文化的共同哺育，德黑兰和伊斯法罕有着诸多共同之处；但不同的历史经历又使两个城市存在一些不同的风貌和差异。就其自然地理风光而言，德黑兰意为"暖城"，地处厄尔布士山麓，向南延伸便是一片广袤的绿洲，终年白雪皑皑的达马万德峰高5670米，耸立在它的东北方向80余公里处，构成一道巍峨壮丽的景观。伊斯法罕坐落在伊朗中部，位于扎格罗斯山脉下依山傍水，在阳光和蓝天白云的辉映下，一处处金顶飞檐的清真寺更是熠熠生辉，扎扬德河缓缓流经全城，给城市带来无比的清新和勃勃生机。对具有标志意义的广场而言，德黑兰的"国王纪念塔"（今"自由广场"），体现出令人肃然起敬的凝重与威严，而伊斯法罕的皇家广场（今"伊玛目广场"）则焕发出让人浮想联翩的雍容与典雅。这一特点在两个城市的整体风貌中也得到了体现。

初到德黑兰时，城市的环境污染和建筑风格给人们的视觉形成了巨大冲击。这些建筑高大、坚实、宏伟，笨拙中透出凛然，最具代表性的当属以德黑兰自由广场纪念塔、外交部和自由饭店为代表的独具风格的大型建筑。站在这些建筑物面前，仰望滚滚烟雾擦楼而过，你会深切体会到德黑兰是一个让人心疼、让人感动，却又让人很麻木、很无奈的城市。你曾经十分向往她，对她充满了无穷无尽的幻想。就像一个男孩偷偷暗恋着一个姑娘一样，每日每夜都生

德黑兰

活在恋爱的激情中。后来，当你久居伊朗，就会发现德黑兰并不是你梦想中的恋爱对象，突然间，你想回家了，却又迷失了方向。德黑兰有时候甚至会给人一种风霜感，飘忽不定。她像一个坠入风尘却又不完全堕落的女郎一样，对每一个匆匆来往的过客都抛一个媚眼。德黑兰的高傲，有时让人只能见到遥远的神秘和深不可测。或许是与东方、西方世界的靠近，虽飘忽不定，但重新崛起的力量从未消失过。德黑兰更是一个全动感的城市，在德黑兰，生命的经历完全与信仰有关。德黑兰俗，真正的俗，不过德黑兰俗得坦坦荡荡，不像别的城市，俗得藏首缩尾，一脸小家子气。德黑兰是出硬骨头的地方，像霍梅尼、哈梅内伊、内贾德等人。

　　相形之下，漫步伊斯法罕街头，感觉更像是在我国著名的历史文化名城西安信步，以白色、浅黄和淡绿为主色调，带有古波斯文化和伊斯兰文化特点的众多古老建筑营造出另外一种幽雅散淡的氛围。数以千计的名胜古迹，使人

德黑兰"自由广场"纪念塔

仿佛置身于艺术的殿堂。无论是在扎扬德河畔的丝绸要塞、萨法维王宫，还是阿巴斯当年检阅军队和观看马球比赛的皇家广场，以及比比皆是的波斯古代建筑群，无时无刻不在向你诉说着前尘往事。由于波斯古代的许多重大历史事件与其有着千丝万缕的联系，因此伊斯法罕素有"世界之半"的美称。

◆德黑兰现代化建筑与传统文化的渊源

德黑兰尊重历史文化，总是非常执着地刻意在历史与创新之间找到某些联结点。站在德黑兰北部山上的杰姆希德公园鸟瞰，整个城市尽收眼底，从花园别墅到二三十层的摩天大楼，从宽阔的绿树成荫的柏油路到最新式的小轿车，政府机关、外国使馆、现代企业，各类精品商品店，星级宾馆、富豪住宅都建在这里。其中最显目的建筑标志是洁白的"国王纪念塔"（即自由纪念塔），融古波斯和现代欧美建筑风格于一体。广场中央是喷泉，四周绿树环绕、鲜花吐艳，可容纳数十万人聚会和举行阅兵仪式。然而，这座现代化的立体大建筑在许多方面似乎仍然强调着它与伊朗传统文化的渊源。纪念塔于1971

年为纪念伊朗帝王2500周年而建，体现了萨珊王朝与伊斯兰建筑艺术风格的特点，这其中似乎包含着一些能让人们心领神会的感悟。

德黑兰也是伊朗最大的工商业和金融中心，工业制造业的产值占全国的一半，有纺织、榨糖、卷烟、皮革、食品、机械、炼油、水泥、陶瓷和军火工业。西部和南部都是工业区，烟囱林立，浓烟蔽日，其中包括巨型的炼油厂、化工厂、发电厂和汽车装配厂等。市区周围还集中了全国著名的高等院校、科研中心、新闻出版机构、文化艺术团体。位于市中心的伊朗国家博物馆，向人们展示了波斯几千年的文明和文化发展的历史轨迹。珍藏历代国王所收国宝的珠宝博物馆，隶属于国家中央银行，建于地下，以2米厚的钢筋水泥和合金材料浇灌墙壁，宝物封锁在防弹玻璃柜内，有电子监视系统监测。世界上最大的琢磨钻石之一"光海"，就收藏在这里。它重182克拉，晶莹透明，光芒万道，原产印度，与"光山"是一对姐妹。1739年成为波斯国王纳狄尔征伐印度的战利品，后来"光山"流落英国。这对姐妹，两次在公开场合显露。1902年

伊朗国家博物馆

纯金地球仪

孔雀宝座

伊朗国王访英时，将"光海"缀在精制的羔皮帽上，1937年英王乔治六世为皇后加冕时，将"光山"缀在皇后冠上。馆内还收藏有一颗37公斤重的纯金地球仪，上面镶嵌4.4万多颗红钻石、红绿钻石，标明国名、地名。三顶以红钻石、红绿钻石、珍珠、黄金制成的王冠，其中一顶太重，以至没有一个国王真正戴过，只是在加冕时，当国王登上王座时，才轻轻悬套在国王头顶。国王离座，王冠随着悬索挂起收回。象征伊朗过去王权的"孔雀宝座"，全用黄金、钻石、宝石制成，是国王坐朝听政的御座。穆罕默德·礼萨国王加冕时，犹太教派敬赠了一块20千克重的雕花金版，版上文字都是用钻石"撰写"的。在德黑兰西郊建有世界一流设备的体育场，可容纳10万观众，盛大的第七届亚运会曾在此举行。而"加扎里电影城"仿造城市景观，再现了德黑兰昔日百余年建筑、街道、广场和名胜的历史风貌。德黑兰市内有1300多座清真寺，最著名的是伊玛目清真寺，它原为皇家清真

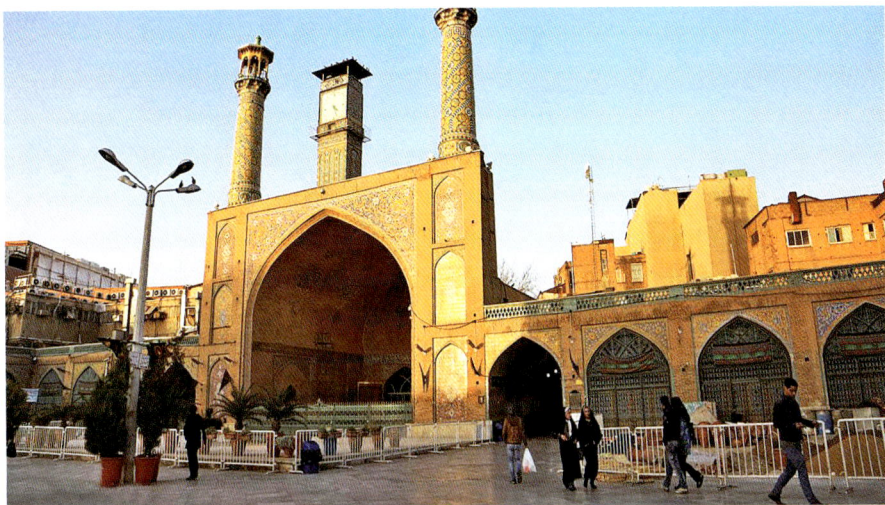

德黑兰伊玛目清真寺

寺，始建于1809年恺加法塔赫阿里国王统治时期。环形拱廊饰以19世纪风行的精美彩釉，镀金的弯顶闪烁着多彩的光辉。宣礼之声彼此应和，庄严肃穆，使过去与现在、历史与未来在这里紧密地相连。

　　伊斯法罕和德黑兰之间的差异源于不同的历史经历。伊斯法罕位于伊朗中部，德黑兰以南400多千米的盆地边缘，城区跨扎扬德河两岸，建城历史长达2500年，曾是东西方贸易集散地，"丝绸之路"南路必经的要地。历史上曾先后被阿拉伯人、突厥人、蒙古人和阿富汗人占领。11—12世纪，在突厥塞尔柱王朝统治时期，始为国都。16世纪末18世纪初再次为萨法维王朝都城，在阿拔斯一世时被建成当时世界上繁华的都市之一，其都城历史远远早于德黑兰。

◆伊斯法罕的波斯情调

　　据联合国教科文组织公布的材料，在世界最受旅游者喜爱的城市中伊斯法罕远远超过德黑兰。伊斯法罕素有"世界之半"之美誉，他数以千计的名胜古迹和古朴典雅的波斯情调，成为吸引各国游客流连忘返的"品牌"。目前伊斯法罕伊玛目广场及其周围的古建筑群已被联合国教科文组织（1979年）确认

鸟瞰伊斯法罕

为世界文化遗产，1989年，伊斯法罕与我国历史文化名城西安结为友好城市。

当你漫步在扎因达鲁德河畔，举目遥望，伊斯法罕恰像一颗晶莹剔透的钻石，每个不同的切面都折射出夺目的绚丽光芒。数以千计的名胜古迹，如同一座座历尽沧桑的化石，又好似一首首卷帙浩繁的诗篇，生动地诠释着它的历史和传奇。事实上，地处扎格罗斯山脉脚下的伊斯法罕始建于波斯阿克美列斯王朝，在波斯萨珊王朝时成为主要的城市之一，曾经是伊朗伊斯兰历史上最伟大的王朝——萨法维王朝的首都。闻听人们对这座古城的赞美——"伊斯法罕半天下"，不由使人想起国人引以为豪的"桂林山水甲天下"的名句，其珍爱之情可见一斑。伊斯法罕现为伊斯法罕省的省会，城市名在波斯语中意为"军队驻扎的地方"。

642年这座城市为阿拉伯人所占领，10世纪波斯统治时期极为繁盛。1388年遭到帖木儿帝国攻击而破坏。1598年，萨法维王朝时期，波斯国王阿巴斯大帝定都于此，筑起了壮丽的宫殿及清真寺。1721年遭阿富汗族攻击而衰微，直到巴列维王朝时，才渐渐有所恢复。这座在萨珊王朝（224—651年）时就已闻名的城市，至17世纪萨法维王朝时盛极一时，人口60余万，成为当时世界上最大的城市之一，也是世界上少有的几座文化古城之一。

伊斯法罕城市的心脏是伊玛目广场，一个四周环绕着古老清真寺与王宫、集市的美丽大院。那些金碧辉煌的穹顶建筑宛如《天方夜谭》的现实版，在蓝天映衬下巍然屹立着。

伊斯法罕市海拔1570米，蔚蓝的天空之下是远处紫罗兰色的山峦。山上积雪融化的冰水汇合形成了一条长达360千米的扎因达鲁德河。河水由东到西穿过城市时是那么平和宁静，甚至有时在河畔行走时竟察觉不到一丝波纹。这是伊斯法罕人的母亲河，沿河良田万亩，自古就生机勃勃，孕育出了令世人赞叹的辉煌文化。穿梭在伊斯法罕的大街小巷，看各种手艺人低头打造着种种挂盘、铜器与日用茶炊，恍如回到了几个世纪以前的光景。

集市外的街道上孩子们欢呼雀跃，人们闲坐在河堤旁野餐、聊天。扎因达鲁德河缓缓流淌着，漫步在河畔，仿若进入了一个田园牧歌般的所在。河水穿过伊朗最古老的谢赫里斯坦桥，当地人所偏爱的"三十三孔桥"，兼作水坝

伊斯法罕三十三孔桥

的哈珠桥，连接皇家庭院的居易桥，穿过伊斯法罕人自己都数不清的大大小小的桥，静静地流淌着。

这些桥都是古代建筑杰作，长度从100米到300米不等，且功用多有不同。这些巨大的工程和独具匠心的设计也只有手艺精湛的波斯设计师才可以如此完美地完成。

位于恰哈尔·巴格的林荫大道是一条贯穿全城南北的大道，将城市分为东西两部分。长达5公里、宽47米的"四花园"大街是伊斯法罕市最繁荣的街。沿路有四排参天大树，两两对称地排列着建筑物和花园，有些花园的面积甚至达到4万~8万平方米不等。林荫道的两边还有以石子砌的人行道，一些地段装饰有花坛和人工瀑布。当年萨法维王朝的宫殿于街道旁，现在是星罗棋布的店铺和民宅。

位于市中心的伊玛目广场（伊斯兰革命前一直被称为伊斯法罕皇家广场）与林荫道相连，广场总面积为8万余平方米。广场建于1612年，是当时世界上最大的广场。广场的池水喷泉令人赏心悦目，月夜时分，正是"水底有明月，水上明月浮"的景象。这里曾是萨法维王朝首都的心脏，它的四周是两层

伊斯法罕伊玛目广场夜景

楼高的连环拱廊骑楼。如今，这个昔日赛马、练兵、游戏比赛的场地，已成为游人必至的景点。里面的商铺一家接着一家，陈列着传统的波斯手工艺品——铜器、绘画、首饰、陶器、木器等，琳琅满目，不胜枚举。

1597年，萨法维王朝国王阿巴斯一世决定迁都波斯古城伊斯法罕。当时该城已是一个大城市了，阿巴斯重修古城的目的是要将伊斯法罕变成一座富丽堂皇、精美雅致的名城，以永久昭示其统治的辉煌业绩，其中最著名的革新便是皇家广场。

广场的北面是无与伦比的伊玛目清真寺（原来叫国王清真寺），是伊朗清真寺建筑中的精品。走进它的巨大庭院，四周矗立的是四座宏伟的礼拜大殿，正门的大殿有两座超过40米高的宣礼塔相伴，而西面的大殿则有48米的宣礼塔。整个清真寺建筑以深蓝色为基调，以跨度极大的浑圆穹顶为主体结构。建筑物还饰以蓝色、金色和白色镶成的花卉图案。

广场南面是皇家商队旅舍和大巴扎（市场），巴扎是盖有拱顶，由无数街巷组成的大迷宫，也是公元17世纪中东最大的商业中心，里面划分为专卖某一类商品或制作某一类物品的行业专区。西面的中端是国王朝政的宫殿，有六层楼，

伊斯法罕大巴扎

制铜手工艺人

　　其中以第三层最为壮观，最高层是音乐厅，为了音响效果，它的四周墙边修饰了许多碗状或长颈瓶状的壁龛。宫殿里不乏精美的壁画和釉砖镶嵌等细工之作。

　　广场东面是卢特夫罗长老清真寺，过去是王室的礼拜场所，其主色调是黄色，建筑装饰和设计在伊斯兰建筑学领域里占有重要地位。被伊斯法罕人称为"世界景象公园"的广场及其周围的建筑群是伊朗的骄傲，也是许多世界旅游者景仰的地方，它确实是波斯伊斯兰文明最优秀和最灿烂的体现。

　　广场周围的古建筑像一幅幅异彩纷呈的镶嵌画和博大精深的文化宝库。作为多种文化与民族的聚集地，每个交相叠应的朝代，都在这里留下了各自文明的痕迹。她的名胜古迹因此也体现着多元文化的风格，反映着历史和时代的风貌。

　　作为世界历史文化名城，伊斯法罕既是多元文化的发源地，又是一个充斥着恐怖、战争和呼唤文明的城市。宏伟精致的阿里·卡普宫是17世纪早期的

阿里·卡普宫

阿里·卡普宫内部天花板

一座雄伟建筑，高48米，正门为六层，第三层有18根立柱，以及天花板镶嵌的装饰画和镜子，金碧辉煌，光彩夺目。阿拔斯二世于1647修建的"四十柱宫"，坐落于一个花园中，占地6.7平方米，宫殿门廊上的20根擎柱，倒映在门前的池水中，仿佛又出现了20根柱子，故称"四十柱宫"。宫内的大型壁画，再现了1514年波斯人在没有枪炮的条件下，英勇抗击奥斯曼的查尔德战役、伊斯玛依尔伊世国王抗击乌兹别克人的战争、1747年纳迪尔王率领波斯人战胜印度军队的著名格尔纳尔战役……古往今来，在这个大舞台上，各种强权势力打打杀杀，争争抢抢，你方唱罢我登场。阿拉伯人、突厥人、蒙古人、阿富汗人、英国人、俄国人、美国人等都曾占领掠夺过它，以至于今天的铀浓缩活动还锁定在这个地区。不少军事学家和学者在对伊斯法罕做过实地考察后，无不深有感触地惊叹道："这里是兵家必争之地。这里也是哲学家、历史学家、考古学家和诗人们追思过去，汲取灵感和焕发激情的最佳去处。"

◆伊斯兰教、基督教、犹太教在这里相互交融，多元共存

伊斯法罕的确不愧为世界著名的历史文化名城。现有17世纪中叶已建成的清真寺160余座，最著名的有礼拜五清真寺、伊斯法罕清真大寺和谢赫·鲁特福拉清真寺。其中礼拜五清真寺是这座城市最古老的清真寺，也是最具代表性的波斯伊斯兰风格建筑。它建成于11世纪末，是该城的轴心，被认为是千年建筑史上的里程碑。为纪念阿巴斯王朝著名科学家谢赫巴哈依，清真寺里设置了一个日晷，也叫日规，一年四季指示着伊斯法罕正午时刻。

每天凌晨，天际尚未泛出鱼肚白，清真寺宣礼塔已传出高亢、悠扬的叩拜声。成百上千的穆斯林们聚集在清真寺，面朝麦加的方向，虔诚地进行着他们的晨拜。不久，咫尺之遥的基督教堂敲响了巨钟，雄浑的钟声飘出教堂的拱顶，回荡在古城的上空，传遍街巷的每个角落。身着黑色长袍或绛红色洗衣的天主教、东正教、亚美尼亚教的教士与修女们，汇成一条黑色的河流，涌进教堂，在一片闪烁的烛光和圣洁的管风琴声中高唱颂主歌。接着，犹太教徒们也行色匆匆，成群结队来到犹太教堂，有节奏地喃喃诵念经文。他们朝夕相处，熙来攘往，各种不同音色的钟声终日回响在清真寺、教堂上空。

　　伊斯法罕的文化包容性之强，在以伊斯兰教为主导的国家中是难以想象的。对于波斯人来说，自从萨珊王朝在此建都以来，伊斯法罕便成为波斯民族的历史、精神和民族的中心，她象征着昔日的荣耀和各民族和睦相处。对于伊朗信奉基督教的亚美尼亚人来说，伊斯法罕不啻为一个"天堂"。伊斯法罕市的佐尔法区现有20余万亚美尼亚人，主要从事商业贸易和技术方面的职业。佐尔法区下设14个教区，有一座大教堂和一个"亚洲天主教博物馆"。亚美尼亚教堂以及在北部阿塞拜疆的"圣·达太修道院"（达太为基督教《圣经》故事中的人物，耶稣十二使徒之一）不仅是旅游胜地，也是基督教圣地朝拜者们每年7月的聚礼地点。出乎人们意料的是，在伊朗的犹太人除了在议会中有自己的代表之外，在全国还有30余座犹太教堂和自己的社区，有一个名为《塔莫斯》的刊物和自己的学校。位于哈马丹的以斯帖墓（以斯帖是位犹太美女，她是苏萨的犹太裔皇后和古波斯帝国国王薛西斯一世之妻，她曾劝说国王收回杀

伊斯法罕亚美尼亚教堂

伊斯法罕亚美尼亚教堂穹顶壁画

尽波斯境内犹太人的成命。）周围，一些犹太侨民早在巴比伦时代便开始定居在那里，迄今仍保留着自己民族的语言和宗教特征。

　　虽然伊斯法罕历经风雨沧桑，但它的魅力并未消失，伊斯法罕人正在致力于使这座城市焕发新的生机。而德黑兰作为伊朗的首都，在近几十年内得到特殊的经济倾斜，现代化建筑如雨后春笋般拔地而起；伊斯法罕与此优待"无缘"，却也"因祸得福"，保全了原有的古都风貌。两相比较，德黑兰更具备一个现代化大都市的特点、新潮、繁华且有点嘈杂，政治和商业气息更为浓厚；而伊斯法罕则典雅、安逸，虽略显落伍却透露出一种成熟的风韵。如果说德黑兰的革命大街、共和国大街和自由广场给人一种豪迈的印象，那遍布伊斯法罕老城区的小桥流水向人展示的则是一种婉约的情怀。

德黑兰和伊斯法罕的市民的行为举止也多多少少打上了各自城市特点的烙印。德黑兰人热衷政治，追逐时尚，喜欢热闹，接人待物中"实用主义"的东西多一些；伊斯法罕人则崇尚文化，讲究修养，喜欢安逸，送往迎来里更显得纯朴热情。正因为如此，伊朗人喜欢德黑兰，同时也依恋伊斯法罕。他们把德黑兰称作首都，同时也把伊斯法罕视为"伊朗中部的首都"。在他们心目中，这对耀眼的城市姊妹花永远是自己民族自豪与骄傲的象征。这样具有丰厚波斯伊斯兰文化和现代化气息的都市，出现伟大时一定豪气冲天，气宇轩昂；蒙受灾难时一定众志成城，悲情漫漫；处于改革与开放时，一定历尽坎坷，步履艰难；山雨欲来风满楼之时，则树欲静而风不止。它本身没有太大的主调，但却充满了重新崛起的力量！

二、拾忆伊朗之行：让心灵富足而丰盈

◆因为信任，才会交心

在来伊朗之前，为了了解这个国家，我专门在宁夏大学图书馆借了一本《伊朗通史》。伊朗人的生活习俗还是很受欧洲人的影响，因为伊朗人最烦别人说他们是阿拉伯人，他们说自己是亚利安人的后代，这是我到伊朗最初的感受。我居住的地方位于德黑兰西北部，光明广场花园街，这一带的居民大都属于伊朗中产阶层。这条街几乎家家都有几部小轿车，居民外出多以车代步，尤其大多数女性都会开车，且一般都开的是豪华车，目前女性驾车已成为德黑兰一道靓丽的风景线。因此，长长的街道经常冷冷清清，行人稀少，除去伊斯兰教的法定假日星期五，每天我都出入这条街。记得去年夏季刚到德黑兰不久，一天清晨我外出散步，渐行渐远，竟忘了归途的波斯语街名。我想问路，却不

驾驶汽车的伊朗女性

见路上的行人，只有冉冉升起的阳光勾画出民居的独特情调，焦急之中，一辆小轿车不期然进入视野，走下一个要回家的年轻女子。我向她询问归途，她解说清楚后走出几步，忽然又转回身，问我要不要车送，我谢过她后自己往回走，心里却涌起一阵感动，为人与人之间这种本应有之，却似乎已淡漠的信赖所感动！我想信任是一种有生命的感觉，信任也是一种高尚的情感，信任更是一种连接人与人的纽带。这位女子的态度，是在一个人们都相互信赖、也值得信赖的社会环境里才会有的反应。现代化的城市面貌不难勾画，现代化最艰难的部分，也许正体现在这些小事中。

◆自觉与文明

在伊朗旅行、生活，你会惊奇地发现，有许多在我们这里需要规范的东西，在那里都已成为人们的自觉；而他们的许多规范，对我们而言，又远不止是规范那么简单。

当你无论是在人流匆匆的车站，还是游客如云的街头；无论是顾客满堂的餐厅，还是列车车厢……但凡是公共场所，人们都遵循着"勿大声喧哗"的规矩，与人说话，音量只以对方能听清为限，有时，在我们看来甚至就是"窃窃私语"。在德黑兰到马什哈德的列车上，尽管车厢里坐满乘客，但你如果闭上眼睛的话，简直"听不到"任何说话声，因为即便是隔着一个座位，别人的说话你也几乎听不到。偶尔有手提电话的铃声响起，接电话的人会立刻用手围住嘴巴和话机，小声地应答，车上的安静一如既往。德黑兰各处的麦当劳餐厅，任何时候进去都是人满为患，许多人需要站等座位。即便如此，餐厅里除了小声低语，你感受不到丝毫的嘈杂。

德黑兰的自动扶梯十分普及。商场、星级宾馆、地铁、博物馆等哪里都能见到它。伊朗人在使用这些自动扶梯时，都是自觉地靠右站，在左边留出一条空着的通道，以方便那些有急事、要赶时间的人通过。这种现象香港也有，但香港人需要在扶梯旁贴上"靠右站"的文字标识，而伊朗人则纯属自觉。在这种自觉中体现着"为他人着想"的精神。

德黑兰的地铁上，还有一种"机动座位"，也很能体现德黑兰人的自觉。那是地铁车厢入口两侧的座位，它不像别的座位那样是固定的，而是没人坐时它会自动翻起，紧贴着车厢壁，以便给乘客腾出更多的空间。因此，这几个座位只限于在车厢里别的座位已满，而站立的人很少时可以使用。入口处的空间一旦站满了人，坐在"机动座位"上的人便会自觉站起——这也完全靠乘客的自觉，车上没有任何文字提示要求乘客必须这么做。

德黑兰自动扶梯

德黑兰地铁

伊朗火车上的座位一般分为头等和二等两个等级。在伊朗坐火车时，我经常看到这样的情景：二等车厢里座无虚席，而相邻的头等车厢却空无一人。没有人会买了二等车厢的票却坐到头等车厢去。头等车厢的门总是开着，车上也没有"列车员"这类管理人员。买什么样的票坐什么样的座位，这当然是一

伊朗的火车车厢

种规矩。但这种规矩完全靠人们自觉遵守，就显出自觉的可贵了。

除了自觉，伊朗当然也有规范。法律法规自不必说，许多游人能够感觉到的规范，也是令人印象深刻的。

到伊朗文化名城伊斯法罕的那一天，正好是周末，所有的商店均关门停业休点。我感到十分不解，在中国，"双休日"可是商家赚钱的大好时机啊。请教我的一位朋友，他告诉我说："这是伊朗的法律规定的，法定节假日全国都如此。"

自觉与规范，从来就不能截然分开，有自觉，规范才能成为规范。而所有闪现着文明光辉的自觉行为，我以为，都是人类共同的骄傲。

◆ 在德黑兰乘中国地铁

20世纪60～70年代，巴列维统治时期，就下令开发地铁工程，也已经在地下挖空一些土方，两伊战争中成了防空洞，战争结束后，又继续开工，但进度十分缓慢。以至市民怨声迭起，在地铁的施工现场和进出口的地方一段时间曾画有一些漫画，据传说其中一幅漫画画的是2500年前去世的波斯先祖居鲁士大帝从陵寝中发来一道圣谕："不惜一切，尽快凿通，东有秦人，可以求之。"（注：波斯语称中国为秦尼，可见中伊友好关系可能始于秦始皇时代，先于阿拉伯人，因为在阿拉伯语称中国为秦尼。波斯语中的秦尼、阿拉伯语中的秦尼和英语中china都有陶瓷的意思，因为中国古代以陶瓷闻名于世，其他国家都把中国称为"陶瓷国"）当时政府压力很大，决定国际招标，中标的不是别国，而是中国，专业技术人员和工程队已经来了2年多，经过800多个日日夜夜的风风雨雨，终于在伊朗新年之前提前完成了这一浩大工程，在地铁竣工剪彩仪式上，伊朗总统哈塔米高度赞扬了中国人民的伟大和两国人民的传统友谊。为此，我利用伊朗新春佳节之际，专程乘坐了几次德黑兰地铁专线。当我进入地铁口，映入眼帘的是：站台内地面全部是用花岗岩、大理石铺成，墙壁上雕刻有不同时代伊朗民族风情画和象征物，这些作品采用了伊斯兰艺术和古波斯及其现代艺术相结合的表现手法，展现了伊朗各阶段的历史。车厢座位上方用英文写有"Made in China"（中国制造）的标志牌。通览整个地铁

中国制造的地铁

专线，给人以洁白、清爽、明亮的愉悦之感。 德黑兰地铁由城市地下线和郊区地上线组成。目前已开通市内站点9个，票价为0.5元，市外抵达科技城卡拉季，票价为人民币1元，交通干线全长地下45公里，地上75公里。 当我乘坐德黑兰地铁前往科技城卡拉季时，凭窗远眺，整个德黑兰沿途，清真寺鳞次栉比，花园似繁星点缀，姹紫嫣红，碧波荡漾，长堤缀绿，群山围翠，到处都是一片春天的景象，令人目不暇接。此时此景，令我深深地感悟到，2000多年前，"功不在禹下"的张骞以"筚路蓝缕，以启山林"的精神奉命向西方"凿空"，使中伊两国得以互通信息。继后，横贯伊朗境内的丝绸之路和穿越波斯湾的南海水道，进一步促进了中伊两国之间在政治、经济和文化诸方面的交流，从此，两国之间的翰墨因缘也日益绵密。作为一位中国学者，我此次伊朗之行，不也正是为了中伊两国文化交流吗？

◆革命广场大街购书乐
凡是到德黑兰的外国人，总是忙于两件事：一是饱览历史文化名胜景

本书作者在德黑兰书店购书

点，了解伊朗人的宗教生活方式和礼仪，二是到德黑兰最大的南部市场，选购具有古波斯特点的手工产品、驰名世界的波斯地毯及钻戒等纪念品。

　　然而，当你久居德黑兰，就会发现，德黑兰人与书店有着千丝万缕的联系。当你漫步来到繁华的革命广场，就会发现这条街由西向东书店林立，尤其在闹市区和德黑兰大学周围，书店一家挨着一家，各种文字、版本的波斯文、阿拉伯文、英文的书刊琳琅满目，出入书店的各阶层人士川流不息。再加上大学街上教职员、科研人员以及为数不少的外国访问学者，"读书人"在人口中的比例相当可观。

　　据德黑兰大学穆罕默德·尤苏博士介绍，平均29000个德黑兰人就拥有一家书店，而德黑兰是伊朗全国政治、经济、文化的中心，知识分子比较集中，家庭购书在全国名列前茅。杂志和报纸的发行量也很惊人。

　　这样大的图书、报刊发行量，仍不能满足德黑兰人的日常需要，于是，公共图书馆便成了不可缺少的补充，除了各研究院（所）、企事业单位、大专院校、宗教学府、社会团体各类图书馆外，政府还在主要街道、花园和学区周

德黑兰书店面积不大但绝大多数空间都用来陈列图书

围，设立了图书馆或图书阅览室，德黑兰十分注重对少年儿童的教育，在区级馆中，还设有数十个青少年图书馆和儿童图书馆，几乎每户德黑兰中产阶层家中，都有一个或几个书房，他们称这为自己的图书室。

对新书和每天的报纸，德黑兰人总是想先睹为快。当地人有个习惯，每天乘车上班之前或途中，总是先排队购买当日报纸，以便了解世界和国内外时事。无论是在长途汽车，或是在静静巴士和地铁车厢里，你都会看到不少人捧着一本书、一份杂志或一张报纸，聚精会神地阅读着。即使在隆冬季节，也总能看到公园椅子上坐着一排排手拿书本或报纸的年轻母亲，身旁是晒太阳的婴儿。

读书人多书店自然就多。而书店多，乃是这座城市的特色之一。

德黑兰的书店看上去绝大多数都小而朴实，一间铺面，三四个店员，二十几家的面积加在一起，我看未必超过我国一些大都会的图书中心或者书城。小则小矣，店内从地板到天花板的架子上和展台上，全都陈列着书。有的书店还用了前面一层可以平行滑动的双层书架，有的还于店堂内建起阁楼，在阁楼上乃至楼梯的转角处都有书架陈列，为充分利用有限的空间真可谓殚精竭虑，各显神通。

可尽管如此，任何书店也仍不敢存应有尽有的奢望，一台联网的电脑就成了必备的弥补手段。通过它，不仅可以迅速了解掌握各出版社的出书动态和发行部门的供货情况，还可随时发出订单。设在德黑兰、伊斯法罕等几个大城市的图书中心则每天派出送货车，所订的书一般两三天便送到了店里。

德黑兰的读书人特别有福气。我们不是常说伊朗是一个古波斯文明程度颇高的发展中国家吗？这文明，不用说也很好地和理所当然地体现在书店的经营管理和为顾客热情周到的服务中，体现在一走进书店，读书人和著书人都能感到的浓浓的文化气氛。我后来曾长住伊朗首都德黑兰，每次逛书店都多少会有这样的感受。

◆ "点染如画"里海行

里海的确是世界上最大的咸水湖。它位于亚欧大陆腹部，亚洲与欧洲之间，面积为37.18万平方千米，比德国大，接近日本的面积，北美洲五大湖总面积的1.5倍；东、北、西三面湖岸分属土库曼斯坦共和国、哈萨克斯坦共和国、俄罗斯联邦共和国和阿塞拜疆共和国，南岸在伊朗境内（里海总面积的2/5左右在伊朗境内）；是世界上最大的湖泊，也是

里海卫星图

世界上最大的咸水湖。

里海是一个地地道道的内陆湖，那为什么又被称为"海"呢？从里海的自然特点来看，里海水域辽阔，烟波浩渺，一望无垠，经常出现狂风恶浪，犹如大海翻滚的波涛。同时，里海的水是咸的，有许多水生动植物也和海洋生物差不多。另外，从里海的形成原因来看，里海与咸海、地中海、黑海、亚速海等，原来都是古地中海的一部分，经过海陆演变，古地中海逐渐缩小，上述各海也多次改变它们的轮廓、面积和深度。所以，今天的里海是古地中海残存的一部分，地理学家称之为"海迹湖"。因此，人们就把这个世界上最大的湖称为"里海"了。其实，它并不是真正的海。

里海的南面和西南面被厄尔布尔士山脉和高加索山脉所环抱，其他几面是低平的平原和低地。里海南北狭长，形状略似"S"形，南北长约1200千米，是世界最长及唯一长度在千公里以上的湖泊。东西平均宽约320千米，湖岸线长约7000千米，面积371000平方千米，大小几乎与波罗的海相当，规

里海

模为亚速海的10倍，相当全世界湖泊总面积（270万平方千米）的14％，比著名的北美五大湖面积总和（24.5万平方千米）还大出51％。湖水总容积为76000立方千米。

整个海区可分为北、中、南三部分。北里海，岸坡平缓，水深很浅，仅4～8米，最深也只25米；海底为波痕状沉积平原，水量只占总水量的1％。中里海，依大高加索山脉的岸线多陡坡，东岸濒临曼格什拉克高原，较为险峻。底部，东为陆架，西为杰尔宾特海盆，深达790米；水量约占里海的1/3。南里海，海岸低平，东西陆架较宽，往西为洼地，是里海最深的地方，水量较大，约占全里海的2/3。海底沉积物，北里海多含贝壳的砂；中里海洼地多泥和砂质泥，东西两岸近海则多贝壳、砾石砂和黏泥；南里海深水区为泥和含有薄层硫化铁的黏泥，东西两岸边缘区为砂、灰质泥、贝壳和砾石。

里海地区石油资源丰富，两岸的巴库和东岸的曼格什拉克半岛地区，以及里海的湖底，是重要的石油产区。里海湖底的石油生产，已扩展到离岸数十公里的水域。里海生资源丰富，既有鲟鱼、鲑鱼、银汗鱼等各种鱼类繁衍，也有海豹等海兽栖息。里海含盐量高，盛产食盐和芒硝。卡拉博加兹戈尔湾是大型芒硝产地。当前，在里海地区这个"黑金之海"，正上演着一幕幕风云际会的话剧，俄、欧、美以及中亚和高加索国家均想在其中扮演更为重要的角色。

◆ 游走哈马丹

哈马丹市是哈马丹省的省会，位于阿尔温德山峰下，海拔为1829米。气候在夏季温和宜人，在冬季则较为寒冷。初春和秋末是该地区的雨季。这里在每年温暖的月份里已成为伊朗人喜爱的宁静休闲避暑的地方之一。

自德黑兰经加兹温到哈马丹的距离为400千米，哈马丹市有6条笔直的大道从中央广场（亦称伊玛目霍梅尼广场）将城市连为一体。在历史上该市是伊朗最古老的人口稠密的城镇之一，它曾是诸多朝代的首都。现代的哈马丹城是由一位德国建筑师——卡尔·弗列茨设计而建立起来的，在这里已见不到古代埃克巴塔那或米底王朝城的踪影，古时候，他们曾与波斯人结成同盟。这儿曾经是阿契美尼德王朝时诸国王的居住地，是帕提亚王朝和萨珊王朝时的夏季

哈马丹中央广场夜景

避暑胜地。

◆山谷中的古城——大不里士

大不里士是伊朗第四大城市，东阿塞拜疆省首府，位于伊朗的西北部。它坐落于海拔1367米的萨汉德山北麓的谷地，与向外延伸的大平原相连接。长达160千米的塔尔赫河流经这里，注入乌鲁米耶湖。这里的地理位置使这座山谷中的城市得到伊朗历史上多位君主的青睐，成为多个朝代的首都。

大不里士四周温泉众多，城名意为热流，为伊朗西北方的门户。公路畅通，有铁路通往德黑兰和阿塞拜疆，也可以飞机从其他城市前来。大不里士为大陆性气候，冬季严寒，夏季气候宜人。

据考证大不里士为阿拉伯人征服伊朗时所建的城市。3世纪大不里士已经成为阿塞拜疆的都城，蒙古伊尔汗王朝时定为首都，成为农产品及欧洲商品的

大不里士

集散地。丰富的物质条件也为这个城市带来了前所未有的辉煌，发展成为当时的文化、艺术中心。根据历史记载，在这一时期，各国的旅行家、艺术家、哲学家都纷纷前来这座艺术之都。

后来，帖木儿王朝的建立取代了蒙古人的统治，山谷中的古城又归于宁寂。直至16世纪后萨法维王朝——伊朗历史上又一个耀眼的王朝建立，大不里士再度成为全国的首都。

这里的众多古迹曾在大地震和异族入侵时受到双重侵害。现在，你在大不里士看到的保存下来的遗迹多数属于13世纪以后伊尔汗王朝、16世纪以后的萨法维王朝和18世纪恺加王朝时期。

◆邂逅"伊斯兰绿松石"

在整个大不里士最值得一看的古代建筑物当属"伊斯兰绿松石"了。这

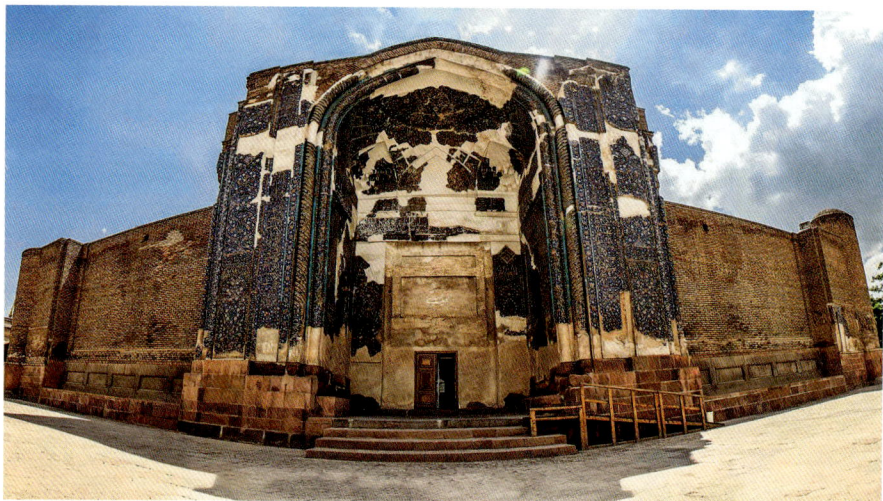

大不里士蓝色清真寺

块无论是个头还是价值都不俗的"绿松石"是乌宗·哈桑之女所建的一座拜占庭式的蓝色清真寺。

走进这座建于14世纪的伊斯兰风格建筑，映入眼帘的是四面饰以蓝色的釉砖。阳光下，这座工艺精美的蓝色清真寺耀眼夺目，并因此而享誉国内外。

看过了伊朗最为著名的"伊斯兰绿松石"，我们又到与它相邻的阿塞拜疆博物馆。整个博物馆由三个主要的部分组成：人类学部分——展示伊朗各民族部落的服饰、习俗、特点等；考古部分——展品有些属于公元前4世纪，包括各地的考古发掘出的古钱币、兵器、装饰物、瓷砖、器皿以及生活用品；立宪革命运动部分——包括伊朗立宪运动时的文献、照片等资料。

◆ 伊朗水烟馆，现在流行的社交方式

水烟源起于印度，在波斯流行。中国西南地区称黄烟、刀烟。在奥斯曼帝国时期的土耳其和波斯，水烟曾一度被看作是"舞蹈的公主和蛇"，后逐渐风靡到阿拉伯国家，成了一种民间吸食烟草的通用方式。水烟丝的口味分水果口味、草本口味和混合口味。水果口味有:苹果、椰子、蓝莓、柠檬、西瓜、橘子、樱桃、香蕉、芒果、菠萝、金苹果、草莓味、香蕉味、杏味、葡萄、菠萝、水蜜桃和哈密瓜等;草本口味有:玫瑰、香桂、香草、茴香、豆蔻等;混合口味有:咖啡、鸡尾酒、可乐、卡布其诺等。对伊朗年轻人来说,抽水烟是令人愉快的享受。不少人在不同场所都有自己的水烟壶,它不仅是一个烟具,

18世纪装饰有男人抽水烟的瓷砖

而且也是一件漂亮的工艺品。水烟在伊朗古代流传下来的艺术作品中也可以看到水烟的影子。曾获得诺贝尔文学奖的埃及文学家纳吉布·马哈福兹的创作灵感,据说就来他经常光顾的咖啡馆和水烟馆。西方媒体有评论说,伊朗艺术

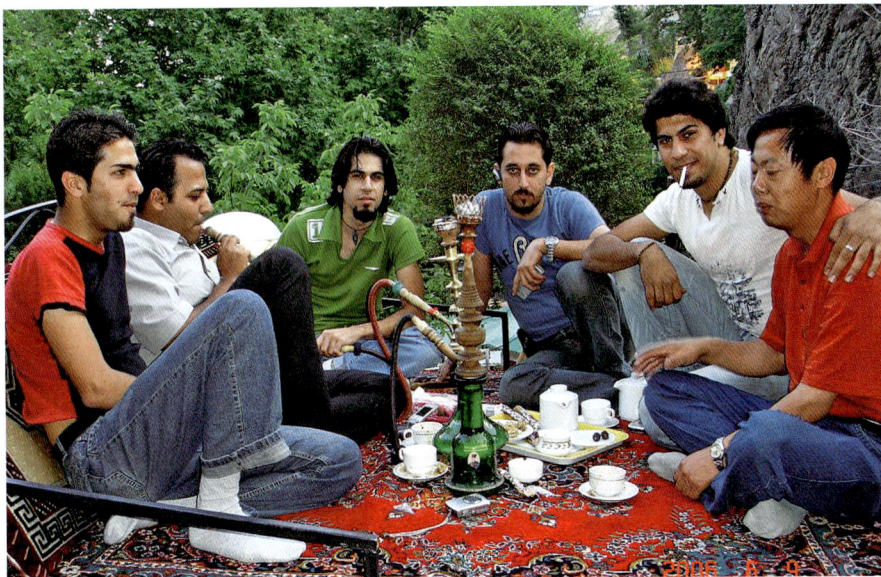

作者与伊朗友人在水烟馆

家的思想，就装在他们的水烟壶里，可见水烟在伊朗社会生活中的影响和流行
程度。伊朗水烟好比醇酒和香茗，让人难以抗拒。

◆ 壁画——城市视觉之窗

在伊朗，无论在城市街道，还是在乡间，有墙，就有画。这是现代伊朗
的特色。墙上的壁画，占据了城市视觉空间的主要部分，在城市主要街道公共
建筑的外墙，壁画都是最直接的户外艺术类型。壁画内容，通常都是领袖肖
像、两伊战争中的年轻殉难者、革命卫队战士、道德模范等。这是一幅细密画
风格的巨型壁画，颜色明快，蕴含深意。为了与民众形成最大共鸣，壁画家通
常从伊斯兰信仰传统与艺术传统中寻找灵感。最高领袖霍梅尼肖像画，成为伊
朗第一视觉符号，潜移默化地进入人们的视觉中。也有色彩明快的纯艺术或者
商业壁画，但为数不多。城市的矮墙上，布满战争壁画，与路上行人构成强烈
的视觉冲突效果。

城市、乡村的壁画中的波斯绘画与书法艺术，给人们留下了难忘的
印象。

伊朗的城市壁画

设拉子古兰经城门

◆ "古兰经城门"

该城门位于伊朗法尔斯省省会——设拉子市区以北葱翠宜人的山谷里。原系布益王朝在1000年以前建于设拉子城的一座装饰性城门。因当时伊朗著名学者卡里姆汗·曾德在该城门顶上的房间里放置了一本《古兰经》，以求赐福民众而得名。在这部《古兰经》的影响下，这个城门将保佑设拉子人均能平安回归。

千百年来，在《古兰经》的影响下，该城门已成为伊朗人民进出设拉子的吉祥、平安之门。今天，设拉子这座美丽的城市因它而闻名遐迩，整座城市都散发着醉人的橘花芳香。

◆ 波斯语中的巴扎

巴扎在波斯语中是市场、集市的意思。伊朗各地的巴扎一般是由盖有拱

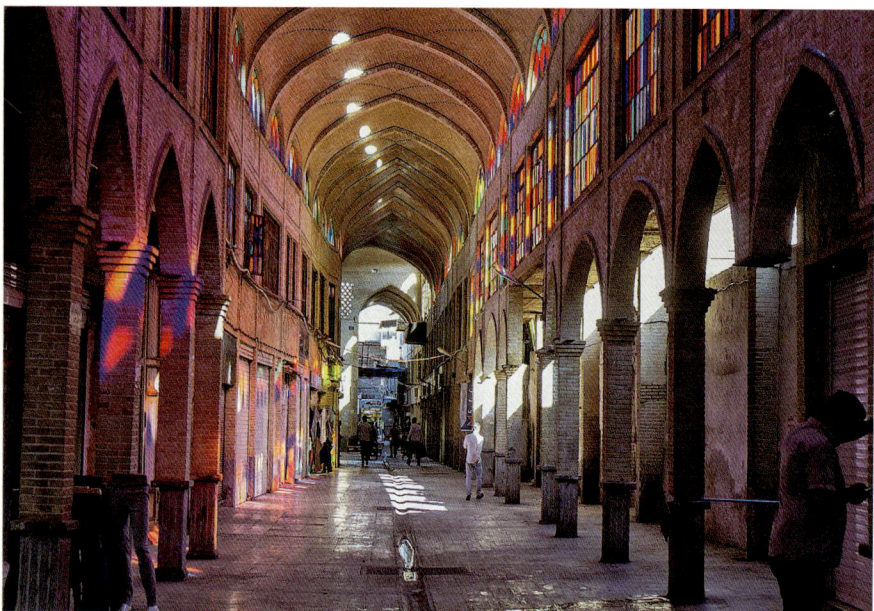

德黑兰大巴扎

顶的街巷组成，一般都位于城市的老城区。当你步入巴扎，仿佛进入大迷宫。巴扎的标志性结构称为恰豪勒苏，即"四个方向"的意思。它包括在右角相交的两个通道，在交会点上盖有一个大拱顶圆顶。拱形屋顶上有小孔能使足够的光线射入，同时挡住夏季炎热的侵入，在冬季则能保暖。整个巴扎是城市商贸的中心，同时也是百姓们娱乐活动的中心。

在伊朗最著名的巴扎是位于德黑兰南郊的大巴扎和伊斯法罕大巴扎。因为它是中东各地最大和最繁华的巴扎。伊斯法罕大巴扎路面长近5公里，走一圈且要费些时间。漫步于此，你能找到任何想象得到的手工艺产品。

◆ 自由纪念塔

这座呈倒置"丫"形的历史纪念性建筑物——巴纳亦·阿扎迪（自由纪念塔）位于德黑兰机场附近，现在是德黑兰市作为首都的一个象征，正面有

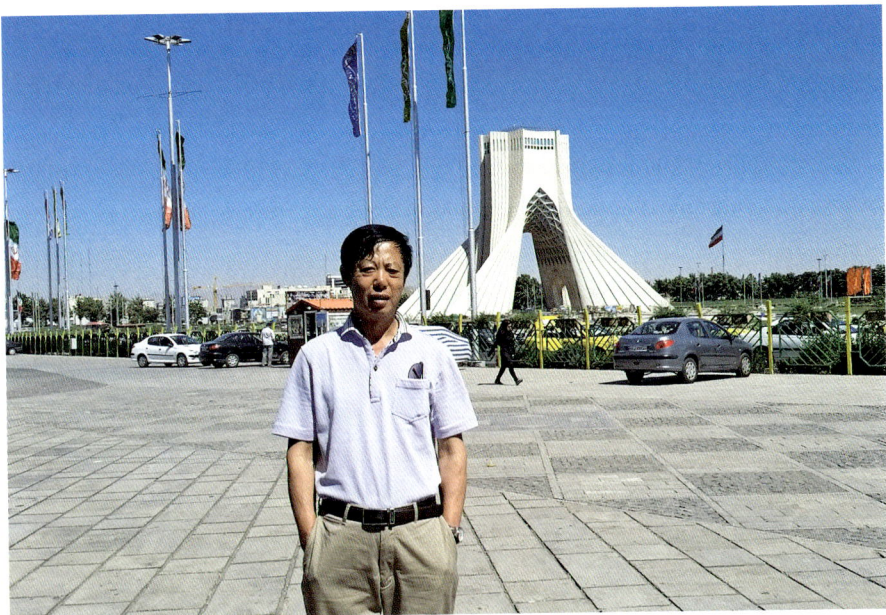

作者在自由纪念塔前留影

2500块各式石块，共15000种不同形式，是于1971年为纪念波斯帝国成立2500周年而建。这座完全用钢筋水泥浇灌而成的雄伟的塔式建筑高为三层，是古代萨珊王朝建筑风格与伊斯兰建筑风格为一体的标志性建筑。在位于塔西北和东南共有四部电梯可以通往每一层，也可通达顶部一览德黑兰市全景，如不想乘坐电梯，可自塔的东北方或西南方的楼梯拾级而上，每座楼梯各有285级台阶。在地面上，除博物馆外，还有许多展厅供举行各种活动之用。要想登上该塔须经由阿扎迪广场西面的一座地下通道上去。

◆ 伊朗发行的第一枚邮票

伊朗发行的第一枚邮票是在凯加王朝的纳赛尔·丁国王时代。长四枚，横四枚，共四行。票纸为不同颜色的彩纸。伊朗政府于1865年为设立和在伊朗发行邮票而派遣一支代表团前往法国，与法国著名邮票设计家举行座谈，学习邮票设计经验和技术。该代表团从法国众多的邮票设计师中最终筛选出了著名邮票设计师奥尔布来特·巴尔的作品。并将其作品铅制作技术买下带回德黑兰，在德黑兰发行了第一枚邮票。

在此值得一提的是，世界邮政联盟于1875年得以建立，其总部设在瑞士的万隆市，伊朗于1877年成为世界邮政联盟的成员。伊朗邮票的题材广泛，涉及伊朗与世界重大事件，一般以国际重大节日、伊朗的各种民族与宗教节日以及在伊朗召开的国际重大会议，伊朗国内外著名科学家、思想家、诗人和宗教学家以及著名人物、名胜古迹与伊朗的自然风光为题材。另外，还有伊朗的著名国画，优秀青少年以及杰出的手工艺产品等。

1868—1898年纳赛尔·丁国王时代发行的邮票

◆旧时期的朝都哈格玛塔那

从现今哈马丹市遗留下来的古代哈格玛塔那的废墟来看，其历史可追溯到米底王国的君主统治时代（公元前7—6世纪），他们曾定都于该城。哈格玛塔那在阿契美尼德王朝和帖提亚王朝统治者时代到了进一步发展，并成为古波斯帝国的第一个首都。考古学家们已在这里发现了颇多器物，其中包括金银书版，这些都表明阿契美尼德君主们的财库曾设在哈格玛塔那。而今日的哈马丹便是建在这座古城的一部分地区上。在古老的哈格玛塔那城堡，发现了哈夫特·黑萨勒宫以及历史上古老的壁垒的一些零星的遗迹，显示了米底王国和阿契美尼德王朝时期该首都的壮丽景象。至今，在莫萨拉小丘上发现的一些雕像头部已经证明在这座小山上曾出现过安息王朝时期的早期堡垒。显然，哈格玛

哈格玛塔那废墟

塔那曾是萨珊王朝时代的一个重要军事中心，到了波斯伊斯兰时代仍旧保持了相同地位。

◆犹太美女以斯帖与马尔杜蔡

以斯帖和马尔杜蔡圣殿位于沙里阿特大街。相传，以斯帖和马尔杜蔡被安葬在此。以斯帖是位犹太美女，她是苏萨的犹太裔皇后和古波斯帝国国王薛西斯一世之妻。马尔杜蔡则是以斯帖的叔父。此处被认为是犹太人在伊朗最重要的瞻仰圣地，而且以前也是全世界犹太裔瞻仰者常来的朝拜处。在圆顶的内侧以及墙上的灰泥工程有一些希伯来文的铭文。专家们现在认为实际上以斯帖葬在苏萨，而此墓可能是另一位犹太裔皇后，即萨珊王朝国王伊嗣侯一世之妻苏珊·杜赫特的墓地。其建筑外貌类似伊斯兰式建筑，以砖和石块建成。正对着这两座墓有一间小室，是供礼拜者使用的，内贴有皮纸，上面写有经文。还有两座紫檀木墓体被披盖物覆盖着。

据说，以斯帖墓周围，一些犹太侨民早在巴比伦时代便开始定居在这

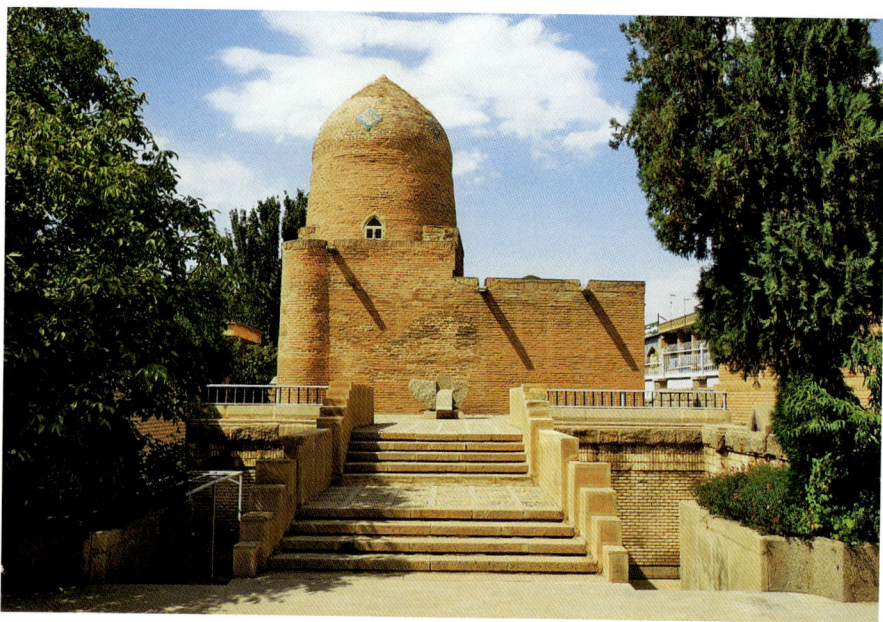

以斯帖和马尔杜蔡圣殿

里，迄今仍保留着自己民族的语言和宗教特征。这儿也是目前犹太人在哈巴丹的聚居区。

◆甘奇纳麦（意为"宝书"）

它是哈马丹历史最悠久的阿契美尼德时期的岩刻，两块雕刻在高约2米的岩石表面上的铭文——位于阿尔旺德山峰斜坡上，在哈马丹城城西5公里处。该处以甘奇纳麦著称（意为"宝书"或"财库清册"）。因为长期以来人们认为铭文中列出的长长的楔形文字包含了米底人和阿契美尼德人积聚起来的惊人财富的贮藏处的线索。实际上这些用古波斯文、新埃兰文和新巴比伦文撰写的铭文都是有关大流士一世和薛西斯一世的，内容包括阿契美尼德王朝君主们的宗谱，崇祀阿胡拉·马兹达这位琐罗亚斯德教的主神安拉以及对诸君主国的征服活动。这些铭文几乎与视线平行，人们在经过河上的一座桥后即可抵达参观

甘奇纳麦

点，河边开设有许多茶馆、水烟馆和避暑山庄。

　　铭文内容被译成波斯语和英语，翻译成中文是：

　　　　至尊神阿胡拉·马兹达是众神中最伟大的神明，他创造了地球、苍穹和人类；他给人民带来了幸福；他使薛西斯登上王位；他是众多国王中的一位出众的国王，是众多的统治者中的一位出众的统治者；我（是）伟大

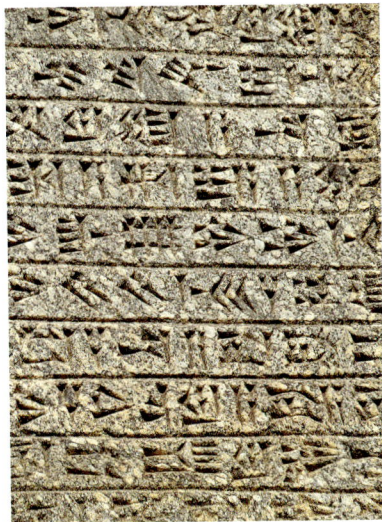

甘奇纳麦石刻铭文细部

的国王薛西斯，是王中之王；是无数臣民居住的土地上的国王；是
这个有辽阔国土的王国中的国王；是阿契美尼德王朝君主大流士的
子嗣。

◆古勒斯坦宫（Golestan Palace）

她被列为世界文化遗产，曾经是德黑兰的中心，部分建筑始建于萨法维
王朝时期，后在恺加王朝成为王宫，是伊朗少有的欧式建筑，据传当年恺加
国王纳赛尔·丁遍游欧洲后，爱上了那边的建筑，回来后便下令修建这座西
式王宫。

古勒斯坦宫

◆伊朗国家珍宝博物馆

该博物馆（National Museum of Jewelry）建成于1937年。坐落于伊朗国家
银行地下3层的金库里（位于德黑兰老城区菲尔西多大街）。博物馆收藏了萨

伊朗国家珍宝博物馆

法维王朝、恺加王朝、巴列维王朝的大量皇家珍宝。所有珍宝中最著名的是重达182克拉的"海洋之光"（Darya-ye-Nur），据说这是世界上最大的粉钻；而另外一颗"光明之心"被送给了英国伊丽莎白女王，现存于大英博物馆里。馆藏中还有恺加往常的孔雀宝座、巴列维国王镶有2000多粒钻石的皇冠以及镶有5万多粒宝石、钻石的地球仪等。

　　走进博物馆，刚进门口就见到镇馆之宝的"孔雀宝座"。它是卡扎尔王朝的国王阿里下令制作并以其爱妃称呼命名。黄色的宝座上镶有总计26000多颗的蓝宝石、红宝石、祖母绿、珍珠以及其他宝石作为装饰。作为王权的象征，巴列维王朝国王在加冕时正是使用此宝座。随着巴列维王朝被推倒，孔雀宝座也在1981年9月6日从格雷斯坦皇宫被转移到此处进行保存并展览。

　　◆世界上最大的粉钻——光明之海

　　"光明之海"的原石曾为242克拉，其中的182克拉变成如今的"光明之海"，而另外的60克拉在1958年国王巴列维大婚时，由世界著名珠宝商哈

光明之海

光明之山

巴列维皇冠

里·温斯顿切割并打磨成"光明之眼"，将其镶在王冠的正中。

与"光明之海"如同孪生兄弟的名钻还有"光明之山"（Mountain of Light），相传此钻石有这样的诅咒："拥有此钻石的人将可拥有全世界，不过他也会认识这个世界的所有不幸。只有当神，或当一个女人佩戴它时，才可以得到幸免。"后来证明曾经拥有它的男人都不幸地失去了皇位或是遇上厄运。而维多利亚女王是唯一一位曾经佩戴它的女王。自从维多利亚女王之后，此钻石一直只由国王的配偶佩戴而非国王本人。如今"光明之山"被镶嵌在伊丽莎白女王后冠之上。

◆宝石地球仪

让人更为惊叹的是1869年由卡扎尔国王——纳赛尔下令打造的宝石地球仪（Globe of jewels)，其球架和底座都用总重量为34千克的纯黄金制造，共镶有51366颗宝石。海洋用祖母绿宝石镶嵌，大陆用红宝石镶嵌，伊朗、东南亚、英国和法国则用钻石镶嵌，印度采用淡红宝石，中非和南非则是蓝宝石。

◆巴列维国王皇冠

作为伊朗最后一个王朝——巴列维王朝国王的皇冠，其设计和宝石用量也是让人为之震惊。

皇冠的正中是一枚黄色的巨钻，总重达2080克的皇冠所用的珠宝如下：

钻石：3380 颗，1144 克拉

绿宝石：5颗，199克拉

蓝宝石：2颗，19克拉

珍珠：368颗，珍珠大小重量完全一致

此皇冠在礼萨汗 1926年以及穆罕默德－礼萨·巴列维 1967加冕时曾使用过。

进入伊朗珍宝博物馆，你就会有进入电影里的那些传说中的宝藏般的感觉，这里是来德黑兰必不能错过的景点。

◆藏红花——伊朗植物中的红色黄金

藏红花（亦称番红花），它的原产地为古代波斯。大自然赋予这种植物以迷人的香味、怡人的味道、靓丽的色泽以及其他诸多的特点。那里的人们将藏红花视为吉祥圣洁之花，用作祈福、染料和食物香料。随着古波斯帝国的繁

伊朗藏红花种植

荣昌盛，君主大流士下令东地中海沿岸属国遍种藏红花。由此，藏红花的种植在这一地区流传开来，公元前500年，藏红花被带到了克什米尔。而摩洛哥至今延续着种植藏红花的传统。

公元711年，信奉伊斯兰教的阿拉伯人占领了伊比利亚半岛，统治西班牙长达800年。也将藏红花带到了欧洲。而现在《堂吉诃德》的故乡，拉曼恰成为"世界藏红花之都"，生产高品质的藏红花并且是藏红花的贸易中心。他们把藏红花作为食物香料使用，用于食品调味和上色，又用作染料。《圣经·雅歌》中提到一些香草时包括番红花。描述它带有强烈的独特香气和苦味。古代印度蒸馏番红花柱头得到一种金色水溶性用于布匹染料。在释迦牟尼去世后，其弟子以番红花染料为他们法衣的正式颜色。亚历山大大帝用藏红花制作洗发水，埃及艳后则用来洗浴。在古老的英格兰医书中也有藏红花的身影。在希腊和罗马，番红花作为香料会撒在会堂、宫廷、剧场和浴室。

我国在很早的时候就有从波斯进贡来的藏红花，译名"泊夫蓝""撒法郎"，元代著名的御用养生书《饮膳正要》里面这样描述"泊夫蓝"的功效："主心忧郁积，气闷不散，久食令人心喜。"那时的蒙古贵族们，家里雇佣着来自世界各地的厨子。波斯厨师们制作颜色富贵喜庆的金黄色番红花米饭，令他们欣喜不已。李时珍《本草纲目》谓："番红花，出西番回回地面及天方国。"

藏红花从采收、烘干到筛选等流程全部由手工完成。每采集90~100朵鲜花仅可得1克柱头，所以有"红色金子"之誉，番红花不易结籽，需通过人工授粉后才能得到种子。待种子成熟后，随收随播种于露地苗床或盆内。种子播种密度不能过大，以稀些为好，因为植株需长球，一般2年内不能起挖，从种子播种到植株开花，藏红花的培植一般要经过3至4年的时间。在伊朗，藏红花的种植地区在东部和东南部（95%在霍劳桑省，约有6000公顷的种植地）。

现代科学实验发现：藏红花具有抗血小板聚集、抗血栓形成、抗心肌缺血等多种药理作用，能有效预防和治疗心脑血管疾病，改善冠心病、心绞痛等症状。

在日常生活中，伊朗普通百姓家经常在一些菜肴里加上藏红花。做米饭时加上藏红花，吃时配以鸡肉。在世界部分国家，藏红花也被广泛应用，如西班牙人在烹饪海鲜、鱼类及米饭皆少不了它，意大利炖饭也使用藏红花调味增色，英国人更将藏红花应用在烘焙糕饼上。

◆鱼子酱：里海中的黑珍珠

伊朗的鱼子酱产品主要是用伊朗里海南部的鲟鱼制成的，相当稀有。里海环境适宜鲟鱼的生长，周围水深和气候均适中，传统的捕鱼方法以及鱼子酱制作者的精湛技艺和经验，都保证了著名的伊朗鱼子酱的质量。伊朗鲟鱼子有精美的外观，味道鲜美且闪亮发光。一般均是淡灰色或金棕色，有时亦有金黄色和黑色的。伊朗鱼子酱的原料是里海雌鲟鱼的鱼卵。

世界上90％的鲟鱼子都产自里海，而且人们认为里海南部也就是沿伊朗海岸一边的鲟鱼卵是最好的。三种最好的鲟鱼鱼子酱分别是：Beluga，Asetra和Sevruga。

伊朗鱼子酱很精细，制作工艺复杂。雇用劳动力进行手工包装，也是生产鱼子酱的成本之一。伊朗鱼子酱有很多酷爱者，同时也和品尝其他精细食物一样需要敏锐的味觉。它一般出现在庄严的场合，或是奢侈的晚宴，有时也出现在家庭餐桌上。可以光吃鱼子酱，也可以和烤面包配在一起吃，或者是和碎洋葱、煮鸡蛋、黄油、奶酪、柠檬拌在一起吃。因此，这种营养丰富和美味的食物被誉为里海中的黑珍珠。

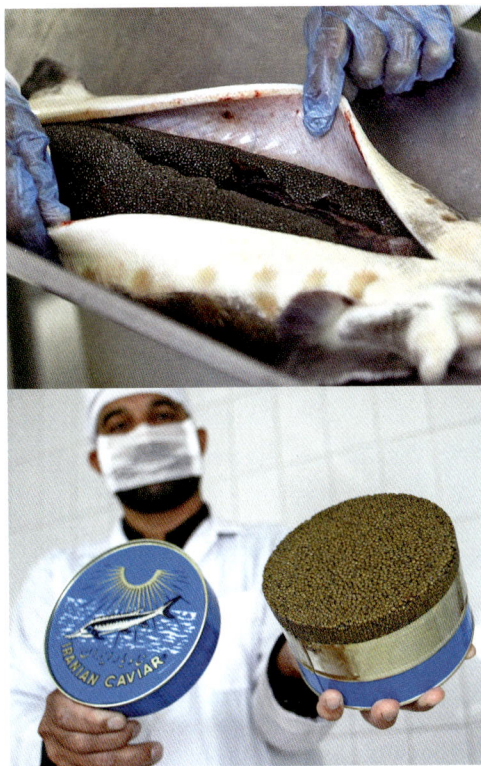

伊朗盛产世界最好的鱼子酱

◆开心果（阿月浑子）原产
自伊朗

西方人所称的Pistachio就是
自波斯语"匹斯泰"一字派生
出来的。据考证，开心果树已
存在几千年了，但这种树木甚为
稀少，只在皇室或富贵人家才种
有一些。今天质地最佳的开心果
故乡是在伊朗。在克尔曼省，特
别是靠近拉夫萨杰市附近的地区
有16万公顷（合39.5万英亩）土
地上种有开心果树，伊朗有将近

品质一流的伊朗开心果

95%左右的开心果产自这个地区。这一地区理想的气候环境，充足的阳光，适
宜的土壤都适合种植开心果，这些都让开心果变得更加可口，也使得该地区出

伊朗开心果种植

产的开心果无人能比。

开心果是伊朗主要的出口产品，从古至今都在伊朗的对外贸易中占据特殊地位。目前伊朗出口的开心果占世界出口总量的33％，是世界上最大的开心果出口国。

◆伊朗人如此办婚礼

伊斯兰国家的结婚仪式与西方世界流行的婚礼有所区别，订婚到结婚这段时间拖得比较长，在举行订婚仪式之后，未婚妻和未婚夫通常不住在一起。订婚的时间一般要延续几个月，有的甚至可能拖至两三年。订婚阶段结束之后，还要举行宗教的订婚仪式和结婚登记，然后再举行正式的结婚典礼。在宗教的订婚仪式和结婚典礼之间，一般要经过几个星期或几个月，在这段时间内未婚夫妻在一起生活是违反传统习俗的。

结婚典礼非常隆重，也很烦琐。在伊朗农村婚礼要持续十天，有乐队和歌手助兴，客人们可以畅怀痛饮。新婚夫妇会得到亲戚朋友送的羊羔、母鸡等各种礼品。婚后新郎和新娘住在男方的家里，假如他们的经济状况允许的话，也可搬进自己的新居。虽然如此，伊朗不同

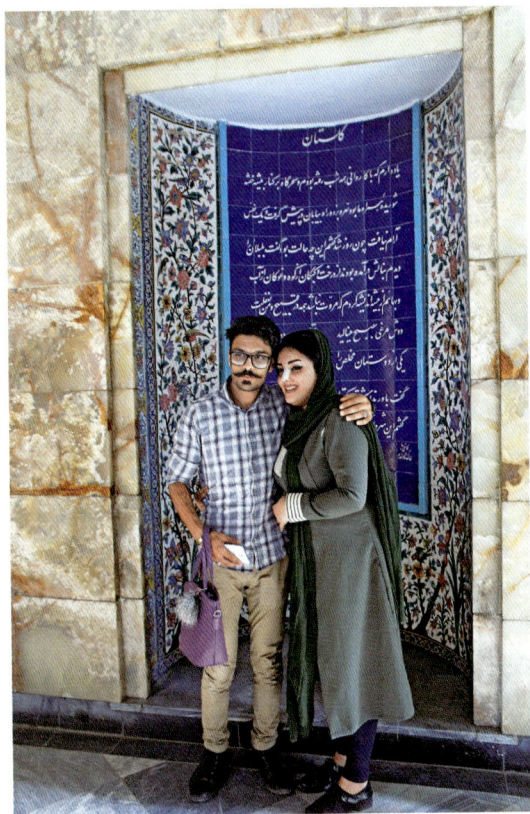

热恋中的伊朗青年

阶层的婚姻风俗也有些差异。一般说来，挑选配偶是由父母包办，可是农村姑娘与城市姑娘不同，她们在结婚前多年就跟自己的未婚夫认识了。

城市上层社会中的情况是，一般在订婚仪式之前，女方是看不到男方的；订婚之后到结婚之前，男女双方也不可能有过多的接触和交往。与此同时，近年来，伊朗的年轻人对婚姻看得较淡，经济不景气是其中重要的原因之一。

按照伊斯兰经典，女性的成熟年龄是9岁，男性是14岁。也就是说，男女一旦达到这个年龄便是成人，即可结婚。所以，在伊朗早婚现象十分常见，亲属之间结亲的情况也很多。不仅姐妹亲家很多，兄弟亲家也不少。

男女双方父母一旦满意即为子女订婚。订婚仪式虽不大，但也必须由鲁哈尼（宗教人士）来主持，双方签订临时婚约。一般6个月后正式举行婚礼。

婚礼这一天，新娘一早就开始打扮，随后在自己的闺房里念《古兰经》，了解为人之妻的一些准则，一直到参加婚礼的客人到来。由此，热闹的婚礼便正式开始了。如果您能歌善舞的话，不必客气，可以尽情地去唱、去跳，等待主持婚礼的鲁哈尼到来。

鲁哈尼一踏进门槛，全场立即变得一片

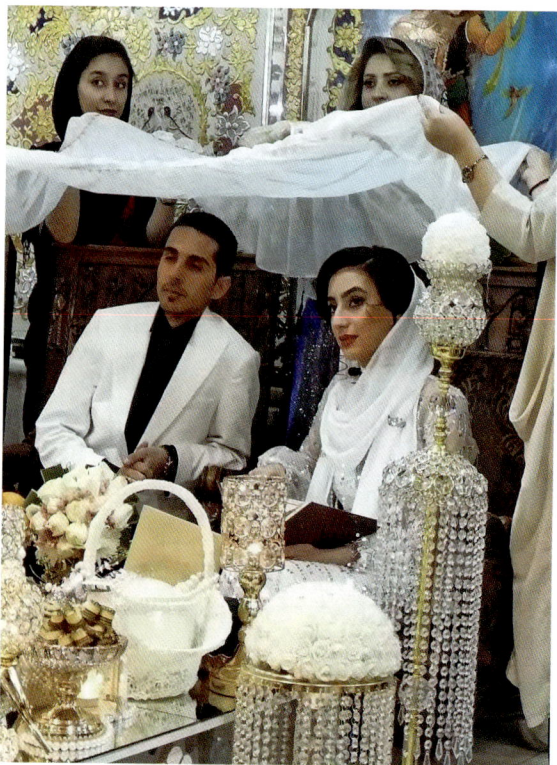

今天的伊朗人仍然保持了波斯传统婚礼的习俗

肃静。然后，鲁哈尼坐到一个庄严的座位上，开始诵经，接着朗读婚约。婚约中有一条是：如果男方抛弃女方，男方必须付给女方一笔聘金，以保证女方未来的生活。之后，鲁哈尼便问新娘是否同意签约，新娘若同意，签约仪式即结束。然而，为了活跃婚礼的气氛以及抬高自己的身价，新娘往往再三推托或者故意打岔。每当出现这种情况，聘金就得提高一次，直到新娘答应为止。

新娘同意签约后，客人们便鼓掌表示祝贺。接着，由4名未婚女子在新娘头顶上展开一块白布，每人牵住一角。再由两名妇女拿着两个大糖块，在白布之上相磨，磨出细细的糖粉来，以示未来生活无限甜蜜。白布之下，新郎和新娘开始交换结婚戒指。随后，一般由新娘的父亲用槌子砸开糖块，由客人们去争抢。据说谁能抢到糖块就能得到幸福。

这时，客人们将礼物一一送到这对新人面前，然后进入新娘的闺房向新人道喜。接着，这对新人在伴娘的簇拥下步出闺房，向客人们道谢。伴娘则在后面向新人头上抛撒糖果和彩钱（一种特制的黄色硬币）。于是，人们随同新郎新娘一起再次进入狂欢的歌舞中，婚礼进入高潮。

晚宴上有伊朗传统的抓饭、羊肉条、烤鸡块、美味的烤全羊和风味小吃。随后宾客跳起了欢快的民族舞蹈，越来越多的亲朋好友也来助兴。欢快的场面直至深夜。散席前，新郎新娘一起切蛋糕，送给未婚的青年男女，祝他们早结连理。

伊朗人的婚礼充满浓郁民族风情，给人们留下了美好难忘的印象。

三、衣食住行在伊朗

伊朗是一个波斯文化和伊斯兰文明为主体的发展中国家，国民的生活质量也名列中东部分国家前茅。

◆衣，男性随意但须得体；女性则要求甚多

按照我们习惯的顺序衣是第一，也就先讲。其实，在衣食住行这"生活四要"中，伊朗人刚好与我们相反，一般都把衣即穿戴打扮摆在最后。你走在城市大街上，会发现人们的穿着多数挺随意，甚至很多人不修边幅，但却有个性。很难仅仅根据衣着分出贫富贵贱，似乎相互也很少注意人家穿戴什么。在公共场合如果有一些西装革履的人，那多半是在银行或者政府机关坐班的职员。

女性年轻的一代化妆多一些，年老的基本不化妆，更极少有谁浓妆艳抹，花枝招展。多少年来女士们都喜欢深色调的"恰抖尔"，年轻人中则一直流行牛仔装，赤脚穿鞋的习俗。

男性日常坚持穿西装，但不打领带。

还有就是一些演艺界人士，他们在诸如颁奖晚会之类抛头露面的场合自然都义不容辞地穿得耀眼夺目，一个比一个别出心裁，一个比一个煞费苦心，但平时也一样挺随意。例如每天都在荧屏上亮相的主持人，衣着风格随节目性质的变化而变化，总的看来不像特别讲究，而是富于个性。似乎并没有时装店时装厂为他们提供赞助，让他们每次出场都一身挺括、崭新。

生活中，伊朗男性服装随意，女性则要求更多

不过，伊朗人也并非不重衣着，而是看在什么场合。婚礼葬仪，生日晚会，外事接待，颁奖授勋，以及其他一些礼仪性质的交际、应酬和庆祝活动，还是得衣冠楚楚。这时男士们多半各显神通。女士则都穿黑色长"恰斗尔"。

也就是说，伊朗人并非完全不重穿着打扮，只是方式与我们不同，有时甚至也会出乎我们的意料，难为我们理解接受罢了。

一般说来，伊朗人讲究的是衣着得体，而非一味追求漂亮、时髦，平时则注重随意、舒适、健康，所以喜欢纯棉衣物，牛仔裤、T恤衫之类大行其道。一句话，除为了表示对艺术、对职业、对仪式、对主人的尊重而注意穿戴外，平素伊朗男子自己怎么合适怎么穿，穿戴主要为了自己，即使一个男子打扮再怪别人也不会妄加干涉。这，或许也是伊朗人与众不同的生活方式和个性自由的一种表现吧。

◆吃，与中国相比单一，但营养而又卫生

如同穿衣一样，伊朗既是一个不太讲究"吃"的国家，又是一个十分注

伊朗传统饮食

伊朗的早餐注重营养搭配

意"吃"的民族。平时的伊朗人和中国人一样，一日三餐，所不同的是中国人讲究早晨吃好，中午吃饱，晚上吃少。而伊朗人的吃，通常是我们中国人最难认同的。在吃的方面，他们花的时间、精力不如我们多，吃的花样也比较少。

中国一个家庭主妇把主要的时间和精力都花在搞好全家的伙食上，这在现代的伊朗实在是不可理解。伊朗人吃的多半是从大小超市买来的熟食和冷冻食品，即使是鲜菜、鲜肉和半成品，加工也无须太多时间，因为炉灶、烤箱、微波炉用起来都省时而方便。一天之中，多半只是晚上下班后的一顿正餐比较丰盛，早上和中午为了不耽误工作，吃的内容和分量大都以疗饥、止渴和保持体力为限。

即使是比较丰盛的晚餐和宴会，就只有一人一小碗汤、一份沙拉、一道作为主菜的肉食、一份饭后甜品，再加上作主食的面包、马铃薯、面条、米饭，如此而已。

但是，并不能因此说伊朗人不重视吃，不讲究烹调艺术和饮食文化。伊朗人有句谚语叫"爱情通过胃产生"，就是说饭菜做得可口能讨人喜欢。伊朗的饮食自有其味道。

一般而言，伊朗人在吃的方面更重视营养，更重视卫生和有利于健康，也就是注重吃的内涵。所以，食品包装上必定于醒目处注有可食用期限，以及配料比例和所含营养成分。所以，伊朗人蔬菜生吃多，为的是避免烧煮破坏营养。所以，不管平日或是节庆，伊朗人山吃海喝的情况很少。即使上餐馆，也是吃饱为止，万一所点的菜吃不完也真"兜着走"，不会大盘大盘地剩下。应该讲，这也是伊朗多民族讲求实际的性格在饮食方面的表现。

那么，注重实际的伊朗人，是不是也有饮食文化呢？

当然有。那就是他们十分重视饮食的环境、气氛、仪态和餐具。因此，每个城市总有一些历史悠久、古色古香、灯光柔和、气氛温馨的著名餐馆，成为该城饮食文化的标本。即使在一般的餐馆里吧，人们也显得文雅，交谈时尽量压低嗓门儿。

◆住，伊朗人梦寐以求的核心

"安居乐业"这一放之四海皆准的人们对生活的美好追求，毫无疑问也适用于伊朗人。衣食住行四大生活要素中，伊朗人最需要的是房，最讲究的是住。因此，"住"，一般说来，在伊朗被排在了"生活四要"之首。这大概与人们普遍接受"家庭是人生的港湾"、是"个人的王国"这样一些观点不无关系。因此，一般伊朗人宁可节衣缩食，也要设法拥有属于自己的住

伊朗人的住房

宅。伊朗人历来重视建设自己小小的家园，营造家庭的温馨环境和气氛，这从一些已改为博物馆的名人故居便可以看出，因为这些故居的主人，如费尔多西、萨迪、哈费兹等，并非出身富人家庭，其恢复了旧观的住宅拿我们的标准来衡量仍然相当阔绰。而子女成年以后，为了追求个人的自由，也大多离开父母单独居住。

◆行，交通方便

伊朗的局部发达，更多地体现在"行"的方面。几乎家家都有小汽车，不少家庭还不止一辆。

在伊朗，最值得称道的是长途汽车站上的售票服务。售票员对你有问必答，有求必应。例如长途旅行你需知道中转的时间、站点，他就打印一张单子给你带上，让你一目了然。除了售票台，各大车站都有问询处和旅行中心，也

伊朗的巴士

提供类似服务。近年来售票的办法又有改进，就是大站都设了不少手触式的电脑售票机，旅客只要用指头点点荧光屏，就可买车票，或者查询到车次、票价和时间。检票是等你在车厢里坐得安安稳稳以后。万一你没来得及买票或坐过了站，补票就是，不会挨罚，也不用难为情，大概补票属于正常，真正混长途旅行的人极少。也许正因为如此，伊朗之旅才会那么令人难以忘怀。

四、出乎意料的国民素质教育

　　特殊的历史、特定的文化和宗教使伊朗人有着极高的民族凝聚力，而民众受教育程度普遍很高，这将成为伊朗未来经济发展的潜在因素。在德黑兰可以流利使用英语的人很多，无论是出租车司机、商店营业员，还是国家公职人员、大中专男女学生，一般都能用英语对话。在伊朗宪法中，特别注意教育问题，政府为所有儿童和青年提供免费教育，直到中学结束，并在国家经济条件允许的限度内，以免费的形式逐步普及高等教育。

　　伊朗的教育分为：预备学校、小学、定向学校、中学和大学几个阶段。孩子们在预备学校接受进入小学所需的基本知识，在小学之后进入定向学校学习，然后进入中学或技术职业学校学习三年，还有为天才儿童提供的特殊学校。大学前教育又分为三个阶段：五年小学、三年定向学校和四年中学。儿童7岁入学，一般在18岁中学毕业。由于《古兰经》的语言和伊斯兰各学科的语言为阿拉伯语，加之波斯语中部分单词与之混合在一起（波斯语在相当大的程度上受阿拉伯语的影响，波斯语吸收了许多阿拉语词汇，阿拉伯语词汇约占现在波斯语的30％），所以在小学教育之后一直到高中毕业，阿拉伯语是学生必修课。在完成中间阶段规定的课程后，根据分数和成绩报告单，他们可以选择数学、物理学、经济学、人文社会学或实验科学中的一个学科。也可以选择文秘、经贸、商业、农技、文化艺术等专业。目前伊朗有中小学约78636所，中间学校30903所，商业研究、职业、技术学校969所，农业学校73所，城市小学教师培训学院342所，农村小学教师培训学院216所，7所职业和专业教师培训

伊朗的小学生

学院，以及19所技术研究院。各级各类学校一般分为公立和私立两种形式。
教育部还在伊朗境外，主要是在波斯湾国家和一部分欧洲国家开办了若干所语
言培训学校。目前伊朗共有各类大学44所，15所在德黑兰，29所在其他14个
省，还有几所高等教育学院。这些高等院校既有公立大学，也有私立大学。所
有学生中，大学占90.2%，"阿扎德"联合大学占0.5%，独立学院占3.6%，高
等教育学院占0.3%，技术学院占5.4%。学生中选择人文社会科学专业的人数
最多，其次是医学、医疗保健、电子工程、计算机软件开发、金融外贸和石油
化工等专业。

伊朗第一所官办的综合性技术学院成立于1852年，它的课程包括拉丁
语、法语、波斯语、阿拉伯语、数学、化学、制药学、医学、矿物学、军事
学、伊斯兰法学等。此后，于1902年在德黑兰成立了政治学院。1932年伊朗
有三所大学，而到1942年高等院校——包括农学院、工程学院、军官学院、
师范学院（其中包括第一所女子师范学院）和德黑兰大学等——的数量便增
加了三倍。目前伊朗著名的大学主要有：德黑兰大学、伊朗工业与科技大

伊朗大学生

学、比赫希提大学、伊朗国立大学、伊斯法罕大学、什拉兹大学和大不里士大学等。

公共学校对所有的家庭免费开放。还有很多不同的私立学校，他们收取学费。在伊朗，识字率超过90％，是伊斯兰革命前的两倍。几乎所有的孩子都上学。所有的学校都是单一性别的。伊朗全国约有11.3万所学校，接受教育的儿童达到1800万。从小学升入中学、大学，学生必须通过所有科目的全国统一性考试。现在，伊朗超过100万的学生在就读大学，其中一半在私立大学。伊朗国家大学超过52所，医科大学超过28所，还有很多政府研究学院。私立大学的数量在不断增加，现在有25所，包括在全国有许多分校的伊斯兰自由大学。除此之外，一些学生选择出国留学。

在体育方面，希腊历史学家赫鲁达特认为，伊朗人总是让自己5～20岁的孩子干三件事：骑马、射击、说实话。体育与道德自古以来在伊朗文化中密切相连，健身锻炼在伊朗十分普遍。目前，摔跤和举重是伊朗的强项，无论在地区还是在世界都占有一定地位。除摔跤、举重外，还有足球、排球和篮球。伊

2018俄罗斯世界杯上的伊朗国家足球队

朗足球运动在亚洲多次称雄，很有实力。有些伊朗足球运动员现在欧洲著名的球队踢球或任教练，这些都使得伊朗人引以为豪。

◆ 德黑兰大学印象

在伊朗的综合性大学里，成立于1934年的德黑兰大学，无疑是最著名的。尤其是近年来，它的教学和科研水平已越来越引起国内外人们的注目。这所综合性大学设有自然科学和人文社会科学的工程、医学、制药、农业、法律、政治、经济、生命科学、资源环境、国际贸易和伊斯兰哲学法律等科系或学院。另外，还增设了中东和考古研究，社会扶贫调查、防治恶性疾病和高科技研究等专业和研究中心。主校园坐落在德黑兰市中心，部分院系分散在市郊。校园中心广场景色秀丽，靠近足球场是大学的中心图书馆，北面有一座古典与现代建筑结合的风格宏伟的清真寺。这所大学的礼堂以古代波斯最著名的诗人菲尔多西的名字命名。在人文学院楼前广场上矗立着诗人的雕像，把这所著名大学装点得愈加神圣。

德黑兰大学校门

德黑兰大学的菲尔多西雕像

充满朝气的伊朗女子学院学生

◆别具一格的德黑兰大学女子学院

到德黑兰大学的校园里走走，你会发现女大学生相当多。德黑兰大学女子学院最大的优点是糅合了小型独立女子学院和大型研究院大学的一切设施。不少伊朗人都喜欢送他们的女儿来这里求学，因为德黑兰大学女子学院称得上是伊朗全国最优秀的女子大学。学生们可以享用德黑兰大学的各项一流设施，而且校舍就在德黑兰市中心。

德黑兰女子学院的学生，最爱修读的科系分别是伊斯兰哲学、医学、财会、波斯文学和生命科学。英语是女大学生们一致公认的最棒的学科，其次是《古兰经》伦理思想、美术、音乐和金融专业。同样出色的学科还有心理学和妇女研究。

五、伊朗影视与音乐艺术

◆伊朗电影成功的启示

人们都觉得伊朗很"神秘"，而伊朗电影所做的恰恰是"去魅"。纵观那些获奖的伊朗电影，题材多聚焦于日常生活的琐碎之事，很少有曲折的情节和炫目的特效，而是通过平淡的生活流露出真实的情感。

近年获奖的《推销员》，影片讲述一对年轻夫妇因故搬家到新公寓，但一场与前房客有关的事故却将他们的生活搅得天翻地覆，由此进行复仇而产生一系列戏剧化事件的故事。电影将戏剧化趋势发挥到极致，导演还加入了"戏中戏"的形式到故事之中。如同导演前作，电影聚焦了主角的心理脆弱和道德缺失，展现了伊朗现代社会中的社会矛盾。

朴实的电影语言，却直抵时代症候。用导演的话说就是"今天的德黑兰就像当时的纽约，无论是让人们难望其项背的发展速度，还是经济、建筑，所有一切都和那个时代纽约面临的改变一样。伊朗正在面临美国社会当时所

电影《推销员》剧照

面临的创伤。"然后以小见大，展现个体与社会现状唇齿相依的矛盾与悲情，探索人的精神世界。

伊朗导演没将电影当成传声筒，而是努力揭示所处时代的主旨，记录人民的生存与精神的困惑。展现完人的普遍困境之后，便点到为止。毕竟电影不能取代生活，只说"病情"不开"药方"，恰恰表明了对艺术的敬畏，毕竟艺术不是绝对真理。

《推销员》是伊朗著名导演阿斯哈·法哈蒂自编自导的作品，获得了第89届奥斯卡金像奖最佳外语片，是导演继《一次别离》之后第二次获得奥斯卡最佳外语片奖。同时，影片还获得了第69届戛纳电影节主竞赛单元最佳编剧、最佳男演员奖。

看完《推销员》，你会再一次确信电影其实很简单，无关天价片酬的演员、层出不穷的特效、弄虚作假的数据、找水军刷出好评。电影就是讲好一个故事，还原一段生活，给人以思考与力量。伊朗电影成功的秘密，就是没有秘密。

导演阿斯哈·法哈蒂

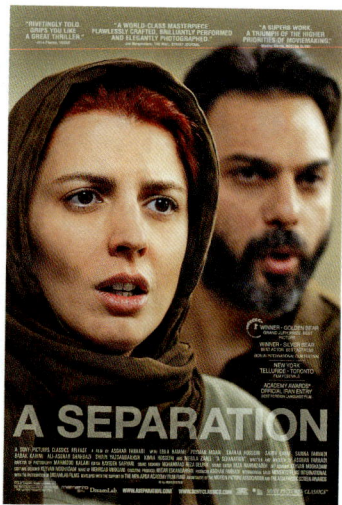

电影《一次别离》海报

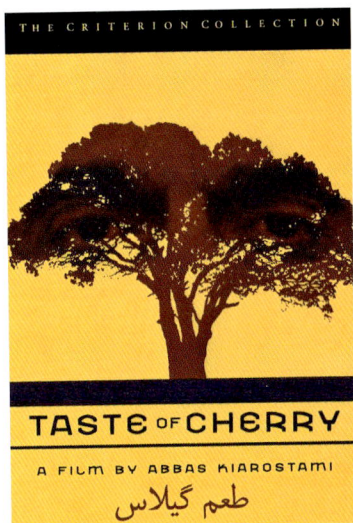

电影《樱桃的滋味》海报

◆生命与死亡：伊朗电影《樱桃的滋味》

剧情简介：巴迪驾驶着自己的汽车，在遍布工地的郊外漫无目的地行驶，他搭载了一名入伍不久的新兵，和他讲述当年从军的经历，而后提出了自己的要求：出钱要新兵掩埋自己自杀后的尸体，新兵惊慌失措，跑掉了。巴迪继续寻找埋尸人，可工地上的流浪汉、神学院的学生，全部拒绝了他的请求。一位在博物馆工作的老人巴格里登上了巴迪的车，巴格里曾经自杀，但最终为樱桃的甜美滋味所挽留，巴格里为了治疗儿子的病，应承下了巴迪的请托。巴迪在博物馆外踯躅，心中似乎产生了动摇……

电影《樱桃的滋味》剧照

在这部以对话为主显得平淡无奇的电影中，却因其充满哲理的隽永味道而让人看得津津有味，引发人们关于生命和死亡的探讨。生命不是无病呻吟的痛苦，而是面对这些苦难仍能微笑，不论选择是什么都要认清自己的方向。人们将死亡抱在怀中，更加看清了生命的光辉。

本片值得一提的还有画面的色调，一种金黄色的暖色调在电影中很能表现生活的一种温和的感觉，也表现着生活的"暧昧"之感，你可以拥抱她，投入进去，尽情品尝生活的滋味；你也可以远离她，在无聊、痛苦中彷徨。而长者对一个想要自杀的人的发问，让我们陷入沉思：

你感到绝望吗？

当你早晨醒来是否曾仰望天空？在拂晓时分，你难道不想看着太阳冉冉升起？金鸿相映的余晖，你不想再看了吗？你见过月亮吗？你不想再见到星星吗？那满月之夜，你不想再看一次？你不想再喝泉水吗？你不想用这水洗洗脸吗？看看四季，每个季节都有果实，夏天秋天都有，春冬也有。没有一个做母亲的能够为自己的孩子把如此多的水果储存在冰箱里，做母亲的为自己孩子所做的事不会像造物主为他所做的事情那么多，你想否定一切吗？你要放弃所有一切？你要放弃去品尝樱桃的滋味吗？千万不要，作为你的朋友，我恳求你！

面对心灵的沟通，巴迪脸上的忧郁不再沉重，他开始注意夕阳的美，最后来到自己的坟墓中躺下，在闪电的刹那照射下，他的眼睛里闪烁着晶莹的泪光。之后长时间的黑画面，导演将思考的时间留给了观众，我们有足够的时间去猜测巴迪的选择。其实一切都很清楚，谁都不愿放弃樱桃的滋味，不愿放弃如樱桃般甘美的生活。这应当是巴迪，还有我们，所有人的选择！

◆阿巴斯获"国际编剧终生奖"

伊朗著名电影导演、编剧阿巴斯·基亚罗斯塔米，1940年出生于德黑兰，2016年7月因癌症在巴黎去世，享年76岁。他的电影思想主要以在平凡中的哲理化思考和对细节的诗意化见长，始终关注普通人、穷苦人，不断探究那些操劳、疲惫、被社会洪流左右又坚韧不屈的个体的内心情感。阿巴斯认为，生活和经验

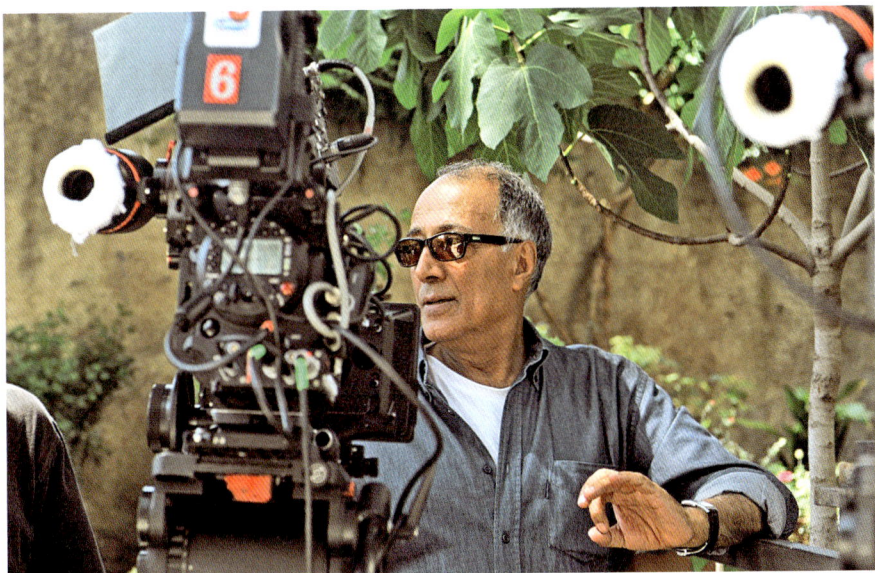

伊朗著名导演、编剧阿巴斯·基亚罗斯塔米

带给他的结论是："尽管我们是悲观主义者，但是我们活着不能没有希望"。

阿巴斯一生留下了近40部作品，其代表作有《何处是我朋友的家》《随风而逝》《樱桃的滋味》等。

◆委婉如诗的波斯音乐

波斯音乐对伊斯兰音乐的形成和发展，曾产生过重要影响。后来，它虽属伊斯兰音乐范畴，但仍保持其鲜明的民族特色。

据古希腊史学家希罗多德的记载，波斯帝国时期(公元前550—前330)，波斯人在宗教仪典上曾咏唱赞美诗；希腊作家色诺芬则提到波斯人在与亚述人交战中曾高唱英雄赞歌。由此可见，古代波斯音乐在宗教仪典和社会生活中已发挥了一定作用。

萨珊王朝时期（224—651）是古代波斯文化的全盛时代，音乐在宫廷贵族的生活中占有重要地位。由于宫廷重视音乐，这一时期曾涌现出许多有名的

描绘波斯音乐的场景的细密画

音乐家，如拉姆廷、阿扎德、希林、巴尔巴德等。其中巴尔巴德曾创造了一套与萨珊历法相对应的音乐体系，如"7种君王调式""30种分调式"以及360种旋律等。在塔克·伊·波斯坦遗迹的浮雕和萨珊王朝银器的雕刻上，生动地描绘出萨珊王朝时波斯人所使用的乐器，如钱格（波斯立式弯形竖琴）、巴尔巴特琴（短颈琉特）、鲁巴卜琴（双共鸣体琉特）、纳伊箫、唢呐以及手鼓等。

7世纪中叶，波斯人被阿拉伯人征服。由于波斯音乐旋律优美委婉，富有浪漫色彩和飘逸的诗意，深受阿拉伯人喜爱。在阿拉伯帝国初期，波斯风格的阿拉伯音乐曾风靡一时；波斯人对阿拉伯音乐理论的创建也卓有贡献，如在阿拉伯音乐史上占重要地位的伊卜拉欣·穆斯里和伊斯哈克·穆斯里父子、《歌曲全集》的作者伊斯法哈尼、著名音乐理论家萨菲·丁等均为波斯人。波斯乐器也曾传到阿拉伯，其中影响最大的是弦鸣乐器巴尔巴特琴，它在先伊斯兰时代已传入阿拉伯半岛，后逐渐与阿拉伯古乐器米兹哈尔结合，演变为伊斯兰的代表性乐器乌德。

阿拉伯人占领波斯后，阿拉伯音乐也随之在波斯广泛流传，并对波斯音乐产生了深刻影响。如具有波斯特点的12达斯特加赫就是在阿拉伯木卡姆的基

演奏波斯音乐使用的传统乐器

础上，加以程式化而形成的。每套达斯特加赫的首尾皆使用同一种木卡姆，该达斯特加赫的名称亦与它相同，如纳瓦、拉斯特、巴亚特等；而乐曲中间所演奏的各种程式化曲调"古谢"则可使用其他木卡姆调式。

波斯的传统唱法较为独特，演唱中常运用一种称之为"塔赫里尔"的真假声交替唱法。器乐演奏中的自由节奏是波斯音乐的一个特点。现今代表性的乐器有塞塔尔、塔尔、卡曼恰、桑图尔和通巴克鼓。

古代波斯的音阶以弦乐器的空弦和3个指位奏出的四音列为基础。律制方面曾使用过九律、十七律，现今一般用二十四平均律。

从19世纪后半叶起，西洋音乐开始传入伊朗。但传统音乐在伊朗仍然很受重视，伊朗著名的民族音乐家阿里·纳吉·瓦兹里创建了民族音乐学校；德黑兰大学音乐系也设有民族音乐的课程和研究机构。

◆感受"伊朗交响乐"

现在在伊朗想看精彩的交响乐公演，不妨关注一下这两个乐团：德黑兰交响乐团和新音乐伊朗大乐团。

　　每年在伊朗举行各种音乐节和音乐会，其中最重要的是大学生音乐节和曙光音乐节。举办大学生音乐节的目的是为开发大学生的音乐创造力，营造合适的氛围，提高他们的音乐艺术欣赏能力以及让他们进一步了解伊朗分类传统音乐。

　　音乐节一共有三部分比赛：乐器演奏赛、分类音乐赛、单项音乐会表演赛。一般说来，很受青年欢迎的大学生音乐节的一项活动是大学教授的学术报告，他们向学生们展示自己最新的艺术成果。

　　曙光音乐节是伊朗每年举行的最大的音乐盛事，从1985年开始举办第一届大型音乐节以来，在每年11月（伊朗太阴历，相当公历2月）革命胜利节之际举办一次。其主要内容是：通过民族地方音乐的比赛，展现伊朗民族地方、各民族优美动听的音乐之声。对于有兴趣研究和认识伊朗各地区音乐的人来说，音乐节是最好的实现这种愿望的机会。

　　民族地方音乐的各种团体在地方乐器演奏、唱歌、舞蹈比赛中，在相互

德黑兰交响乐团

竞争时展现了伊朗各地民族音乐的优美动人的画卷。

女士音乐：从第十三届音乐节开始，在艺术节日程上增加了女士音乐部分。一些传统音乐女乐团共同举办音乐会，这些乐团的歌手和乐器演奏者全是女士，女士音乐很受女士们青睐。

◆你所不知道的伊朗民间音乐

在伊朗，各村落除自己独特的习俗之外，还有独特的有别于他人的音乐。这些音乐的核心是在流浪者狂舞时制造狂欢气氛。

在此可提到巴克塔希邪和切什提耶的流浪者，通常他们在狂舞时只用笛子。而印度、巴基斯坦地区的流浪者则使用一种名叫哈尔蒙尼耶（Harmoniye一种口琴）的吹奏乐器。小鼓、印度三弦琴等乐器也是他们经常使用的乐器。

他们使用手鼓和名叫"多霍勒"的小鼓等乐器。什叶派地区的流浪者，演奏时冬不拉及手鼓则起主要作用。

"哈格人"流浪者聚集地演奏音乐的方式非常有趣：在流浪者所在聚集地集中之后，他们中的一个先用冬不拉演奏一段固定的乐曲，同时可伴随其他诗句。强烈的拍节、充满激情的表演及左手在琴把上娴熟的演奏技巧使演奏者在保持主旋律的同时还能以新的诗句相伴随。在聚集地演奏的各段音乐句都在"木卡姆（音调）音乐"之列，在第一阶段演奏"肃静木卡姆"或"形式木卡姆"；第二阶段演奏"祈祷木卡姆"，特别是伟大的虔诚的阿里那章节，所有的人都同声歌唱。然后开始打手鼓，同时赞扬真"安拉""安拉乎""安拉"，最后阶段演奏"杰鲁沙希木卡姆""巴纳乌斯木卡姆"等乐曲。这些木卡姆都有很强的、快的韵律，流浪者们随着鼓声击掌并不停地狂舞。

六、伊朗人的传统文化礼仪与生活饮食习俗

伊朗什叶派穆斯林的信仰和主要宗教礼仪是：除信安拉、《古兰经》和先知穆罕默德这些伊斯兰教的共同信条外，信仰伊玛目是他们的一个显著特

征，并被定为信条之一。主要宗教圣地有纳贾夫、卡尔巴拉、马什哈德、库姆等。主要宗教节日除重视古尔邦节、开斋节、圣纪外，还特别重视阿舒拉节和盖迪尔·胡木节。

◆春季新年与民族圣节

在日常生活中，广大的伊朗民众今天仍保留着自己独特的传统礼仪和礼节。人们见面后，通常以握手、拥抱、贴面等方式互致问候。

在伊朗，人们见面时，不分上午、下午，还是晚上，都往往互致"色兰，哈里署马湖北？"（波斯语：怎么样，你好吗？）同时，将左手放在上衣扣中间，微微低头，以示谦恭。在迎接远方的客人，特别是尊贵的客人时，除了以上礼节外，人们通常还给客人戴上花环，献上一束鲜花，鲜花的颜色常常以伊朗的国花——玫瑰花为主。在特别隆重的场合，还向客人贵宾身上抛撒花瓣。

自古迄今，伊朗人最重视、最隆重的节日是"诺鲁兹节"伊历元旦（相当于我国的春节）。按照伊朗的历法，伊历太阳历正月初一（即公历的三月二十一日）的元旦，这天正好是伊朗春季的第一天。这时春风送暖，冰雪消融，杨柳吐翠，花木含苞，伊朗人民正是在这春风时节迎来了自己民族的传统节日"诺鲁兹节"（即春节）。政府规定：春节期间国家企事业单位职员放假一周。

一般来说，在距新年之前（即伊历12月中旬前后），人们都为准备年货而忙碌了。要做的事情很多，打扫房屋是妇女要做的第一件事情。人们为了彻底清理平日清扫不到的顶棚墙角，往往把家具用品都移置室外，重新布置居室，以产生新鲜愉悦感。第二件事是采购各种物品。与我国不同的是在伊朗由于节假日期间各大商场和市场都停业关门休息。因此，每到节日临近时，购物者都提前到商业网点，尤其是"包挠了"（市场），购买自己所需的物品。制作节日食品，如甜食点心等，也是伊朗妇女新年所要进行的一项工作。

除夕之夜，凡在外地工作、出差、学习的人，一般都要赶回到自己的家中铺设以波斯语字母S打头的七样物品，组成七宝餐桌。以波斯语S字母打头的七种物品是大蒜、沙枣、醋、苹果、金币、甜菜和用麦芽和面粉制成的甜食。在七宝餐桌上，还陈列有水果、无花果果干、糕点，由春天的鲜花做成的花篮，以及用小麦事先育好的一盘绿油油的麦苗。除此之外，还必须在七宝餐桌上放一本《古兰经》，以及彩蛋、金金缸和象征纯洁和无私的镜子。在伊朗的部分地区，人们还在七宝餐桌上摆放具有地方风味的食品和糕点。在新年的钟声敲响之时，全家人围坐在七宝餐桌旁，共同诵读《古兰经》和做祈祷，这一切都是象征着吉祥如意、岁岁平安，并祈求在新的一年里，事业顺利，家庭幸福。

　　在新年除夕零点的钟声敲响之后，许多伊朗人都按照伊斯兰的价值观，为洗涤自己心灵上的尘垢和精神上的疲劳，一般都要到清真寺和宗教场所，或到各宗教圣城，通过礼拜和祈祷来使自己的心灵得到净化，精神面貌焕然一新。如居住在库姆市及其周围的居民们，它们都到先知穆罕默德后裔伊玛目长祖的女儿马素梅的陵园中，通过诵读祈祷词，诵读赞颂先知穆罕默德及其后裔的赞词，或诵读《古兰经》来迎接新春的第一天。在德黑兰和雷伊市的部分居

新年七宝

民则到伊朗伊斯兰共和国奠基人伊玛姆霍梅尼的陵园，迎接新年的钟声敲响。

在新年伊始，最拥挤、最热闹和游人最多的莫过于位于伊朗东部的宗教城市马什哈德市。在喜迎新春佳节之际，位于马什哈德市中心的伊玛姆阿里·礼扎的陵园内灯火辉煌，彩灯高照，陵园内外的广场人们熙熙攘攘，比肩继踵，十分热闹。人们有的在诵读祈祷词，有的在诵读《古兰经》；有的在作副功拜；也有的与家人朋友围坐在一起温馨交谈。当新年的钟声敲响之后，陵园内外的灯光连闪三次，以示进入新年。然后由主持人朗诵新年的专门祈祷词。

在诵读完祈祷词之后，人们开始向空中抛撒糖果和零钱，并相互间表示新年的祝贺。从新年的第一天到第十三天踏青节的到来，人们将每天走亲串友，向自己的亲朋好友致贺拜年。

据伊朗专家介绍，元旦是地道的伊朗人民的传统民族节日，至少已有2500年的历史。在波斯波利斯古城遗址，有一幅浮雕，国王端坐中央，两旁各有数个侍从手端各种食品盘。史学家认为，这是王宫中过"诺鲁兹节"的盛况。在古代伊朗的年节是从新年前的最后一个星期三，即"跳火节"开始，到正月十三"踏青"日（又称"避鬼节"）才告结束。（由于历史原因和受西方文化的影响，伊朗人十分忌讳13这个数字，他们在编楼号时，往往用12+1，避开13这个数字）。在这一天，人们都有要离家出走，到郊外踏青。他们相信这样做就可以把来年的邪恶和不吉利，完全从自己家中驱赶出去，同时也能唤起人们对大自然、对生活的热爱。

◆伊朗不同民族的生活饮食习俗

在平时其他节庆和宗教礼仪中，伊朗人吃食物还往往注重吉祥之意。如吃苹果蜜饯，表示生活甜甜蜜蜜；吃石榴，表示像石榴粒一样多子多福；吃鱼，像鱼一样活跃。更有趣的是，他们将糕点制作成各种形状，各有寓意；梯形的象征步步高升；鸟形的意味着像鸟翅覆雏一样和乐安康等等。宗教节日忌吃异味蒜、葱和苦的食物，因为这是不吉利的，也不食核桃、巴旦杏等坚果，因为"坚果"一词与"罪孽"有关，且多吃会刺激喉咙，影响祈祷。而拥有不同民族遗产的伊朗亚美尼亚人迄今仍保留有自己印欧语系的语言特征。他们现集中居住在德黑兰，伊斯法罕和阿塞拜疆等地，现有人口20余万，主要从事商业贸易和技术方面的职业。他们最大的社区是在伊斯法罕市的佐尔法区，下设14个教区，有一座大教堂和一个"亚洲天主教博物馆"。亚美尼亚人同其他少数民族一样拥有自己的学校，有一份名为《阿里克》的刊物，在议会中也有自己的代表。亚美尼亚教堂以及在北部阿塞拜疆的"圣·达太修道院"　现不仅是旅游胜地，而且也是千千万万个基督教圣地朝拜者们每年7月的聚礼地点，而星期日在"救世主大教堂"做弥撒，这对于一个以伊斯兰教什叶派为国教的伊斯兰国家来说，是一件想象不到之事。

尤其鲜为人知的一个现象是，居住在伊朗的伊朗犹太人教徒，在饮食禁忌方面的一个显著特点：在逾越节期间，只吃无酵食品，这可能与《圣经》将逾越节称作"除酵节"有关。同时，他们在过五旬节时，要在餐桌上放两块用新麦做的饼，作为献祭品。多数家庭要烤一个有4个角的长面包，做一种三角形的团子，里面有苹果、奶酪（或肉）。给儿童吃一种叫"西奈山"的馅饼，鼓励他们努力学习《圣经》。在位于哈马丹的以斯帖墓周围，一些犹太侨民于巴比伦时代便开始定居在那里，迄今仍保留了自己民族的语言和宗教特征。

此外，伊朗犹太人在"哈努卡"节时，要吃土豆煎饼和油炸土豆；在"图比谢瓦特"节时要吃巴旦木、杏仁、无花果、核桃，在灯节时要吃一种很薄的烤饼和蛋糕。他们的饮食禁忌甚多，烹调方式及吃法都受教宗戒律的约束，他们称为"合礼"。

伊朗国内还有将近20%的人操奥托里语，这是一种突厥语言。他们是伊朗最大的少数民族——伊朗突厥人。其他民族还包括在波斯湾以东的设拉子地区的嘎希高伊族，在西部伊朗的阿塞拜疆以南的库尔德族，居住在马赞达兰省东部大部分地区以及位于东北霍劳桑省北部的土库曼族，在西面的鲁尔族和巴赫梯亚尔族以及在伊朗东南部的俾路支族。还有只占总人口很小比例的闪族人、亚述人和阿拉伯人。亚述人主要集中在西北地区，而阿拉伯人则主要居住在波斯湾诸岛屿上和胡齐斯坦省。它们都保留着自己民族传统的语言和宗教生活习俗。

在伊朗不同的地区，伊朗人往往根据当地现存的自然环境和条件来烹煮各种富有地方色彩的食品，这些食物被视为民族传统食品，其中最著名的有：

契罗喀保布（伴有烤羊串或烤牛肉串、鸡肉串的焖饭）；奥布古事特（将羊肉、豆子、香料和土豆等放在水中一起焖煨，近似我国西安的羊肉泡馍）；霍列希特（用各种作料烧煮成的一种家常菜肴，就着米饭食用）；菲辛江（用家禽，尤以鹅肉或鸭肉为佳，另加核桃仁、石榴汁、橄榄、糖和香料一起炖煨而成）以及杜尔麦（一种将肉类和其他配料一起裹包新鲜的葡萄叶后烧煮而成的菜肴）。尤其在伊朗的西北部地区，有些地方菜肴是以野生植物或蔬菜以及豆类烧煮而成，亦可与肉食一起享用，十分美味可口。而南部有许多菜肴是以鱼类烧煮而成。伊朗的鱼子酱是用里海的鲟鱼制成，在世界上享有盛誉，滋补性很强，波斯湾的虾类由于质量上乘，故被用来烹煮各种食物。

伊朗的"索夫来"（按伊朗的传统习惯在地上铺上类似桌布的用品，供在吃饭时放置食物之用）色彩丰富。烤制主食饼类的方法多样。一般说来，伊朗的大饼是经过表层受热烤烘而成，皮薄柔软，且价格便宜。其主要品种有圣伽克、拉瓦烯、塔夫通、巴勒巴利等。平时一日三餐，早餐较为丰盛，有面包、奶油、酸奶酪、干酪、鱼、蛋、果酱、果汁、蔬菜和水果。他们的午餐一般都在单位吃，则比较简单，晚餐最为丰盛。

大部分伊朗人都喜欢吃面包馅饼，许多小吃店的餐桌上都列着一盘盘的小菜，有黄瓜、大蒜、青菜、莴苣等。不了解伊朗人饮食习俗的人，最初常把这些五颜六色的小菜视为"下酒的凉菜"，其实并非如此。这些各色小菜是和肉馅一起被塞进一个个切开的面包里食用，人们把这种烙面包称之为汉堡包。顾客想吃哪几种菜，喜欢什么酱料，告诉服务员或指给他看，他就会依照客人的选择，把烙面包塞得满满的拿给你。

◆ **伊朗人的禁忌习俗**

伊朗人饮食习惯还有一个特点，就是受欧洲人和外来食品的影响，由于历史上，伊朗受到英国和俄国的殖民统治及西方文化的影响，人们的生活习俗、礼节和饮食习惯都具有上述的某些特征。然而，在日常的生活中，伊朗人的饮食禁忌甚多，烹调方式及吃法都受伊斯兰教律约束。目前，根据严厉的禁酒法令，即使接待外国人士的饭店，也只供应不含酒精的饮料。

绘画中表现的波斯美酒

◆伊朗诗歌中的波斯美酒

葡萄酒准确说起源于高加索地区，或者说黑海东岸。酒本身的定义在中东很多变，它不仅可以用来指酒精饮品，也可以用来指果汁，有时又指发酵后的饮料，不过更多时候它指的是"葡萄汁"或"发酵葡萄汁（葡萄酒）"，例如圣经中说到耶稣在最后的晚餐中喝酒，实际指的就是未发酵的葡萄汁。

而波斯美酒之所以著名，则来自享誉世界的波斯诗歌，波斯诗人萨迪的诗集《蔷薇园》或译《真境花园》在过去几千年中曾经作为中国穆斯林经堂教育的范本之一。哈菲兹的作品不仅在波斯文学史上具有重要地位，对欧洲文学也有很大影响。18世纪德国最伟大的诗人歌德受哈菲兹的诗集启发创作了《西东诗集》，还专门做了若干诗歌并汇成"哈菲兹篇"献给哈菲兹。他说："哈菲兹啊，你是一艘鼓满风帆劈波斩浪的大船，而我则不过是在海浪中上下颠簸的一叶小舟。"

波斯诗歌的灵魂来自于苏菲主义，在分析波斯诗人哈菲兹的诗歌时，惠勒·萨克斯顿（Wheeler Thackston）曾经说过，哈菲兹"将人文的和神秘主义的爱的复调吟唱的是如此平衡……以至于很难将彼此分开。"哈菲兹的诗歌出现了多次关于"美酒"一词。事实上，苏菲主义者认为，人灵魂最极致的境界就是"人主合一"，而如进入这种状态呢？即泯灭自身即达到"selfless"的状态，所以苏菲主义者通过萨马仪式所谓的"达尔维什的旋转"，以及默念真主之名或者是伴随着鼓点有节奏地呼喊和蹦跳，这在鲁米的诗歌中尤为明显。

萨法维王朝时期绘有石榴的瓷砖

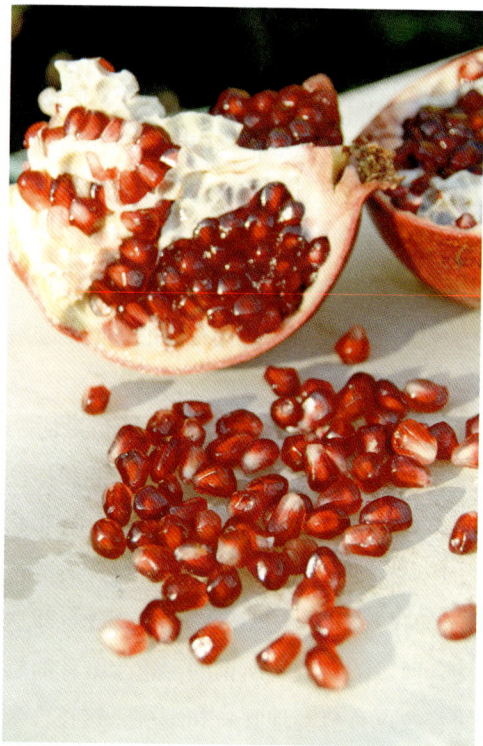
波斯石榴

◆ 石榴

自菲尔杜西至莎士比亚，石榴一直是诗人想象力的一个体现。鲜红的石榴花以及石榴汁一直是诗人用来比喻少女脸颊的隐喻，同时亦用来比喻火焰、红宝石以及鲜血。

打开或裂口的石榴犹如一颗流血和破碎的心脏，而石榴子则像鲜血般的泪珠。有些人把石榴比喻为怀胎足月的女性子宫。伊朗诗人则把最美丰满的妇女的隆胸比喻为丰硕圆形的石榴。

在历史上，石榴树一直有众多的用途。古代波斯人用石榴树木作燃料，用树皮制作鞣酸，用树根当草药，而它的汁水作染料。穆罕默德先知要求他的信徒们吃石榴，因为这样便能清除嫉妒和减少仇恨的滋长。公元10世纪时的著名哲学家和医师阿维森纳用石榴汁来医治众多疾病。一位现代的伊朗医生和著名作家亦声称石榴能减轻压抑的心情和胸腔病痛，而且证明石榴富含维生素A、B、C和E，将石榴汁和蜂蜜混合还能治愈一些疾病。

◆伊朗主体民族：波斯人的服饰

波斯人的服饰所展现的是一种宗教信仰精神，这主要集中体现在波斯妇女极富特色的服饰上。这显然与伊斯兰有关："你对信女们说，叫她们降低视线，遮蔽下身，莫露出首饰，除非自然露出的，叫她们用面纱遮住胸膛，莫露出首饰，除非对她们的丈夫，或她们的父亲，或她们的丈夫的父亲，或她们的儿子，或她们的丈夫的儿子，或她们的女仆，或她们的奴婢，或无性欲的男仆，或不懂妇女之事的儿童"。（《古兰经》第24章第31节）。因此，在伊朗，成年穆斯林妇女必用长袍遮身，以符合《古兰经》要求。

在服饰设计上，各民族大体形式是一样的，但具体的形制，如长短、肥瘦、衣领、大襟、开衩、袖子、腰带、装饰等等，还有一定的差别和特点。即便同一民族，不同地区间也不尽一致。一般来说，不穿妖艳华贵的服饰，衣冠色泽多以白色、绿色、黑色为主调，讲究整齐、美观、干净。这仍和它们的历史渊源与宗教信仰有一定联系。

尤其在今天，伊朗波斯民族的首饰极为丰富多彩。主要呈现出以下几个特点：一是佩戴的部位广泛，头、顶、胸、手、脚等部位均有不同的饰品。二是原料复杂，有俯拾皆是的竹、木、藤，有羽毛、兽骨，有海贝、珊瑚等海生物，有皮毛、布帛和丝绸，还有金、银、铜、铁、玉石、珍珠、琥珀、玛瑙、翡翠等等。其中银的应用无论南方还是北方都极为广泛，似乎各个民族对它都很偏爱。之所以如此，除了银是财富的标志，银饰美观、耐用而又易于制作外，还因为在各族人民心目中，银象征着光明、象征着正气，佩戴上银饰，就可以驱邪镇鬼。三是式样繁多，波斯各民族、各支系、各地区的首饰都有自己的特色和风格。有的原始简陋，有的精巧华丽，有的小巧玲珑，有的粗大壮硕。相对于现代首饰而言，大都较为粗大、雍容华贵。

伊朗少数民族在选择服饰上，注重布料颜色、图案和缝绣金银边或制作褶皱、缀上硬币（金币、银币，现今用镍币），以显示民族特征、身份和社会地位。

◆波斯人的语言特点及其他习俗

波斯语是古代波斯帝国和后来伊朗的语言。在印欧语系里，波斯语属伊朗语族。早在波斯帝国时期，波斯人就在巴比伦人楔形文字的基础上创造了古波斯楔形文字。从公元前6世纪至公元8世纪末，伊朗在不同的历史时期通行古波斯语。现存最早的古波斯文是属于公元前7世纪的阿里阿拉姆涅斯金版铭文，最长的则是与大流士一世有关的贝希斯敦铭文。公元3世纪以前的古波斯语是一种楔形文字，中古波斯语又称巴列维语。公元9世纪巴列维语与伊朗中西部的一支方言融合，产生了近代波斯语即达里波斯语，至今通用于伊朗和阿富汗。伊斯兰教自阿拉伯地区传入伊朗后成为伊朗的主要宗教信仰，它促进了达里波斯语的流行，其流行地域包括两河流域、阿富汗、小亚细亚和印度西北部地区。目前波斯语是伊朗、塔吉克斯坦和阿富汗等地的官方语言，全世界说波斯语人口约9000万。波斯语共有32个字母，28个来源于阿拉伯字母，4个为自创字母。

七、波斯文明对世界的贡献与影响

波斯文明是世界文明的重要组成部分。纵观人类文明史，一种文明的形成与发展，从来不是孤立进行的，它势必随着时代的进步和社会的发展而不断获得新的内容和形式，势必与其他文明的交融互鉴中才能取得发展和进步。东方文明如此，西方文明和世界其他文明更是如此。

从历史上看，伊朗是一个具有5000年文明史的古国。素有"欧亚大陆桥""东西方空中走廊"之称，是"一带一路"沿线的主要国家。公元前6世纪曾建立了世界上第一个横跨亚非欧三大洲的波斯帝国，为该地区各民族的融合发展做出了重大贡献。

波斯文明与其他文明的交融造就了波斯文化的多样性。它对希腊文明、埃及文明、印度文明和阿拉伯文明都产生过重要的影响。特别是在农业、天文学、医学、建筑技术、手工业技术、哲学、文学艺术等方面，波斯文明对人类的贡献影响深远。波斯人修建了世界上最早的天文观测台，发明了与今天通用的时钟基本相似的日晷盘。世界著名医学家阿维森纳所著《医典》，对亚欧各国医学发展有着重要影响。费尔多西的史诗《列王纪》、萨迪的《蔷薇园》等不仅是波斯文学珍品，也是世界文学的瑰宝。中国从汉代流行的琵琶是从波斯传入的，中国石雕狮子源于波斯古代的石雕艺术。唐代，波斯乐舞盛行于长安，波斯的祆教和摩尼教也曾在中国流行。中国最大众化的蔬菜（黄瓜、菠菜），也是源自波斯。而对当代大多数中国人来说，波斯已变得遥远和陌生。

（一）不同文明的交汇与融合

阿契美尼德王朝（前550—前330年）在伊朗文明史上占有重要的地位，是第一个辉煌的历史时期。阿契美尼德人利用埃兰文字、阿拉米文字创造了波斯楔形文字，留下了珍贵的典籍。他们吸收了巴比伦的天文学、医学，腓尼基的航海技术，以及乌拉尔地区民族的建筑艺术。

阿契美尼德人在国家管理方面充分吸收了埃兰和阿拉米等民族的经验。尽管政权和军队的核心是由波斯人构成的，但他们对于臣属于自己的其他民族的文化采取了宽容、开明的政策，吸收、利用他们的长处，从而形成一种复合文明。这主要体现在艺术和建筑方面，最典型的代表就是波斯波利斯的建筑艺术。波斯波利斯就是一座气势恢宏的宫殿建筑群，后被马其顿亚历山大焚毁。如今，那巍峨的建筑遗址和精美的浮雕艺术，那巨石和高柱上承载的古代文明的印痕，虽经2000多年风雨剥蚀，依然在向后人讲述着昔日的辉煌和说不尽的典故。这里已成为著名的游览胜地，被联合国教科文组织列为世界文化遗产。

（二）大流士时代——波斯文明史上最辉煌的时期之一

大流士一世执政期（前521—前485年）是波斯帝国的全盛时期，形成一个东起印度，西至亚得里亚海、地中海沿岸和北非，南连阿拉伯半岛，北抵俄罗斯的辽阔疆域。他把波斯帝国划为23个郡，实行相对独立的政策。伊朗是世界上最早创立邮差制度的国家。为了使中央与地方联系顺畅，这一时期修建了纵横交错的御道，建立起快速的邮递系统——一条从当时的波斯帝国中心苏萨直达爱琴海湾、全长2500千米的通道，其运输的快捷程度令后人难以置信。据载，从爱琴海边至波斯王宫只需三天时间，难怪人们传诵"波斯帝王远住巴比伦，爱琴海鲜鱼送上门"。这条通道不仅具有军事上的意义，同时也为东西方的经贸文化交流创造了条件。有史书记载，为了把印度洋和地中海连接起来，在红河和尼罗河之间修建了一条大运河。同时，伊朗是世界上最早利用马匹来进行交通运输的古代民族。

在这一时期，波斯帝国统一了全国的货币，规定了铸造货币的制度，即中央政府有权铸造金币，地方各郡铸造银币，而郡以下地方当局铸造铜币。这是中央控制全国经济贸易的有效措施。与此同时，还整顿和健全了全国的税收制度，以货币和实物两种形式纳税。

同一时期，波斯地毯、刺绣、纺织等手工艺，以及化学、矿土的利用均得到很大发展。金属工艺、建筑、雕塑等领域也达到高超水平。如今，在中央和地方的博物馆可以看到大量属于这一时期的珍贵文物。

（三）波斯古经《阿维斯塔》

约在公元11世纪就出现了琐罗亚斯德教的经书《阿维斯塔》，公元前4世纪成书。这部被称之为"波斯古经"的典籍，是用金汁书写在12000张牛皮上，内容丰富，有许多富有价值的篇章。含有大量的诗歌、传说和民间故事。它告诫人们要追求善良、真诚和纯洁，远离邪恶、虚伪和污秽。这部经典在伊朗文学史上产生了深远的影响。

（四）人才培养教育模式

自古重视教育的传统，是波斯文明绵延不绝发展的重要因素。在《阿维斯塔》古经中，就赋予了知识和教育以重要意义，它告诫人们要善于掌握知识，造福社会。统治阶级为维系自己的江山和权力，也把培养有雄才大略的继承人视为头等大事。伊朗古代教育的宗旨与服务国家，孝顺父母，完善自我，提倡善言、善行的道德准则相互契合、相得益彰。

波斯的古代教育分为初级阶段和高级阶段。初级阶段主要有识字、写字、读书和算数。在公元8世纪造纸术从中国传入伊朗之前，儿童主要是接受家庭教育，孩子们在石板、泥板或是兽皮上练习写字。高级阶段主要是学习文书、法律、计算、天文、哲学、文学、神学和建筑等科目。

体育教育也是一个重要方面，人们认识到身体健康和精神力量是相辅相成、相互影响的。体育教育的主要科目有骑马、射箭、马球、游泳、狩猎、投镖等。马球后来也传入了中国，成为人们喜欢的项目之一。

（五）萨珊王朝——波斯文明史上的里程碑

萨珊王朝从公元224—651年延续了400余年，是波斯文明史上最为辉煌的时期之一，是又一个里程碑。

在这一时期，生产力得到空前发展和繁荣，在金属工艺、建筑、纺织业等领域均达到高超水平，精美的艺术品、陶器、编织品远近闻名。出现了更多丰富的文学、音乐、美术作品。萨珊王朝还把一些被征服国家的能工巧匠、专业人士迁到伊朗，以发展和提高自己的手工艺水平。如今，在许多历史遗址仍能看到萨珊时代的壁画、浮雕。

公元3世纪，在胡齐斯坦建立了闻名于世的砍迪·沙普尔大学。这是一所综合性的高等学府。包括哲学、文学、工程学、医学、动植物学科。这所学校尤其重视医学，建立了一所附属医院，供学生实习。学校还聘请了希腊、印度等国的教师任教，开展了翻译和学术研究工作。据记载，在萨珊王朝时期，共有70种包括天文学、医学、哲学等方面的著作翻译成希腊文和吉普蒂文。学校吸引了外国留学生前往学习。这所大学一直延续到10世纪，在伊朗的科学教育史上写下了光辉的一页。

萨珊王朝的霍斯劳一世（公元531年登基）是一位贤明的君主，有非凡的管理才能，他大力倡导和鼓励同各国名人、学者的学术交流，使伊朗成为当时思想文化交流的中心。

萨珊王朝时期用巴列维文写成了许多经典著作和文学作品，整理出24卷本《阿维斯塔》，进一步充实和丰富了伊朗的文明宝库。但阿拉伯人入侵，占领南部城市设拉子以后，许多珍贵的文化典籍被扔到河里，遭受了严重破坏。这是继亚历山大焚毁书堡之后第二次遭劫。这部波斯古经仅存80000余字的版本流传至今。

波斯的园林艺术在欧洲享有盛名，其风格特点是建有带围墙的小院，瓷砖铺地，设有水池和喷泉。建筑物玲珑雅致，艺术风格各异，装饰优美。这种园林艺术风格可追溯到巴比伦和亚述时代。伊朗的历代帝王们在建造自己的宫廷时，也都广植花草树木，建成花园式的宫廷院落。这种建筑风格最早传至西班牙，以后传到欧洲一些国家。十字军远征时，发现了埃及、巴比伦和波斯的园林艺术，当这些将士回国时，把这种园林模式带回到自己的国家。一些西方国家的拜占庭时期黑海沿岸的园林，都吸收和模仿了东方园林艺术风格。

伊朗是世界上开创建造水坝先河的国家。为了与大自然抗争，早在2500年前伊朗就修建了"纳特"，即地下水渠，这一方法后来传播到北非和西班牙等地，以"波斯水轮"享有盛誉。1000年前，在设拉子北部建造的三个大水坝至今仍在发挥作用。至16世纪萨法维王朝时期，水利工程建设取得了更大的发展。目前伊朗地下水渠总长40000余千米，1979年以后全国又开展大规模兴修水利工程，有25座大型水坝建成或接近建成，这一古老的传统一直延续至今。

八、波斯文明与中华文明的交融

中国和伊朗——亚洲东部和西部的两个正在崛起的发展中国家，它们都有各自光辉而灿烂的古代文明，对人类的进步和发展、对人类文化都产生过重大的影响。

中华文明是世界上最古老的文明之一，也是世界上持续时间最长的文明。中华文明以黄河文明和长江文明为主，是多种区域文明交往、交流、融合、升华的"命运共同体"，从张骞出使西域到马戛尔尼出使中国，是"世界走向中国"的时代。中华文化曾一度出现"坐享千古之智""人耕我获"的佳境。

从人类文明的发展历史来看，中华文明对波斯文明的影响十分明显。汉代中国和波斯就开始有了文字记载的文化因缘。著名史学家司马迁在《史记·大宛列传》中，不仅以睿智卓识记下张骞通西域的创举，而且指出："安息在大月氏西可数千里。……其属大小数百城，地方数千里，最为大国"，其民善于经商，"民商贾用车及船，行旁国或数千里"。这为两国交往、交流作了文字上的铺垫。书中还记载了两国间文化与文学现象的联系。"条枝（西亚伊拉克一带古国名）在安息西数千里，临西海。……安息长老传闻条枝有弱水、西王母，而未尝见。"寥寥数语即将安息（波斯）长老的传说与中国上古神话联系起来。

众所周知，汉代开始的佛经翻译对中国文化的发展极有影响，而翻译佛经在中国信而有证的第一人都是安息（波斯）人。安息国王科斯老之子安清，字世高。他博学多识，笃信佛教，曾放弃继承王位的机会而离家事佛，云游西域各地。东汉桓帝建和二年（148年）他抵达中国洛阳。据《高僧传》载，"至止未久，即通华言"。他自桓帝元嘉数百万言，有95部之多，现存54部。其中《譬喻经》（出《六度集经》）、《五阴譬喻经》（出《杂阿含》第十卷）、《道地经》《长者子制经》等佛经中的许多譬喻，如：犊母喻、雷雨喻、盲人坠火喻、持斧入山取直木喻等，都以其想象丰富的传说故事和新鲜生动的譬喻等文学形式，丰富了中国文学的表现内容。其后，安玄是祖籍安息的又一位佛经翻译家。他于汉灵帝光和四年（181年）来洛阳经商，因功封为"骑都尉"。学会汉文后与临淮入严佛调合译过佛经两部，其一《杂譬喻经》也以其精当的譬喻广为流传。安清、安玄在翻译佛教经的过程中，或多或少地将波斯的语言因素及表现方法融注其中，这样的译文必然会对当时的中国语言文学产生影响。

从东晋、十六国到隋、唐各朝均有波斯人从海上丝绸之路到中国的记载。公元4—7世纪初，中国的史籍习惯把非洲东海岸、阿拉伯、印度、锡兰等地的物品统称为"波斯货"，这无疑表明是波斯的船舶将其运往中国的。据《大唐西域求法高僧传》载，中国法师义净于671年去苏门答腊就是从广州乘波斯船出发的。在《贞元新订释教目录》中，金刚智约在717年从锡兰（今斯里兰卡）出发，有35只波斯船从行，驶向苏门答腊，然后前往中国。

唐代国势强盛，经济发达，中国实际上成为东方文化、文学交流的中心，中国和波斯文学的交流有了进一步发展。在《旧唐书》卷一九八《大食传》中，落笔极慎的史官写下波斯胡人另立阿拉伯国家的历史传说。"（隋）大业中（610年），有波斯胡人牧驼于俱纷摩地那之山，胡人依言，果见穴中有石及鞘刃甚多，其众渐盛，遂割据波斯两境，自立为王。"书中所载之事及发生时间基本上符合伊斯兰教先知穆罕默德受命之事，但突出了波斯人的作用。

唐代由于波斯和中国的海上贸易极为发达，波斯人在中国南方沿海素有"舶主"之称。诗人元稹在《和乐天送客游岭南二十韵》一诗的自注中云："南方呼波斯为舶主"。这不仅说明来到中国交州、广州的外国商船大多属波斯人所有，也表明中国往来于印度洋的商船也有任用波斯人为船长的。在许多书籍中波斯人往往被描绘成带有传奇色彩的异域人物。《太平广记》中的《李勉》《径寸珠》《李灌》等篇中均有波斯商人在中国奇遇的传说故事。《集异记》《酉阳杂俎》《宣室志》和《广异记》等书中，还记载了波斯等西域胡人识宝的传说。基本情节雷同，都是某华人因某种机缘得一物，被"波斯胡"等识为至宝，高价收买，最后交代宝物的名称和超现实的用途，以便突出"波斯胡"的睿智与慧眼。在《太平广记》卷六引《纪闻》和卷三五行《集异记》等文中，还分别载有专门从事买药的胡商（即波斯商人）的故事。其中有人就是炼丹家，为炼丹的西传起了推波助澜的作用。

唐代不少文人墨客都描写过擅长歌舞的、以波斯为主的舞姬。大诗人李白常常光顾波斯胡店，写有"五陵年少金市东，银鞍白马度春风，落花踏尽游何处，笑人胡姬酒肆中"的诗句（《少年行二首》之二）。有时他甚至沉醉于"胡姬貌如花，当垆笑春风，笑春风，舞罗衣，君今不醉将安归"（《前有樽酒行二首》之二）的心态。白居易在《胡旋女》一诗中赞美了波斯舞姬为天子表演时的优美舞姿。"胡旋女，胡旋女，心应弦，手庆鼓，弦鼓一声双袖举，回雪飘飘转蓬舞。左旋右转不知疲，千匝万周无已时。人间物类无可比，奔车库轮缓旋风迟。曲终再拜谢天子，天子为之微启齿。"元稹在《西凉伎》一诗中还写道："狮子摇光毛彩竖，胡腾醉舞筋骨柔"，把狮子舞等一些波斯为主的杂技艺术描绘得惟妙惟肖。他在《法曲》诗中还描写了波斯妇女服装装备受长安等地妇女青睐的时尚："女为胡妇学胡妆，伎进胡音务胡乐……胡音胡骑与胡妆，五十年来竟纷泊"。

一些中国籍的波斯人后裔也以其在汉语言文学等方面的高深造诣，为两国文化交流史写下令人难忘的篇章。著名的唐代诗人李珣兄妹就是一例。李珣（约855—930年）"土生波斯"，其父为波斯富商李苏沙。后定居在中国西南梓州（今四川台县附近）。他精通汉语言文学，"所吟诗句，往往动人"。著有《琼瑶集》，现已傀失。现存词五十四首，《全唐诗》中有收。其中《渔父》《酒泉子》《浣溪沙》《巫山一段云》《菩萨蛮》《渔歌子》《虞美人》等皆上乘佳作。其词风朴实，多写南海风光，具有浓郁的江南水乡气息。与中国诗词大家相比，无论格律用韵，还是寓意想象都无逊色。李珣之妹李舜弦也颇有诗才，被五代前蜀王衍纳为昭仪。她那清新隽永的诗作入了《全唐诗》中，足见其中国传统文化修养之深。

由此可见，2000多年前，"功不在禹下"的张骞以"筚路蓝缕，以启山林"的精神，向西方"凿空"，使中国和波斯两国得以互通信息。继后，横贯波斯境内的丝绸之路和穿越波斯湾的南海水道，进一步促进了两国之间在政治、经济和文化诸多方面的交流，从此，两国间的翰墨因缘也日益绵密，其文化交流在唐宋时期（618—1128年）曾一度达到鼎盛时期。当时波斯商人、使者、僧人、传教士、艺术家和大批高级官员纷纷访问中国，文献记载5000多波斯人定居长安（西安）表明这种交流规模之大。迄今在我国的新疆、宁夏、西安、福建、广东等省和伊朗的伊斯法罕、大不里士等地均保留着大量的有关这种关系的遗迹。诸如绘画、音乐、木刻、铜雕、陶瓷、钱币以及其他手工艺品对两国文化有着非常大的影响。尤其是从中国西安开始经波斯连接地中海的丝绸之路则是两国关系友好和久远的标志。

在世界文明发展史上，中国的丝绸、漆器、瓷器、造纸法、印刷术、火药和冶铁、水利灌溉技术等由此经波斯传向西亚及欧洲；而西方的植物新品种、毛皮、珍禽异兽及音乐舞蹈、天文历法、文化等也源源不断地输入中国。

大约在公元前4000—前3000年，波斯本土已出现原始文明，当地土居的狩猎、农耕部落与来自中亚细区的游牧部落混合，得"雅利安人"之称。他们大概在公元前9—8世纪时进入比较成熟的奴隶制。到阿契美尼德王朝时期，已成为一个征服了小亚细亚、巴比伦、中亚细亚和埃及与印度的部分领域的大帝国。之后波斯不断地遭到异族侵略或发生内乱，波斯人民在兵燹战火中艰难地建设自己的文明，为人类留下一笔宝贵的精神财富。古代波斯的医学、天文学、数学和史学、地理学，还有建筑艺术、手工艺术和音乐都有突出的成就。但具有世界影响，为后世所称道的还是诗歌。

古代中国也有"诗国"之称。但中国诗歌不像波斯古典诗歌"身兼多职"。"诗言志"是中国诗歌创作的原则。波斯古诗不限于"言志"，诗人用它来记录历史（菲尔多西《王书》）、叙述生动的故事（内扎米《七美人》《莱伊丽与马季农》）、讨论宗教教义（鲁米《宗教双行哲理诗》）。然而更多的诗人是用诗歌形式探讨人生的哲理。被称为"波斯古典诗歌奠基人"的鲁达基，在清新、朴素的诗风中表述人生的哲理，科学家和诗人海亚姆以朴素的唯物主义观念写下他的人生哲理诗，"彼岸世界的喉舌"哈菲兹早期创作的世俗抒情诗，在对传统价值的怀疑和对自由的讴歌中探讨人生，苏菲诗人鲁米和贾米也在宗教的神秘氛围中不乏现实人生的曲折表现。尤其是被誉为"人生导师"的萨迪，其代表作《蔷薇园》和《果园》"是指导人们思想修养与规范言行举止的道德手册"。他们的人生哲理诗作，既扎根于波斯文化传统，又打上诗人生活时代的印记。波斯人不仅把他们的诗作当作艺术欣赏，还用来指导现实的人生实践，甚至用诗行来预卜人生道路上的吉凶祸福。现在的伊朗政府将把他们的诗作用各级学校的教材，伊朗人从小就受到这些古典诗人人生价值观的熏陶。古典诗人的一些哲理诗句，至今为人们所运用。

波斯古典诗人的人生哲理诗，从宽泛的意义上说也是"言志"。但与中国古典诗歌比较起来，更多理智因素，"以理入诗"是中国诗歌创作的一大忌讳。讲述人生哲理、人伦规范，在中国的另外的散文论著，其中最富传统性的是语录体，即由门生或后人对先贤哲人的言论加以摘录整理，分类汇编，供人们在生活实践中运用。一些文人士大夫为了把这些传统的价值观念普及于民，对这些语录加以改写，结合日常生活事例使之通俗化，运用简练通俗的语言，使之格言化，流行于民间，在潜移默化中指导着人们的人生行为。它对波斯人的价值观念、处世交往、为人准则等都有很大影响。

从历史上看，波斯地处亚、非、欧三大洲的交集处，既是三大洲往来的交通要道，也是古代东西文明的汇合点。这样的位置，形成了古波斯人的开放性心态；到中世纪时，由于东西贸易往来，波斯产生了一个势力甚大的工商业阶层；周边高度发达的古代文明影响了波斯本土文明。发源于幼发拉底河和底格里斯河流域的古巴比伦、亚述文明，成为波斯文化的重要基础，东方的中国、东南的印度、西南的埃及和后来强大阿拉伯、西方的希腊罗马等高度发达文明都给波斯以不同程度的影响。其中影响最大的当数古希腊和阿拉伯，而从文化源流上看，古希腊的影响尤甚。希腊文化中的"人"的观念、理性、自由的思想，深深影响了波斯古代文化。

而中国古代文化是典型的农耕文化，波斯文化是农业与游牧文化的混成。中国文化发源于黄河、长江流域，有着肥沃的土地、充足的水源和适宜农耕的气候。这种农耕文明，在文化上的特征，由于收成依赖自然条件，产生顺从自然、"天人合一"的观念；农耕以土地为本，有一种执着乡土的观念和求静、求稳的普遍心态。

古代波斯的生活、生产方式不像中国单一。在两河流域早有高度发达的农业文明，但在民族发展的历史上屡为游牧部落统治，波斯的好几个王朝都是游牧部落开创，既有外邦的游牧部落入侵，也有波斯本土的游牧部落取得统治的时期。波斯历史上，游牧部落经常袭击定居的农民，破坏农业灌溉设施。游牧民族常被视为优于定居的农民，他们成为统治者依赖的军事力量。其结果，一方面农耕文化同化着游牧文化，另一方面游牧文化的剽悍勇敢、向往自由、缺乏统一意志、个性主义等特征又渗进波斯文化中。波斯文化就在农耕与游牧两种文化类型的冲突、融合中发展。

同时，古代波斯的宗教生活对人们影响深远。波斯历史上兴起过马兹达教、琐罗亚斯德教、摩尼教，在伊斯兰教统治时期，又产生形成了独具特色的什叶派学说。在一个国家的历史上盛行这么多的宗教，在世界文化历史上并不多见。古波斯宗教以善恶二元论为基础，世界一切均由善恶构成，善恶二神一直在不停地斗争。人的向善、向恶都有可能；而善神最终战胜恶神，这中间人以各种仪式给善神以很大帮助。从中可以看到对人的自由意志和人的力量的肯定。摩尼教在琐罗亚斯德教的基础上与社会现实联系起来，把宇宙的纵向发展分为初际、中际和后际，初际善、恶二神各自拥有独立的王国，中际善恶相混，后际是善将恶赶离善的王国。摩尼教对中际（即现在）的解释，认为善恶混淆不清，在于人们怎么去看，如果以慈悲的眼光观察，则世间的一切都是光明和善良；若以残忍的眼光去看，则一切都变得黑暗和丑恶。这种善恶相对论，无疑从认识论上为人们开了自由之门。公元5世纪出现琐罗亚斯德教的异端派别——马兹达克派，把社会生活中的平等与善神、压迫与恶神联系起来，号召建立一个平等、自由、正义的社会。苏菲派作为伊斯兰教的一个派别，宣扬神秘的爱、泛神论和神智思想，奉行内心修炼，沉思入迷以至与安拉合一，实际上在神秘主义的外衣下，掩藏着自由思想的观点。这种"人类自由理想"在波斯宗教中表现得非常明显。

中国历史上没有产生严格意义的宗教，只有祖先崇拜。由于中国传统社会身、家、国三位一体的社会结构，对祖先的崇拜又转向对统治人物的崇拜，所以，中国的宗教情感与忠、孝、礼、义等伦理内容和自由宗法制引申的等级政治结合在一起，只有服从和膜拜。

公元9世纪，祖籍波斯，担任过古波斯伊拉克邮政总管的学者伊本·库达特《道里郡国志》一书。不仅详细描这了从巴士拉沿波斯海岸绕南亚大陆，过南海到达中国的水路交通，而且列举了中国丝绸、陶瓷、麝香、貂皮等贵重出口物资的细目。这是中国与波斯友好往来的最早记载之一。同期另一位生活在波斯的学者雅库比在他的名著《阿巴斯人史》中，对中国与之毗邻国家间的关系，对中国的丰富物产、广州贸易的盛况等均有描写。一位曾多次到过中国的商人苏莱曼用阿拉伯文写了一部文献游记《公元九世纪阿拉伯人及波斯人之印度中国游记》。他从位于波斯湾边缘法尔西斯坦繁华海港锡拉夫出发前来中国。不仅详细记载了航海路线，而且以生动的文笔描绘了他对中国民俗风情的真实了解。他认为中国人的文化修养高，懂得音乐和绘画，对待外国商人的买卖也公平合理。书中还描述了当时中国重要的南海港口广州停泊着的来自世界各地的货船，并记载了市内竹木结构的建筑的不足之处，一旦仓库起火会给各国商人带来经济损失等。

10世纪以后，波斯文化进入一个高度发展的鼎盛时期，先后涌现出一批震古烁今的大家，其作品在东西方产生过深远的影响。中国著名学者许地山先生在

《梵剧体例及其在汉剧上的点点滴滴》（1925年）一文中明确指出："我很怀疑中国小说受伊斯兰文学地影响比受印度地大。因为我从波斯文学中地短篇散文或小说找出些少与中国相似的。"许地山本意虽然说中国小说主要受印度的影响，但并未否认也受波斯的影响，虽然中国和波斯散文和小说相似处不多，但诗歌的内容和形式还是互有影响的。著名文学史家郑振铎先生论的更明确："波斯人民所创作的诗歌、小说和绘画，在亚洲和非洲也还产生了很大影响"（《中国和亚非各国友好关系史论丛》）。在这种影响中，中国自然首当其冲。

波斯著名诗人菲尔多西（940—1020年）史诗《王书》共有50000余行，其中的精华描写波斯民族英雄鲁斯坦姆等勇士的故事，约有28000行。其核心故事为波斯英雄鲁斯坦姆与突朗英雄苏赫拉布的生死搏斗，主要反映了属敌对双方的不相识的父子互相残杀的主题。它和中国世人皆知的薛仁贵与薛丁山父子相残的故事颇多相似之处，很有意趣。《王书》因汇集了波斯历史上4000多年间流传在民间的神话、传说和故事，颇受伊拉克、阿富汗、巴基斯坦和印度部分地区人民的喜爱。书中的主要情节，尤其是鲁斯坦姆和苏赫拉布父子相残等精彩片断，可说是家喻户晓。这样的内容自然也会流传至中国西北的一些地区。新疆塔吉克族民间就流传着鲁斯坦姆的故事。据杨宪益先生考证，薛平贵故事来源甚古，初见于秦腔，长安附近又有武家坡地名和故事，还提及西凉以及金川、银川、宝川三位姑娘的命名，都说明它可能是唐宋间西北边疆一带的产物。大概到了元代，薛平贵就已被人改成薛仁贵了。西北边疆历来是中西文化汇流的媒介之地，往来于中伊之间的商贾是文化交流的主要媒介者。他们将盛行与成书都在唐宋之际的《王书》中的主要故事播扬到西北地区是极有可能的。完全可以推断中国薛仁贵和薛丁山父子间的冲突与波斯鲁斯坦姆和苏赫拉布之间的冲突有某种事实联系。这也从一个侧面说明早在菲尔多西时代，中国在波斯人心目中就已有了重要的地位。

其后，波斯另一著名哲理诗人欧玛尔·海亚姆（1048—1122年）运用名为"柔巴依"的古典抒情诗形式进行创作，颇负盛名。这种出现于9—10世纪波斯和塔吉克民间口头创作的诗体，在波斯古典文学奠基人鲁达基（850—941年）时代定型，到11世纪中叶海亚姆时代达到繁荣。同时在阿拉伯语以及包括维吾尔语在内的突厥语等东方语言文学中也有出现，是深受人们喜爱的一种抒情诗形式。在古代波斯"柔巴依"又称为"塔兰涅"，意即"绝句"。据中国杨宪益等一些学者考证，这种可能来自中亚突厥文化传统的诗体，与中国唐代的绝句同出一源，或者可能是唐代绝句通过突厥文化传入波斯而形成。接踵而至的是波斯叙事大师内扎米（1141—1209年）。他取材于《王书》的爱情抒情诗《霍斯鲁与西琳》流传深广，早已越过波斯疆界在中国新疆地区开花结果。中国维吾尔族杰出的古典诗人阿不都热依木·纳扎尔（1770—1848年）受其影响而创作了爱情长诗《帕尔哈德与西琳》。时至今日，新疆维吾尔族甚至认为帕尔哈德是中国（新疆）王子。相传在南疆库车（龟兹国旧址）附近有个千佛洞，前面的山谷与河流即帕尔哈德的高超技艺是从中国的一位老师那里学习来的。在另一部长诗《巴赫拉姆在土星宫的故事》中，他甚至把一个美丽的中国城市描述成神秘故事的发生地。那里"清幽宁静，像天堂伊甸园一样树木葱郁，人人面皮白皙"。可见作者内扎米对中国是很向往的。

13世纪初，蒙古人相继入侵了波斯和中国，由于元朝大帝国的媒介，大批穆斯林东来中国，其中许多是波斯人，这无疑拓展了两国文化交流的领域。当时一位名叫努尔·哈丁·穆罕默德·奥佛的学者并游历家，在他的《轶事集》一书中收集了大量古代阿拉伯典籍中的故事。其中谈及属什叶派的穆罕默德后裔中的色地斯族人曾流徙并寄居在中国边境的史实。他们后来成了中西各方面交流的中间人。作者在书中解释了阿里教主的后人远奔异地的动机。在白衣大食王朝（即倭马亚王朝），一批色地斯人及阿里教主的后裔移居呼罗珊（即波斯），但白衣大食穷追不舍，色地斯人逃入东方，直到中国境内才停止。这些记载为大批阿拉伯人途经波斯陆路迁徙来中国提供了事实依据。

此期间波斯文学史上"四柱"之一，萨迪（1208—1291年）的足迹为遍及中国新疆等地。他的两部叙事诗集《蔷薇园》和《果园》等诗作，以其优美的文笔和韵律以及适于中国读者所接受的哲理，几百年来一直得以在中国传播。《蔷薇园》早已成为中国穆斯林经堂道德教育的教材。而《果园》的波斯文本至今在新疆和田地区的维吾尔族中享有大量读者。他们把《果园》称为《布斯坦》（即《果园》的波斯文音译），有的阿訇甚至能背诵通本。14世纪初，萨迪刚刚逝世50余年之后，他的抒情诗就已流传到中国南方。有"伊斯兰世界的旅行家"美誉的伊本·白阁泰（1304—1377年）曾由南海到中国，他在1355年底定稿的《游记》中，不仅记录了对中国文化的了解，对富有艺术才华的中国人民的热情赞扬，而且还珍贵地记录了他访问杭州时，听到中国歌手演唱的、曲调优美的波斯语歌曲。其中两句："胸中泛起柔情，心潮如波涛汹涌，祈祷时，壁龛中时时浮现你的面影"，恰是萨迪的一首抒情诗的一段。中国和波斯两国之间文化文学的交往在当时范围已经很广泛了。

　　14世纪波斯两位著名的诗人哈珠·克尔曼（1200—1352年）和哈菲兹（1320—1389年）都在自己的作品里表达了对中国文化的推崇。哈珠在长达4300行的叙事诗《霍马与胡马云》中，描写伊朗王子霍马因慕念中国公主胡马云而放弃王位，千里迢迢前去中国，经过千辛万苦霍马才实现了自己的心愿和中国公主结合。这个虚构的故事不仅反映了诗人对中国的向往之情，也说明中国在当时波斯人民心目中的地位。哈菲兹在自己的抒情诗里也多次提及中国的麝香和画工，虽然描写都不够详细，但诗人对中国友好感情和善良愿望是值得珍视的。

　　这时期中国也不乏有关波斯的文献记载和进行文学描绘的作品。元代汪大渊因数度随商船去过波斯，因而在他撰写的《鸟夷志略》一书中专门介绍了波斯当时主要的通商口岸忽尔谟斯，作为东西方商旅的必经之途，它不仅是波斯货物的集散地，也是波斯文化东传中国的咽喉之地。元代耶律楚材所著《西游录》和周致中的《异域志》中也都有关于波斯地理交通等方面的记载。元代诗人马祖常系西域汪古部人。他在两首诗中对波斯商贾从陆、海两路来华贸易的详情有生动描绘："波斯老贾度流沙，夜听驼铃识路赊，采玉河边青石子，收来东国易桑麻"（《河湟书事》）。"翡翠明珠载画船，黄金腰带耳环穿，自言家住波斯国，只种珊瑚不种田"（《绝句》）。此外，元代华化的西域人溥博，侨居江南，父子兄弟都是世居中国的波斯人，他在嘉兴于元惠宗至正二十二年（1362年）江浙乡闱一榜，正式入籍，精通诗毛氏笺等，颇多文才，深受中国传统文化礼仪的熏陶。

　　15世纪初，明成祖朱棣竭力想恢复和加强两国的交通往来。吏部员外郎陈

　　波斯细密画——设拉子的露天表演

　　这是一张藏于克利夫兰博物馆中的波斯细密画，绘制年代约为1440年。介绍文字是这样描述的：设拉子的露天表演。从画中可以看出有3位中国人的面孔，他们身着明朝官员的服饰，席地而坐，观看表演，此画所描绘的年代约为1440年，这正是中国的明朝时期。由此可以看出，历史上波斯与中国有着密切的往来。

诚和户部主事李遝于1413年奉命出使波斯帖木儿王朝的哈烈（今赫拉特）。他仍每到一处，"辄图其山川城廓，志其风俗物产"，归国后合写《西域记》二卷。上卷《西域行程记》，下卷《西域番国志》，文笔生动地描述了波斯的风物。明代郑和七次出使西洋，明文记载的有五次到过波斯。其随行人员中归国后著书立说者大有人在。三次随郑和下西洋并任翻译的马欢，在《瀛涯胜览》中，详细地描写了今波斯境内的忽鲁谟斯国的地理物产和风俗民情。费信也在《星槎胜览》一书中介绍了自己两次访问该国的感想。巩珍也在《西洋番国志》中对该国的各方面有描写。这些记载是探索两国文化关系不可多得的史料。

16世纪初，阿拉伯著名旅行家阿里·艾克伯雷曾于1500年前来中国旅游观光。归国后他曾以波斯文撰写游记一册，定名为《中国游记》于1516年完成。书中对中国当时社会的政治、经济、文化、军事、法律以及生活的各方面情况所进行了描写，迄今仍有重要的学术价值。

继元世祖忽烈至元二十六年（1289年）专门设立"回回国子学"教授波斯语以后，明代的四夷馆又培养出不少回回译语（即波斯）的翻译人才。至清代，波斯语的教学在中国的穆斯林中更为广泛地开展。1660年手抄本波斯语语法书《学习门径》即在北京东四清真寺内被发现，同一书抄本在南京太平路清真寺也有发现，这足以证明波斯语在中国的传播已相当广泛。近代波斯语文学主要在中国的维吾尔族和乌兹别克等民族中有着更为普遍的影响。菲尔多西的《王书》、萨迪的《蔷薇园》和《果园》，以及哈菲兹的抒情诗等波斯文学名著已成为他们中家喻户晓的精神食粮。

进入20世纪初期，河北省迁安人李阿衡先生曾先后由波斯文译出《圣谕详解》《战克录》两部书。1937—1947年间，穆斯林学者王敬斋先生把萨迪的《蔷薇园》全文译成汉语，题名为《真境花园》，上述几部书由北京牛街清真书报社出版。1924年，郭沫若翻译了海亚姆的四行诗《鲁拜集》此事曾受到闻一多先生的高度评价。著名文学史学家郑振铎先生于1927的写成的80万言巨著《文学大纲》中，曾设专章评介了波斯文学中包括菲尔多西在内的28位著名诗人，为介绍波斯文学做出了贡献。

新中国成立后，北京大学外国语学院波斯语专业成立于1957年，是中国最早成立波斯语教学和科研的高校，招收波斯语言文学和伊朗历史文化的本科、硕士和博士生。1972年两国几所名牌大学和体育代表团进行互访，伊朗外交部首次向中国派遣两名留学生到北京学习汉语，继之两国政府都向对方互派了留学生，后来在医学、考古学、手工艺等领域的合作交流也不断扩大。1975年伊朗在德黑兰大学文学院设立了汉语奖学金，同年伊朗学者开始被派往中国，向中国师生讲授波斯语，在伊朗贝赫希提大学，阿拉梅塔巴塔巴依大学专门设立了中文系，此活动一直延传至今。中国伊朗文化研究中心在北京大学成立（1989年）和伊朗中国文化研究所在德黑兰成立（1995年）同年伊朗学者开始被派往中国向中国师生讲授波斯语。目前在中国开设波斯语专业的高校主要有：北京大学、洛阳解放军外国语学院、上海外国语大学、北京外国语大学、西安外国语大学、对外经贸大学等。在伊朗读波斯语专业的中国留学生，主要在德黑兰大学、贝赫希提大学、阿拉梅塔巴塔巴依大学、加兹温霍梅尼国际

中伊学者、学生合影

大学、马什哈德大学等。

　　在文化、教育、旅游方面的合作呈现出民心相同。1983年，中伊两国签订了文化科学和技术合作协定，1986年两国又签订了广播电视合作计划，双方在文化教育、医疗卫生、旅游考古、电影、艺术等领域开展了广泛的交流和合作。根据这些协定，两国科教中心展开了长期合作，两国文化部、科学院签订了长期友好合作议定书，设立了议会友好协会，中国历史文化名城西安与伊朗历史文化名城伊斯法罕，中国新疆与伊朗马什哈德结成友好城市。两国文化代表团频繁互访和定期举办文化艺术展，均表明两国文化关系正在向纵深发展。尤其近年来，中国一些专家和学者陆续将伊朗许多诗人和著名文化人士介绍到国内，几乎所有的波斯古典名著都被全部或部分的译介。特别是东方文学列入外国文学教学大纲之后，全国许多高等院校开设了东方文学课程，由北京大学东方语言文学系主编的《波斯语汉语词典》多次再版，由叶奕良教授主译、经济日报社出版《伊朗通史》；由张鸿年教授主编（专著）、北京大学出版社出版的《波斯文学史》，商

本书作者与北京外国语学院叶奕良先生（我国著名波斯语教授）、伊朗文化参赞阿勒玛斯耶、汉尼·阿德勒在"北京大学第四届伊朗学在中国学术研讨会"上合影

务印书馆（1997年）出版的由北京大学伊朗文化研究所和德黑兰大学合编的《汉语波斯语词典》（曾延生任总编），由民族出版社，宁夏人民出版社出版的王锋《走进伊朗》《解读波斯》，以及伊朗德黑兰大学出版的《中国古代记载中的波斯》等著述，在中伊文化交流史上具有重要意义。

跨入21世纪，在经济转轨，社会转型和全球化背景下，2013年，习近平主席首次提出"一带一路"、构建人类命运共同体的倡议。2016年1月，中国国家主席习近平应邀出访伊朗，两国元首达成多项重要共识。双方一致同意建立全面战略伙伴关系，以此为中伊关系新的起点和纲领；双方同意扩大高层交往和各层级交流，推动智库、高校、青年加强交流，共同办好孔子学院，深化新闻和旅游合作。同年1月23日，习近平主席在会见伊朗最高领袖哈梅内伊时指出，中伊友好情谊既源于两国人民友好交往的悠久历史，源于两国人民困难时刻的相互扶持，也源于两国互利双赢的务实合作，弥足珍贵。当前，中伊关系发展面临新的契机。中方始终是伊朗可以信赖的合作伙伴，愿同伊方深化各领域合作。中伊是共建"一带一路"的天然伙伴。中方愿同伊方对接发展规划，在"一带一路"框架内不断推进基础设施、互联互通、产能、能源等领域合作，让中伊合作惠及两国人民，中伊友好更加深入人心。当前，国际形势正在经历深刻复杂变化。中国和伊朗都是发展中国家，两国人民经过长期探索和实践，选择了符合本国国情的发展道路。中国始终不渝走和平发展道路，奉行独立自主的和平外交政策。中方愿同伊方在国际地区事务中相互支持，共同维护世界和地区和平、稳定、发展。哈梅内伊表示，伊朗高度赞赏中国取得的发展成就，感谢中方长期以来给予的支持，愿同中方将全面战略伙伴关系落到实处，推动两国务实合作迈上新台阶。中方提出的"一带一路"倡议恰逢其时。伊朗是"一带一路"沿线重要国家，愿在共建"一带一路"过程中发挥更大作用。中国是具有重要国际影响力的国家，伊方愿同中方加强沟通协调，共同维护地区安全、和平、稳定。

由此可见，世界文明、"一带一路"、构建人类命运共同体已成为全人类和学术界共同关注的问题。"一带一路"、构建人类命运共同体的倡议，着眼于各国人民追求和平与发展的共同愿望和时代要求，本着共商、共建、共享的原则，坚持以和平合作、开放包容、互学互鉴、互利共赢的精神为指导，以打造人类命运共同体和利益共同体为目标，为世界提供的一个充满东方智慧的共同繁荣发展方案。在世界发展中实行这样的国家不分大小强弱，一律平等互利、共享发展成果的法则，从根本上与国际社会长期存在的弱肉强食的"法则"区别了开来，它有利于建立公正合理的国际政治经济新秩序，必将有利于开创世界发展和人类文明进步的新局面。

生命与学术

　　1999年春夏之交，我走进了伊朗。回忆从那时至今，我如一粒风中的尘埃，飘进了伊朗，落在了它的腹心地带——德黑兰。近年来我又多次应邀到伊朗访学和参加国际学术会议。2018年6月，当我再次走进德黑兰国际机场，回首多年以来在这座素有"洁净""暖城"之称的西亚大都市度过的不平凡的日日夜夜……恍如昨日，历久弥新，泪水情不自禁从腮边滑落。

　　飞机越飞越高、越飞越远，从机舱窗口俯瞰，德黑兰美丽的夜景尽收眼底，万家灯火如同天上的繁星。随着现代高科技的飞速发展，地球已经变得越来越小，距离变得越来越短。难怪有人说，全世界几十亿人口，现在就像生活在一个地球村里。飞机以每小时近1000千米的高速飞行。700多年前，意大利的马可·波罗到中国来旅行，历尽千辛万苦，费时4年多。如今我乘坐伊朗航空公司的班机返回中国，飞机上饶有兴味地阅读《马可·波罗游记》，但还未来得及浏览一遍，就已经从德黑兰飞到了乌鲁木齐上空，旅途时间才5个钟头，"一带一路"已经大大缩短了飞行时间！再过3小时，飞机将抵达北京，看着手表上每一次时针的挪动，我都在心里祈祷着：近了，祖国！近了，地球这边生我养我的热土！

　　记得1986年秋天，当我有生以来第一次和大哥陪同病中的父亲由家乡银川乘飞机前往首都北京时，曾写过"高飞始觉瀛寰阔，远去方知故里亲"。过了这么多年，随着我去过的地方越来越多，这种对故土的依恋也越加强烈。无论我走到哪里，只觉得这一片土地才是我最后的归宿，是我最最亲近的地方。这里，留有我们祖先艰难跋涉过的足迹，留有母亲生育我时的衣胞，留有我混合着甜蜜和痛苦的记忆，也寄托着我对未来的希望和追求。这里，只有这里，才是一个对我来说不可替代的地方。我相信，怀有这种感情的绝不止我一个人，世界上千千万万的海外赤子，一定也都怀有同样的感情——我们的学术、艺术生命，都要植根于伟大的祖国，植根于中华民族的共同记忆之中，树立我们的文化自信，铸牢了自身中华民族共同体意识。

我还记得2017年初春，那是一个雨后初霁的傍晚，接到中国社会科学院世界文明比较研究中心倪培耕先生的来电，由汝信院长主编的《青少年世界文明教育文库》，经北京大学著名教授李铁匠推荐，"伊朗卷"由我撰写。在寂静的夜晚，我漫步在宁夏大学A区与B区宽阔的十字路口，蒙蒙天空中仍然飘着细细的雨丝，与天边黛红的晚霞及大道中流线般疾驰的轿车所映照的灯光相交织，混合成一团彩色的迷雾。我望着校园内外呈浑圆曲线的层层树林，当我从那些树杈间隙中看到闪烁的星星，仿佛看到了从中国西安开始，经伊朗连接地中海的丝绸之路。我的心中涌起一股柔情，那是一种从辛勤耕耘走向成熟收获、宁静的心境。一切伟大、美好的事物都源出于人的内心深处的一种思想、一种感受。我之所以幸运，不仅是因为我的一生总是在耕耘、在奋斗，在机遇和挑战面前不断改变自己的命运，而且是由于我自记事起就养成了一种勤奋与开拓进取的性格。我抬起头，一瞬间，在巍巍贺兰山边际高阔的天空下，在市区的每一幢大楼间，都回荡着一个振聋发聩的声音：每个人都在创造自身的价值，唯有不懈的努力，才会带来幸福和收获。

就我自己的情况而言，德黑兰与我，无疑结下了一份撕扯不断的情缘，成就了那份美的情愫，也成就了心灵深处守望的家园；而位于伊朗革命大街的德黑兰大学，这座神圣的殿堂，以她坚实宽厚的胸怀接纳了我，并以她伟大的永恒的魅力征服了我。使我获得了精神上的新生，使我站在了一个新的立足点上，重新审视自己、追寻自我，审视人生、求索人生……

谁能告诉我，这是在哪一世修下的福？

事实上，就我自己而言，学术是一种生命的表征，生命是为学术而存在的。我已迈入"知天命"之年。在我看来，"知天命"就是或徘徊于学术与仕途之间，或以生命去滋养学术，或以学术张扬生命。正是不同的选择，使学者走上了各自不同的学术道路，并抵达各自不同的生命境界。

从向往北大到走进北大，从童年时代对波斯的向往，到客居德黑兰。当我把文学与艺术、文化与经济、学问与知识这些概念推溯到它们的初衷，当我苦苦求索它们的原初含义时，我选择了学术，学术也选择了我。北大和德黑兰的大学精神塑造了我的性格和思想，使我告别昨日之我，而成为今日之我。"北大"成了我生命中一种挥之不去的情结，德黑兰大学成了我生命的一部分。它们作为我生命的一个坐标，已经彻底改变了我的命运，使我的生命与之紧紧连接在一起。

离开北京大学已整整30年了，离开德黑兰大学也已18年有余，期间尽管我曾多次应邀赴这两所大学访学。但回首学术历程，从1988年8月我在《新疆回族文学》发表《回族作家文学的研究领域亟待开拓》一文开始，到1993年春发表在宁夏大学学报第二期《伊朗杰出的穆斯林诗人萨迪和他的〈真境花园〉》，整整30年过去了。我寻找、摸索、希望，有过成功、失败、痛苦与欢乐，其结果就是我越来越迷上了文学与学术这座富矿。我无法弃它而去。离开它，我就会饥渴难忍，神魂不安。

我究竟找到了多少矿藏呢？30年的艰辛跋涉，付出的和得到的，到底何者居多呢？我常常这么问自己。学术研究的成果难以用尺度来衡量，其中的酸甜苦辣，也无法用语言文字诉说。我只知道，学术对我是心灵的追求，我时时刻刻感觉到它的纠缠。我有时想摆脱它，轻轻松松过日子。但每当坐在桌前，面对着稿纸的时候，我灵魂中的一切就赤裸裸地袒露出来了。我无法隐瞒自己，那会使我感觉十分痛苦。实际上，每个人都不可能把自己包裹得天衣无缝，总要寻找自己喜欢的东西。有的人喜欢酗酒，有的人喜欢跑步，有的人喜欢娱乐……而我的方法就是写作与研究。写得多了，有时候感到很累，忽然就觉得自己有些傻气。每天上班8小时，下班以后我何不放松一下，散散步或者陪伴家人呢？于是我告诉自己别再写作了，这样的决心不知下过多少次，但终归还是没有做到。

我深知，个人是很渺小的。但芸芸众生如若都只感渺小而放弃捍卫理想的尊严，这世界还有什么意义和价值？生命的价值、生存的意义并不是以占有物质的多寡来作为唯一衡量的标准。信仰、信念、信心始终是普照和沐浴心灵的太阳。我也时时地感到从事学术研究之艰难和清贫。"难"在各种观念蜂拥而来之际，要有自己的学术创见性；"贫"在评论和研究失去读者，思维成果受到冷落，无法产生沟通和对话的心灵话语，也"贫"在评论和研究无法转化为生产力，获得生存需要的基本物质条件。因此，我时刻警醒自己、检点自己，力图以文学和学术的崇高、美好的精神力量来净化自己的心灵，也才有了这本册子中的一些文字。

也深感做一个学者确实是太难了，社会的、个人的，经济的、政治的，学术的、生活的压力，足以使许多人离开这片清贫的"是非之地"，但也使身无长物但志存高远的寒士选择默默耕耘于这片不厌精耕细垦的土地。这或许即是"知其不可为而为之"。这些年，我的学术旨趣变化，实际上是对自己知识结构、心理结构和学术视野的内在调整。用脉动于心的词汇来说，我选择踏上新的征程，为人生，亦为民族地区经济社会的发展和繁荣。

写到这里，诚挚感谢我国著名教育家、北京师范大学资深教授顾明远先生，中国社会科学院汝信教授、倪培耕先生，北京大学李铁匠教授；伊朗驻华前大使阿里·爱斯卡·哈吉，商务参赞阿布法兹里·欧来玛伊先生；现任驻华大使阿里·阿斯克里·哈吉，文化参赞汉尼·阿德勒，波斯语专家侯赛因、苏来曼、马晓燕、阿米娜等专家；宁夏大学西夏学研究院院长杜建录教授、尤桦先生；云南大学出版社王塑沣主任和倪笑霞老师。在你们和我的人生相互交织的岁月里，我们的精神在某种程度上成为一体，砥砺同行是最好的友谊与讼赞。

今天，在我行将结束本书的最后一节时，我深深地感谢经常帮我查阅资料、校对内容，并给予我精神鼓励的爱人陈冬梅女士。在我的留学岁月和频繁的学术活动期间，正是由于她的大力支持，我才获得了充分时间专心著述，我的每一项成果背后，都有她缄默而持续的付出。谨以此表达我对她的谢意。我的博士生孟美玲、张玉、郑晓婷、樊淑娟，研究生胡晓丽、李志云等同学不辞辛劳，做了很多具体的工作。在此，一并记述，以志辛劳。本书还参阅和引用了曾延生、叶奕良、张鸿年、李湘、腾慧珠、宋岘、何乃英、冀开运、范梦等专家学者的学术观点，谨向他们表示由衷的谢忱。原稿中的页下注释出版时被省略，特作说明。对于书中的欠妥之处，诚请广大读者和同行专家批评指正，以利于今后本书再版时予以修订和补充。

通过伊朗之行和访学，深深地体会到习近平总书记提出的"一带一路"、人类命运共同体等倡议的现实意义。如果我们的青少年能够从本书中得到一点启发，认识到文化的交流与对话是迫切的，人类命运共同体是可以通过真诚求索、不懈努力而构建的，那么对我来说便是极大的安慰。我相信，当人类放下无知和偏见，世界终将走向和平、繁荣和发展。

愿这部书能增进中国当代年轻人对波斯文明的认识和了解，愿伊朗人民的心灵获得世界的理解！

王　锋

2018年11月28日黎明前

于宁夏银川市金凤区森林公园幸福岛穆萨斋

2018年11月，本书作者（第二排左六）出席中国社会科学院世界文明比较研究中心在北京举办的"世界文明与人类命运共同体"学术研讨会

后　记

习近平主席指出："不同文明没有优劣之分，只有特色之别。要促进不同文明不同发展模式交流对话，在竞争比较中取长补短，在交流互鉴中共同发展，让文明交流互鉴成为增进各国人民友谊的桥梁、推动人类社会进步的动力、维护世界和平的纽带。"我们编写这套丛书的目的是为中国广大读者朋友介绍世界其他国家和地区文明服务，为加深不同文明之间的交流和互鉴服务，为实现中华民族伟大复兴的"中国梦"、推动构建人类命运共同体服务。

倪培耕同志对丛书写作的总体思路、基本原则和内容构架等提出许多富有创见的新观点，负责撰写各分册的作者开展了高效和富有创造性的辛勤工作，曹启璋同志对本套丛书的出版给予了大力支持，刘雨同志对本套丛书进行了精心设计，在此致以最衷心的感谢。

由于时间、人力、物力及水平等多方面的限制，丛书在编辑的过程中，可能还会存在这样那样的问题，恳请读者朋友们谅解，并提出宝贵意见。

文明因交流而多彩，文明因互鉴而丰富，愿这套丛书对文明交流互鉴有所助益。

再次感谢所有关注、支持、帮助本套丛书出版工作的朋友和同志们！

编者

2018年10月